Italia

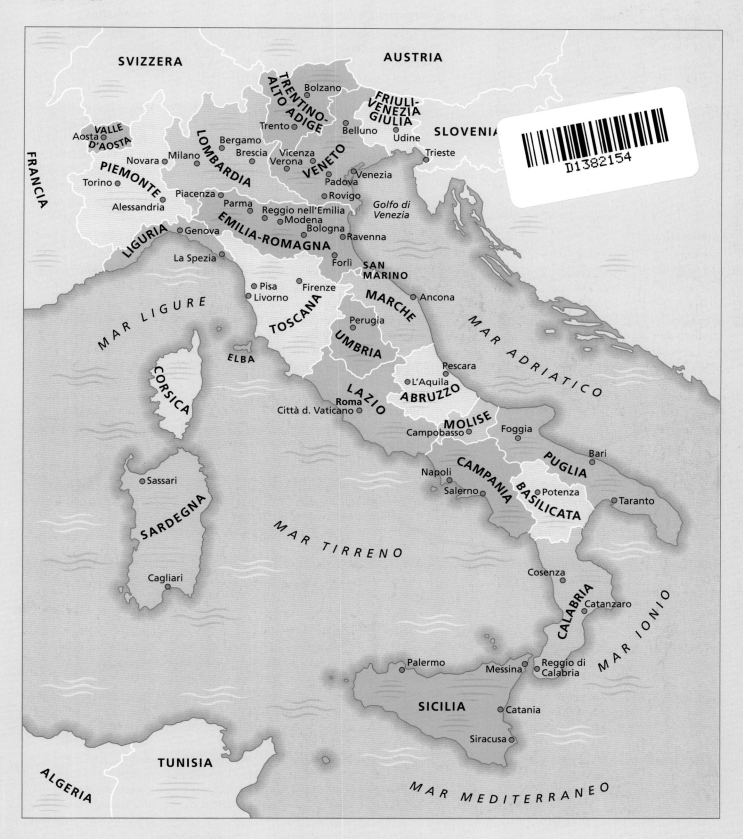

Indice

0.1 Parli italiano? Sì, certo!

- *Cognates*
- *Communication strategies*

How many Italian words do we see or hear regularly? e.g. ciao, spaghetti

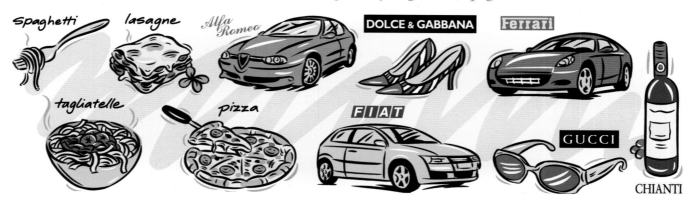

spaghetti · lasagne · Alfa Romeo · DOLCE & GABBANA · Ferrari · tagliatelle · pizza · FIAT · GUCCI · CHIANTI

1 Write down all the Italian words or names that you know.
You can write the names of footballers, artists, musicians, actors, words connected with food, drink, sport etc. Compare your list with other people's lists.

2 Put the words you have found into categories as in the example below.

sport	arte e musica	cibo	bevande
Alessandro del Piero	adagio	pizza	Asti Spumante

cinema	moda	turismo	trasporto
Marcello Mastroianni	Dolce e Gabbana	Pisa	Fiat

A Look at the following English word endings and compare them with the Italian word endings.

English	Italian
- ble (possible)	- bile (possibile)
- tion (creation)	- zione (creazione)
- ion (confusion)	- ione (confusione)
- ty (ability)	- tà (abilità)
- al (local)	- ale (locale)
- nce (violence)	- nza (violenza)
- ive (positive)	- ivo (positivo)
- ary (necessary)	- ario (necessario)
- ous (furious)	- oso (furioso)

3 Using the information above, work out the Italian for these English words.

1 impossible, incredible, invisible, probable
2 station, information, television, decision
3 quantity, necessity, capacity, identity
4 musical, central, industrial, natural
5 diligence, difference, intelligence, ambulance
6 negative, creative, motive, incentive
7 anniversary, documentary, contrary, glossary
8 nervous, religious, famous, glorious

aiuto !

La vita senza dizionario

Life without a dictionary

Sometimes you will have to turn detective to guess certain words. These strategies will **not** work all the time, but they will help you when you cannot use a dictionary.

B 'ph' and 'th' in English words often become 'f' and 't' in Italian.

4 Work out the English for these Italian words.

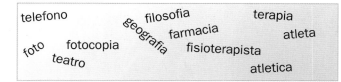

telefono filosofia terapia geografia farmacia atleta foto fotocopia fisioterapista teatro atletica

C Now look at your English words ending in 'y'. How did the word end in Italian? You should have found that 'y' changed to 'ia'.

ricorda

Remember: this does not happen all the time, but it does happen often.

5 Now work out the Italian for these English words.

biology allergy ecology energy industry

D If the 'y' occurs in the middle of an English word it usually changes to 'i' in Italian.

e.g. system > sistema; style > stile

E Some other common changes.

English	Italian
- ct (act)	- tt (atto)
- pt (optimist)	- tt (ottimista)
- dv (adventure)	- vv (avventura)
- dm (admire)	- mm (ammirare)
- ns (transfer)	- s (trasferire)
- x (exam)	- s (esame)

6 Now work out the English for these Italian words.

1 fatto, contratto, contatto, perfetto, insetto

2 battesimo, adottare, adattare

3 avventuroso

4 amministrazione

5 istruzione, costruzione

6 trasparente, istante

7 ansioso, espansione, esperienza, esperto, espressione

F There are a number of words we use in English that have the same spelling and meaning and a similar or slightly different pronunciation in Italian.

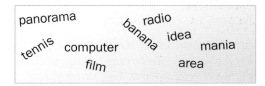

panorama radio banana idea tennis computer mania film area

G If you already know some French, Spanish or Latin you will find there are many words that have a similar spelling and an identical meaning to many words that you will use in Italian.

French	Spanish	Latin	Italian
facile	fácil	facilis	facile
difficile	difícil	difficilis	difficile

Note the identical spelling and meaning in Italian and French of 'facile' and 'difficile' ('easy' and 'difficult' in English). The only difference is the pronunciation.

- *Greetings*
- *The numbers 1–31*

1 🎧 Ascolta e leggi questi saluti.

Listen to and read these greetings.

Buongiorno

Buona sera

Buona notte

Arrivederci

Arrivederla

Ciao

Ciao sono Anna. Tu, come ti chiami?
Mi chiamo Maria e tu chi sei?
Sono Filippo.

Ciao Roberto, come stai?
Benissimo, grazie, e tu?
Non c'è male, grazie!

Buongiorno, mi chiamo Rosella Puccini.
Lei, come si chiama?
Buongiorno, mi chiamo Antonio Rossi.
Piacere. Come sta, signor Rossi?
Molto bene, grazie. E Lei?
Bene, grazie.

aiuto !

Tu or Lei?

Listen to the way Anna talks to Maria and the way Roberto talks to his friend. Now listen to the way Signora Puccini speaks to Signor Rossi. In Italian there are two words for 'you': '**tu**' and '**Lei**'.

You should use '**tu**' for friends, family members, children and pets.

You should use '**Lei**' for adults you do not know very well. The polite '**Lei**' is sometimes written with a small letter '**l**' and sometimes with a capital '**L**'. In the first few chapters of this book the capital '**L**' will be used.

grammatica ⚙

Here are the '**io, tu, Lei**' forms of the verbs you have just heard in the dialogues:

	chiamarsi	stare	essere
io	mi chiamo	sto	sono
tu	ti chiami	stai	sei
Lei	si chiama	sta	è

Want to know more about these verbs?
➔ page 26.

ricorda 💡

In Italian the pronouns are often not used at all, because it is clear from the ending of the verb who you are talking about.

2 🎧 Ascolta e decidi. Formale o informale?

Listen and decide whether the speakers use **tu** or **Lei**.

	Formale	Informale
Esempio:	✓	

3  Devi salutare e presentarti a quattro compagni di classe.

Introduce yourself to four other students.

Esempio:

Ciao sono … Tu, come ti chiami?

Mi chiamo … E tu chi sei?

Sono …

4 Ascolta e ripeti i numeri da 0–10.

Listen to the numbers 0–10 and repeat them.

0   zero
1   uno
2   due
3   tre
4   quattro
5   cinque
6   sei
7   sette
8   otto
9   nove
10 dieci

la pronuncia

Listen to the numbers 0–10 again and repeat them. They contain some of the key sounds in Italian.

Le vocali
The vowels are very important in Italian.

a   as in **quattro** is quite easy to remember; it's like the 'a' sound in 'car'.

e, i, o, u   each have two distinct sounds.

e   as in **sette**
the first **e** is open as in 'empty'
the second **e** is a closed sound as in 'eight'.

i   as in **dieci**
both **i**'s are pronounced like the 'ee' in 'deep', and **cinque**
the **i** is a little shorter, more like the 'i' in 'important'.

o   as in **otto**
the first **o** is an open sound as in 'hot'
and the second is a closed **o** as in 'more'.

u   as in **uno**
the **u** sounds like 'oo',
and **quattro**
the **u** has a 'w' sound
qu is pronounced kw as in 'quack'.

NB   Some vowels can have an effect on some consonants. In **cinque** and **dieci** the **c** is pronounced 'ch' because it is followed by an **i**.

5  Prova a dire i numeri da 11–16.

Try and pronounce the numbers 11–16.

11   undici   14   quattordici
12   dodici   15   quindici
13   tredici   16   sedici

6 Ascolta e ripeti i numeri da 11–19.

Listen to the numbers 11–19 and repeat them.

11   undici
12   dodici
13   tredici
14   quattordici
15   quindici
16   sedici
17   diciassette
18   diciotto
19   diciannove

ricorda 💡

Remember that 11–16 all end in 'dici', then in 17–19 the 'dici' moves to the front in **diciotto** but adds an 'a' and doubles the next consonant with **diciassette** and **diciannove**.

7 Ascolta e ripeti i numeri da 20–31. Abbina i numeri alle chiavi.

Listen and repeat the numbers 20–31, then match the numbers to the keys.

venti
ventuno
ventidue
ventitré
ventiquattro
venticinque
ventisei
ventisette
ventotto
ventinove
trenta
trentuno

ricorda 💡

Remember that 21–29 are just made up of **venti** plus the numbers 1–9, but in 21 and 28 the **venti** loses the 'i' before **uno** and **otto** because these begin with vowels.

■■■ **0.3 Che data è?**

- *The months of the year*
- *The seasons*
- *Dates* • *The signs of the zodiac*

1 🎧 Ascolta e ripeti. I mesi dell'anno.

Listen to the months of the year and repeat them.

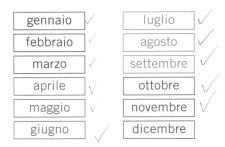

gennaio ✓	luglio ✓
febbraio ✓	agosto ✓
marzo ✓	settembre ✓
aprile ✓	ottobre ✓
maggio ✓	novembre ✓
giugno ✓	dicembre

Trenta giorni ha novembre, con aprile, giugno
e settembre,
Di ventotto ve n'è uno,
Tutti gli altri ne hanno trentuno!

aiuto !

Che data è?

1.1	il primo gennaio	**16.9**	il sedici settembre
2.2	il due febbraio	**8.11**	l'otto novembre
13.4	il tredici aprile	**11.12**	l'undici dicembre

ricorda 💡

Il primo is used for the first of each month. Then you just use **il** and the numbers 2–31 except for **otto** and **undici** because these begin with vowels: **l'otto** and **l'undici!**

2 Che data è?

What's the date?

a 1.12
b 30.4
c 8.5
d 22.10
e 28.2

3 Quando è il tuo/Suo compleanno?

When is your birthday?

Esempio: Il mio compleanno è il quattordici marzo.

4 🎧 Leggi ed ascolta 'Tanti auguri!'

Tanti auguri a te,
tanti auguri a te,
tanti auguri, Daniela
tanti auguri a te.

ricorda 💡

Io, tu o Lei?

io	→	il mio compleanno
tu	→	il tuo compleanno
Lei	→	il Suo compleanno

5 Abbina la stagione alla foto giusta.

Match each season with the right photo.

Le stagioni

A

1 Mi piace **la primavera** perché posso raccogliere i fiori.

B

2 Mi piace **l'estate** perché posso andare al mare.

C

3 Mi piace **l'autunno** perché posso vedere le foglie per terra.

D

4 Mi piace **l'inverno** perché c'è la neve.

6 Ascolta! Quale stagione preferiscono?

Listen to five people describing their favourite season. Which do they each prefer?

Esempio: 1 – l'inverno

7a Completa ogni frase con la parola giusta.

Choose the correct word to complete each sentence.

1 ... è in primavera.
2 ... è il 14 febbraio.
3 A febbraio si festeggia il ...
4 Il 6 gennaio arriva la ...
5 ... è il 15 agosto.
6 ... è il 25 dicembre.

> Befana
> Natale
> Ferragosto
> Pasqua
> Carnevale
> San Valentino

7b Abbina la festa con il disegno giusto.

Match the celebration to the picture.

1

2

3

4

8 Ascolta e leggi 'Lo zodiaco'.

Listen to and read 'The zodiac'.

Ariete	dal 21 marzo al 20 aprile
Toro	dal 21 aprile al 20 maggio
Gemelli	dal 21 maggio al 21 giugno
Cancro	dal 22 giugno al 22 luglio
Leone	dal 23 luglio al 22 agosto
Vergine	dal 23 agosto al 22 settembre
Bilancia	dal 23 settembre al 22 ottobre
Scorpione	dal 23 ottobre al 21 novembre
Sagittario	dal 22 novembre al 20 dicembre
Capricorno	dal 21 dicembre al 20 gennaio
Acquario	dal 21 gennaio al 19 febbraio
Pesci	dal 20 febbraio al 20 marzo

Il mio compleanno è il 26 aprile. Sono Toro.
Il mio compleanno è il 14 marzo. Sono Pesci.

9 Che segno sei?

What sign of the zodiac are you?

1 Il mio compleanno è il primo maggio.
2 Il mio compleanno è l'otto febbraio.
3 Il mio compleanno è il cinque novembre.
4 Il mio compleanno è l'undici gennaio.
5 Il mio compleanno è il ventidue settembre.
6 Quando è il tuo compleanno? Che segno sei?

- *Days of the week*
- *Useful classroom expressions*
- *Nouns and the indefinite article*

1 🎧 Ascolta e ripeti i giorni della settimana.

Listen and repeat the days of the week.

lunedì	*giovedì*
martedì	*venerdì*
mercoledì	*sabato*
	domenica

Che giorno è oggi? Oggi è ...

2 🎧 Ascolta! In che giorno c'è il mercato?

Listen. Which day is there a market?

Esempio: 1 – mercoledì

1 Calenzano?
2 Montespertoli?
3 S. Casciano Val di Pesa?
4 S. Godenzo?
5 Sesto Fiorentino?
6 Signa?
7 Tavernelle Val di Pesa?

aiuto !

A scuola

Here are some instructions your teacher will be using in class. **Voi** is the plural of **tu**. Your teacher will use the **voi** form to a group of students.

Tu		Voi
Ascolta.	🎧	Ascoltate.
Leggi.	📖	Leggete.
Scrivi.	✏️	Scrivete.
Guarda la lavagna bianca.		Guardate la lavagna bianca.
Apri il libro a pagina 10.		Aprite il libro a pagina 10.
Chiudi il libro.		Chiudete i libri.

3 🎧 Ascolta queste espressioni e abbina le frasi.

Listen to these expressions and find the English equivalent. You may need to use them in class!

Esempio: a – 6

a Posso avere un foglio di carta per piacere?
b Posso chiudere la finestra?
c Posso aprire la porta?
d Posso fare una domanda?
e Posso andare in bagno?
f Mi può prestare una penna per favore?
g Può ripetere, per favore?
h Mi dispiace ma non capisco.
i Non ho capito.
j Ho dimenticato la mia penna.

1 Can you lend me a pen please?
2 May I open the door?
3 May I close the window?
4 May I go to the toilet?
5 May I ask a question?
6 Can I have a piece of paper please?
7 I'm sorry but I don't understand.
8 I didn't understand.
9 I have forgotten my pen.
10 Can you repeat please?

4 🎧 Ascolta! Parole utili nella classe d'italiano.
Useful words to use in your Italian lessons.

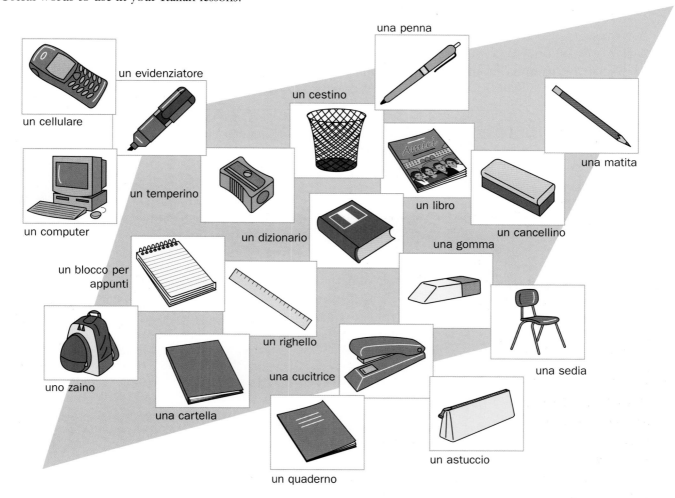

una penna

un evidenziatore

un cestino

un cellulare

una matita

un temperino

un libro

un computer

un dizionario

un cancellino

una gomma

un blocco per appunti

un righello

una sedia

uno zaino

una cucitrice

una cartella

un astuccio

un quaderno

5 👥 Tocca a voi! Domandate e rispondete. Che cosa hai nello zaino?
Work with a partner. Take turns to reply to the question: What have you got in your bag?
Esempio: A Che cosa hai nello zaino? **B** Ho un libro.

grammatica ⚙

I sostantivi

Italian nouns end in **-o**, **-a**, or **-e**. In the plural these endings change as follows.

Singolare	Plurale
-o	-i
-a	-e
-e	-i
libro	libri
penna	penne
cellulare	cellulari

grammatica ⚙

L'articolo indeterminativo: un, uno, una

Nearly all words ending in **o** are masculine: e.g. **un** libro.

Nearly all words ending in **a** are feminine: e.g. **una** penna.

Words ending in **e** might be masculine or feminine: e.g. **un** cellulare, **una** cucitrice. Learn them with **un** or **una**.

Masculine words starting with **z, ps, gn, y, s +** another consonant take **uno** instead of **un**, e.g. **uno zaino**.

Want to know more?
→ page 27.

1 Presentazioni

1.1 Gli italiani nel mondo

- *Countries, nationalities and languages*
- *Introduce yourself and others*
- *Adjectives and the verb* **essere**

1a 🎧 Ascolta e guarda la carta geografica. Trova i Paesi.

1b 🎧 Ascolta Daniela, Marco, Gianpaolo e Alessandra che si presentano.

> Ciao. Mi chiamo Daniela D'Amico.
> Sono italiana. Ho 17 anni.
> Il mio compleanno è il 13 aprile.
> Abito a Sesto Fiorentino, in provincia di Firenze.
> Sono studentessa.

> Ciao. Mi chiamo Marco Fabrizi.
> Sono italiano di Sesto Fiorentino.
> Ho 22 anni. Il mio compleanno è il primo agosto.
> Abito a Melbourne, in Australia.
> Sono studente all'università di Melbourne.

> Buongiorno. Mi chiamo Gianpaolo Zampieri.
> Ho 46 anni. Il mio compleanno è l'undici ottobre.
> Sono italiano, ma non abito in Italia. Abito a Toronto, in Canada.
> Sono giornalista.

> Buongiorno. Mi chiamo Alessandra Paladini.
> Ho 35 anni. Il mio compleanno è il 19 dicembre.
> Sono italiana, ma abito a Bedford, in Inghilterra.
> Sono insegnante.

2 Vero o falso? Correggi le affermazioni false.

Esempio: Daniela abita a Sesto Fiorentino. Vero.

1. Marco abita a Toronto.
2. Gianpaolo abita in Italia.
3. Alessandra abita a Bedford.

3 Quando è il suo compleanno?

Esempio: Il compleanno di Daniela è il 13 aprile.

1. Il compleanno di Marco è ...
2. Il compleanno di Gianpaolo è ...
3. Il compleanno di Alessandra è ...

4 Qual è la loro professione?

Esempio: Daniela è studentessa.

grammatica ⚙

Il verbo essere

The verb 'to be' is an important verb.

essere to be

(io) sono I am	**(noi) siamo** we are
(tu) sei you are	**(voi) siete** you are
(lui/lei) è he/she/it is, you are	**(loro) sono** they are

5 Abbina la nazionalità con la lingua/le lingue.

Nazionalità

austriaco · americano · italiano
tedesco · belga · francese · svizzero
gallese · greco · canadese · scozzese
irlandese · portoghese · australiano
russo · inglese
spagnolo · maltese

Lingue

tedesco · gallese · francese · italiano
greco · fiammingo · scozzese
irlandese · portoghese · inglese
russo · spagnolo · maltese

---

grammatica ⚙

Gli aggettivi

Adjectives ending in **-o** have four forms.
Adjectives ending in **-e** have only two forms.

	Singolare	Plurale
Maschile	**-o**	**-i**
Femminile	**-a**	**-e**
Maschile e Femminile	**-e**	**-i**

Esempio: italiano › italian**i** › italian**a** › italian**e**

Esempio: inglese › ingles**i**

Some adjectives add **h** in the plural to keep the 'g' or the 'c' sound.

Esempio: lungo › lung**h**i   tedesco › tedesc**h**i

lunga › lung**h**e   tedesca › tedesc**h**e

Most adjectives in Italian come after the noun they describe and agree in gender (masculine or feminine) and number (singular or plural) with the noun they describe:

il ragazzo australiano › i ragazzi australiani
la ragazza australiana › le ragazze australiane

il ragazzo scozzese › i ragazzi scozzesi
la ragazza scozzese › le ragazze scozzesi

For more information on adjectives ➝ page 49.

---

6 Quale nazionalità? Completa le frasi.

Esempio:
Antoine abita in Francia. È francese.
Paola abita in Italia. È italiana.

1 Huw abita in Galles. È ...
2 Cliona abita in Irlanda. È ...
3 Elena abita in Spagna. È ...
4 Andreas abita in Grecia. È ...
5 John e Sam abitano in Inghilterra. Sono ...
6 Angela e Ursula abitano in Germania. Sono ...

7 🎧 Ascolta queste quattro persone e rispondi alla domanda:

Di dov'è?

Esempio: È di Swansea.

Air Mail

Sig. Di Napoli Martino
Piazza Kennedy, 147
50127 Firenze
Italia

8 Guarda la busta e completa le frasi.

1 Il codice postale è ...
2 Il cognome è ...
3 Il nome è ...
4 La città si chiama ...
5 La piazza si chiama ...
6 Il numero di casa è ...

1.2 Come si scrive?

- The alphabet
- Filling in forms
- The numbers 40–three billion

1 🎧 Ascolta e ripeti l'alfabeto italiano.

A B C D E F G H I L M N O P Q R S T U V Z

e le altre lettere:

J K W X Y

2 🎧 Come si scrive?

Ascolta e scrivi queste otto parole.

la pronuncia 💬

Listen and repeat the words given as examples.

Le consonanti

- **c** before e or i is pronounced 'ch': **cinque**
- **c** before anything except e or i is pronounced 'k': **computer**
- **g** before e or i has a soft sound like the final 'g' in 'garage': **giorno**
- **g** before anything except e or i has a hard sound like the first 'g' in 'garage': **gomma**
- **h** is never pronounced, but can be used to make a c or a g hard: **chi, ghiaccio**
- **r** is slightly rolled: **tre**
- **s** can be an 's' sound: **cassa**, or a 'z' sound: **casa**
- **sc** before e or i is pronounced 'sh': **sci**
- **sc** before anything except e or i is pronounced 'sk': **scuola**
- **z** is sometimes pronounced like 'ts' and sometimes like 'ds': **ragazzo; mezzo**

3 🎧 Ascolta i dialoghi e rispondi alle domande.

1 Qual è il cognome di Carlo?
2 Qual è il cognome di Anna?
3 Di che nazionalità è Anna?
4 Dov'è nata?
5 Qual è il cognome di Gianni?
6 Dove abita?
7 Di che nazionalità è?

4 Abbina le domande con le risposte giuste.

a Come ti chiami?	**1** Sono italiano.
b Qual è il tuo cognome?	**2** Ho diciotto anni.
c Come si scrive?	**3** Sono di Roma.
d Di che nazionalità sei?	**4** Becchio.
e Quanti anni hai?	**5** Mi chiamo Gianni.
f Di dove sei?	**6** B-E-C-C-H-I-O

5 🎧 Ascolta e ripeti i numeri.

40	quaranta
50	cinquanta
60	sessanta
70	settanta
80	ottanta
90	novanta
100	cento
200	duecento
300	trecento
1000	mille
2000	duemila
3000	tremila
1000,000	un milione
2000,000	due milioni
a billion	un miliardo
three billion	tre miliardi

ricorda 💡

The plural of **mille** is **duemila** etc. Long numbers are written as one word: **duemilasettecentosessantotto** = 2768.

Quando sei nato/a? Dove sei nato/a? **nato** agrees in gender with the person speaking.

Sono nato a Londra nel millenovecentoottantanove.

Sono nata a Edimburgo il 28 aprile 1989.

Gianni e Paolo sono nati nel millenovecentoottantasette.

Isabella e Antonella sono nate a Pisa.

6 👥 Tocca a voi! A turno domandate e rispondete.

Quando sei nato/a? Dove sei nato/a?

7 🎧 Ascolta! Abbina ogni persona con il numero di telefono oppure l'indirizzo e-mail.

1	Antonio	**a**	0039 055 29 08 31
2	Giulia	**b**	0039 057 38 91 75
3	Mario	**c**	0039 050 66 23 04
4	Annamaria	**d**	0039 085 39 45 21
5	Enrico	**e**	0039 348 46308
6	Sandra	**f**	e.maglia@libero.it

aiuto !

@ = chiocciola   / = barra

. = punto   _ = underscore

, = virgola

8 👥 Tocca a voi! A turno, domandate e rispondete.

1 Qual è il tuo numero di telefono di casa?

2 Qual è il numero di telefono di un tuo amico/ una tua amica?

3 Qual è il tuo numero di cellulare?

4 Qual è il tuo indirizzo e-mail?

9 👥 Tocca a voi! A turno, domandate e rispondete.

1 Come ti chiami? Come si scrive?

2 Dove sei nato/a?

3 Quando sei nato/a?

4 Dove abiti? Come si scrive?

5 Come si chiama la strada dove abiti?

6 Come si scrive?

10 ✏️ Copia e compila la tua carta d'identità.

Cognome ....

Nome ....

Nato/a

    a ....

    il ....

Nazionalità ....

Indirizzo ....

Codice Postale ....

N° di telefono ....

N° di cellulare ....

E-mail ....

Firma ....

11 🎧 Ascolta e rispondi alle domande per le due persone che parlano.

Esempio: 1 Mi chiamo ...

1 Come ti chiami?

2 Come si scrive?

3 Di che nazionalità sei?

4 Di dove sei?

5 Quando sei nato/a?

6 Qual è il tuo numero di telefono?

Cognome   D'Amico

Nome   Daniela

Nato/a a   Sesto Fiorentino

                  il 13 aprile

Nazionalità   italiana

Indirizzo   Via Torino 65

Codice postale 50019 Sesto Fiorentino

N° di telefono +39 055 350765

N° di cellulare +39 339 56209

E-mail   ddamico@amici.it.

Firma   *Daniela D'Amico*

- *Describe yourself*
- *Describe your family and friends*

1 Chi parla?

Trova la persona che corrisponde alla descrizione.

Esempio: 1 – a

a Ho i capelli castani, ondulati e gli occhi castani.
b Sono quasi calvo. Ho la barba e i baffi.
c Ho i capelli corti, neri e porto gli occhiali.
d Ho i capelli lunghi, neri e porto gli occhiali da sole.
e Ho i capelli lunghi, rossi e gli occhi verdi.
f Ho i capelli corti, biondi e gli occhi blu.

espressioni utili 🍎

Descrizioni

sono è	alto/a basso/a	magro/a grasso/a	snello/a		
ho ha	i capelli	castani rossi biondi neri grigi	lunghi corti ondulati lisci ricci	e gli occhi	blu azzurri castani verdi grigi
ho/ha	la barba/i baffi				
sono/è	calvo				
porto/porta	gli occhiali/le lenti a contatto/gli orecchini				

grammatica ⚙

Il verbo avere

avere to have

ho I have	**abbiamo** we have
hai you have	**avete** you have
ha he/she/it has, you have	**hanno** they have

NB **avere** is often used where English would use the verb *to be*.

Esempi: Quanti anni **hai**?   How old *are you*?
        Ho caldo/freddo.   *I am* hot/cold.

For more expressions using **avere** → page 214.

2 🎧 Ascolta quattro descrizioni. Abbina la descrizione alla persona giusta.

3 E tu, come sei fisicamente?

4 Descrivi una persona famosa.

espressioni utili 66

La mia famiglia

Ho	un fratello (gemello)/due fratelli.
	una sorella (gemella)/due sorelle.
	uno zio/due zii; una zia/due zie.
	un marito; una moglie.
Mio	padre/fratello/marito/figlio/nonno/zio si chiama ...
Mia	madre/sorella/moglie/figlia/nonna/zia

Ha ... anni.

I miei genitori/nonni   si chiamano ...

Ci sono ... persone nella mia famiglia.

Non ho fratelli/sorelle. Sono figlio unico/figlia unica.

(Non) sono sposato/a. Sono divorziato/a.

I miei genitori sono divorziati.

5 🎧 Ascolta queste cinque persone che parlano della loro famiglia.
Copia e completa la tabella, come nell'esempio.
(Età = Age)

	Nome	Fratelli	Età	Sorelle	Età
1	Claudio	1	10	2	24 + 19
2	Lucia				
3	Gino				
4	Mario				
5	Caterina				

6 Mostra delle foto della tua famiglia al tuo/alla tua partner. Descrivi ogni persona (nome, età ecc.).

espressioni utili 66

È	simpatico/a; timido/a; divertente; intelligente.
	cattivo/a; antipatico/a.
	chiacchierone/a.*

*NB un chiacchierone/una chiacchierona (a chatterbox) is a noun, but it does not need un/a after è.

7 🎧 Ascolta le descrizioni di Gino, Antonia, Luisa, Cinzia, Mario e Annamaria. Copia e completa la tabella.

Nome	Positivo	Negativo
Gino	simpatico	disordinato

8 🎧 Ascolta Lorenzo che parla della sua nuova amica. Rispondi alle domande.

1 Come si chiama?

2 Quanti anni ha?

3 Quanti fratelli ha?

4 Quante sorelle ha?

5 Di che nazionalità è?

6 Com'è di carattere?

9a Leggi queste e-mail.

Nuovo Messaggio

AMICI 66 99

Mi chiamo Daniela e sono italiana. Ho 17 anni e abito con i miei genitori Angela e Donato a Sesto Fiorentino. Ho anche un fratello, Stefano. Ha 12 anni. Cerco persone per corrispondere, stare insieme virtualmente. Abitate in Italia o all'estero? *abroad*

Nuovo Messaggio

CIAO 66 99

Ciao, Daniela, sono Marco e scrivo dall'Australia, ma sono anch'io italiano e di Sesto Fiorentino. Ho 22 anni e sono studente all'università di Melbourne. Mia madre si chiama Giuditta e mio padre Antonio. Ho anche una sorella, Simona. Ha 16 anni ed è chiacchierona. Ciaooooo!!

9b Correggi queste affermazioni false.

1 Daniela è inglese.

2 Daniela ha diciotto anni.

3 Marco è australiano.

4 Marco abita a Sesto Fiorentino.

5 Marco ha un fratello.

10 ✏ Tocca a te! Scrivi un'e-mail.

Vuoi corrispondere virtualmente con italiani nel mondo. Scrivi un'e-mail. Rispondi a tutte le domande:

Di dove sei?

Quante persone ci sono nella tua famiglia?

Come si chiamano?

Quanti anni hanno?

Come sono di carattere?

2.1 Cosa ti piace fare?

- *Talk about different sports*
- *Express opinions and preferences*
- *Use the negative* • *Use the definite article*

1 Quale sport? Abbina lo sport con l'immagine.

a   b   c   d   e   f   g

h   i   j   k   l   m   n

2 🎧 Ascolta e ripeti.

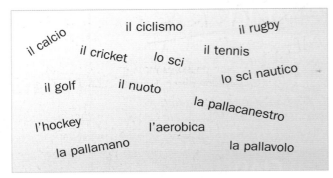

il calcio · il ciclismo · il rugby · il cricket · lo sci · il tennis · il golf · il nuoto · lo sci nautico · la pallacanestro · l'hockey · l'aerobica · la pallamano · la pallavolo

3 Usa la tabella per scrivere sei frasi.

😊 Mi piace	giocare	a calcio/hockey/pallavolo.
🙂 Preferisco	guardare	la partita alla televisione.
☹ Non mi piace	andare	a cavallo.
😣 Detesto	andare	in palestra.
😖 Odio	andare	al centro sportivo/ allo stadio.

PALESTRA

4 Completa le frasi.

Esempio: Non mi piace **più** il tennis.

1 Non c'è ... alla televisione.

2 Non c'è ... in palestra.

3 Non vado ... in piscina.

4 Non gioco ... a calcio ... a golf.

5 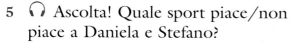 Ascolta! Quale sport piace/non piace a Daniela e Stefano?

1 A Stefano piace ...

2 Daniela preferisce ...

3 Stefano odia ...

4 A Daniela non piace ...

6 Quali attività sportive preferisci/detesti?

Scegli cinque attività che (non) ti piacciono.

Esprimi un'opinione.

Esempio: Mi piace il cricket perché è molto interessante.

grammatica ⚙

L'articolo determinativo

Singolare			Plurale
M.	**il**	before nouns beginning with a consonant except: z, ps, gn, y, s + a consonant	**i**
	lo	before nouns beginning with z, ps, gn, y, s + a consonant	**gli**
	l'	before nouns beginning with a vowel	**gli**
F.	**la**	before nouns beginning with a consonant	**le**
	l'	before nouns beginning with a vowel	**le**

Want to know more? → page 210.

grammatica ⚙

The definite articles combine with **a** (to, at, in, on), **da** (from, by), **su** (on), **di** (of), **in** (in/to) to form:

al, dal, sul, del, nel etc.

Esempi: allo stadio, al centro sportivo, alla televisione, nel tempo libero

	M. Sing.			**M. Pl.**		**F. Sing.**		**F. Pl.**
	il	lo	l'	i	gli	la	l'	le
a	al	allo	all'	ai	agli	alla	all'	alle
da	dal	dallo	dall'	dai	dagli	dalla	dall'	dalle
su	sul	sullo	sull'	sui	sugli	sulla	sull'	sulle
di	del	dello	dell'	dei	degli	della	dell'	delle
in	nel	nello	nell'	nei	negli	nella	nell'	nelle

7a Leggi. Marco e Daniela chattano.

Amici **Chat**

◆ Ciao Marco. Sono Daniela. Raccontami un po' cosa fai nel tempo libero.

◆ Ciao Daniela. Sono Marco. Nel tempo libero a Melbourne passo molte ore a giocare a calcio con amici. Poi ascolto spesso la musica rock, soprattutto le canzoni della ex-cantante degli Skunk Anansie, Skin. La sua musica mi piace perché la voce di Skin è unica, inimitabile, magnifica, ma soprattutto potente ... come cantante ma anche come autrice di canzoni bellissime! Quando posso, guardo la Fiorentina alla televisione! Io sono uno dei tanti tifosi Viola che vivono lontano da Firenze. Un tifoso Viola è uguale non importa se abita a Firenze o a Melbourne o a Santiago! Un messaggio per tutti i Viola del Mondo, fiorentini, toscani, italiani e non: VIOLA PER SEMPRE!

◆ Che bello! Anch'io sono una dei tanti tifosi Viola! Poi, sai che Skin viene in Italia a maggio! Il 20 maggio fa un concerto a Milano.

◆ Che peccato! Non posso venire. Però, che ne dici di andare a vedere una partita insieme quando torno a Firenze?

◆ È un'idea geniale!

un tifoso Viola	a Fiorentina supporter
Che peccato!	What a pity!

7b Correggi queste affermazioni false.

1 Marco passa molto tempo a giocare a scacchi.

2 Marco ascolta spesso la musica classica.

3 Preferisce le canzoni di Madonna.

4 Ci sono pochi tifosi della Fiorentina nel mondo.

5 Skin viene a Firenze.

6 Marco invita Daniela ad un concerto.

7c ✏ Rispondi alle domande.

1 Cosa vuole sapere Daniela?

2 Come descrive la voce di Skin?

3 Chi scrive canzoni bellissime?

4 Skin, quando viene in Italia?

- *Talk about what you do in your free time, when, where and with whom*
- *Use the present tense*

1 Cosa ti piace fare?

Abbina l'attività con l'immagine.

giocare	a carte/scacchi
suonare*	la chitarra/il piano(forte)
ascoltare	la musica/la radio
guardare	la televisione (la tv)
leggere	i giornali/le riviste/i fumetti
andare	al cinema/a teatro/ai concerti/in città/ in discoteca
uscire	con amici
fare una passeggiata con il cane	

* Ricorda! suonare + uno strumento

2 🎧 Ascolta queste cinque persone.

Che cosa gli piace fare?

grammatica ⚙

Il presente

There are three sorts of regular verbs: **-are**, **-ere**, and **-ire**. The **-ire** verbs are divided into two types.

The majority of verbs you will come across are **-are** verbs. Here are the endings of the regular verbs.

	-are	-ere	-ire	-ire
io	-o	-o	-o	-isco
tu	-i	-i	-i	-isci
lui/lei	-a	-e	-e	-isce
noi	-iamo	-iamo	-iamo	-iamo
voi	-ate	-ete	-ite	-ite
loro	-ano	-ono	-ono	-iscono

Ricorda! The verbs **capire** and **preferire** are **-isc** verbs.

Want to know more? → page 224.

A number of verbs are irregular. Some common ones are used in this chapter:

andare (to go): **vado, vai, va**, andiamo, andate, **vanno**

fare (to do): **faccio, fai, fa, facciamo, fate, fanno**

uscire (to go out): **esco, esci, esce**, usciamo, uscite, **escono**

3 🎧 Ascolta! Cosa fa Angela, la mamma di Daniela? Abbina il giorno con l'immagine.

Esempio: 1 – d

1 martedì sera?
2 mercoledì sera?
3 giovedì sera?
4 venerdì mattina?
5 venerdì sera?
6 sabato sera?

4 ✏ Scrivi. Cosa fa Angela?

Quando?	Attività?	Dove?	Con chi?
martedì sera	*gioca a tennis*	*nel parco*	*con un'amica*
mercoledì sera			
giovedì sera			
venerdì mattina			
venerdì sera			
sabato sera			

Quando?

Gioco a	calcio	una volta alla settimana.
	golf	due volte al mese/tre volte all'anno.
	rugby	due ore al giorno.
	tennis	durante la settimana.
Vado	in piscina	ogni giorno/ogni sera/ogni venerdì.
		ogni tanto/ogni due o tre giorni.
Faccio	sport	qualche volta/spesso.

Dove?

in campagna/in palestra/al cinema/a teatro/al centro sportivo/al centro culturale/allo stadio/nel parco

Con chi?

con Paola/mia sorella/mia madre/un'amica/amiche/ le mie amiche/mio fratello/mio padre/un amico/ amici/i miei amici

da solo/a

5 ✏ Cosa ti piace fare nel tempo libero?

Scrivi cosa fai, quando e con chi.

Esempio: nuoto – piscina – una volta alla settimana – da solo o con amici

Il mio passatempo preferito è il nuoto. Vado in piscina una volta alla settimana. Ogni tanto vado da solo, ma preferisco andare con amici.

1 calcio – stadio – ogni lunedì – amici

2 tennis – centro sportivo – ogni tanto – un'amica

3 cinema – città – qualche volta – i miei amici

4 aerobica – palestra – ogni sera – mia sorella

5 pallacanestro – centro sportivo – spesso – mio fratello

6 👥 Tocca a voi! A turno domandate e rispondete.

Cosa vi piace guardare alla televisione?

Qual è il tuo programma preferito?
Cosa pensi del telegiornale?
Il mio programma preferito si chiama ....

Mi piacciono*	i cartoni animati/i documentari/ i teleromanzi.
Preferisco	i programmi sportivi/di attualità/sulla natura/di cucina.
	i film comici/polizieschi/romantici/ dell'orrore/d'avventura/di fantascienza.

*If the noun is plural use **Mi piacciono** ...

aiuto !

In "La danza moderna" Laura says: **Faccio danza da cinque anni.** She has been dancing for five years, but she uses the present tense because she is still dancing! How would you say: *I have been playing rugby for two years*?

7 🎧 Ascolta queste persone.

Copia e completa la tabella. Segna con ✓ le attività che gli piace fare e ✗ quelle che non gli piace fare.

Nome	🖥	🎞	⚽	🎾	🚴	⛷	📺	🎵	📖
Caterina			✓					✓	✗
Mario									
Anna									
Sandro									
Maria									

8 Leggi. Cosa fanno nel tempo libero?

La danza moderna

Io sono **Laura** e faccio danza da cinque anni. Pratico soprattutto danza moderna due ore alla settimana, mi alleno due ore in più ed, in totale, sono quattro ore settimanali!!

Mi piace il rugby

IL RUGBY è la mia passione! È uno sport fantastico. Sono in una squadra. Partecipiamo al Campionato Nazionale. **Stefano**

Il funky

Io sono **Gino** e pratico funky, un ballo nato nei quartieri etnici delle città dell'America del Nord. Vado in palestra tre volte alla settimana. Non lo pratico da molto ma mi piace tanto.

Chi parla? Rispondi Laura, Stefano o Gino.

1 Sono un appassionato di uno sport che si gioca con un pallone ovale.

2 Faccio questa attività quattro ore alla settimana.

3 Pratico un ballo americano.

4 Ballo da cinque anni.

9 👥 Tocca a voi! A turno domandate e rispondete.

Che cosa fai nel tempo libero? Con chi? Dove? Quante volte?

Esempio: Faccio aerobica con amici in palestra, due volte alla settimana.

- *Describe pets*
- *Describe how you keep fit*

~ hours break

Ti piacciono gli animali?

un coniglio   un uccello   un cavallo   un cane   un gatto

1 🎧 Ascolta queste cinque persone che descrivono i loro animali domestici. Copia e completa la tabella.

Nome	Numero	Animale/i	Descrizione	Da quando
Martino	*2*	*gatti*	*neri*	*4 anni*
Cristina				
Michele				
Caterina				
Giulia				

2 Leggi. Queste persone cercano un animale. Scegli un animale per loro.

a Sono pensionata e non ho molti soldi. Vorrei un piccolo animale per tenermi compagnia. Purtroppo sono allergica ai cani e ai gatti.

b Abito in campagna. Vorrei un animale per mia figlia di 11 anni. C'è un bel campo, dove l'animale può vivere.

c Non sono in forma. Vorrei camminare di più, ma è noioso quando si cammina da soli.

not fit well   *more boring when you walk on their own*

3 Leggi questi annunci.

Ciao a tutti. Mi chiamo Luca. Chiedo aiuto per una mia amica che ha perso la sua gatta circa 10 giorni fa ed è davvero disperata. La gatta si chiama Giudi e ha circa 4 anni. È di color tartaruga, ha gli occhi verdi e porta un collare rosso. È una gattina molto timida e ora probabilmente terrorizzata perché non conosce la zona. Se vedete Giudi per cortesia contattatemi via email all'indirizzo sopra, oppure telefonate o mandate un messaggio al nr. di cell. 348/0712141. Grazie di cuore, Luca

Ciao a tutti. Mi chiamo Angela. Ho perso la mia cagnolina Jazz la settimana scorsa: 1 anno, incrocio border collie, pelo lungo nero e marrone; ha microchip. Voglio tanto ritrovarla! Grazie! angela.cori@libero.it

Dog e cat sitter offresi. Date un'ora d'aria ai vostri amici animali! Messaggio per chi lavora tutto il giorno o per chi deve andare in vacanza... Disponibile tutta estate. Solo Verona. DAVIDE 340.5841726

chiedere aiuto to ask for help	*ho perso* I have lost
ha perso she/he has lost	*disponibile* available

a Copia e completa le frasi.

1 L'... di Luca vuole ritrovare la sua ...

2 Non la vede da circa 10 ...

3 Il nome dell'animale è ... e come carattere è molto ...

4 Jazz è il nome di una ...

5 Angela ha perso Jazz la ... scorsa.

6 L'animale è di color ...

7 Davide è di .... ed è disponibile durante l'...

b Rispondi alle domande.

1 Cosa ha perso l'amica di Luca?

2 Quanti anni ha Giudi?

3 Descrivi Giudi.

4 Descrivi Jazz.

c Answer in English.

1 How is Luca's friend feeling?

2 Why will Giudi be terrified?

3 How can you get in touch with Luca?

4 Why do you think Jazz might be found?

5 Who is Davide's advert aimed at?

4 ✏ Descrivi il tuo animale o immagina di avere il cane illustrato qui.

- Che animale è?
- Da quando hai quest'animale?
- Come si chiama?
- Descrivi l'animale. Com'è?
- Chi si occupa dell'animale?
- Qual è il tuo animale preferito?
- C'è un animale che non ti piace? Quale? Perché non ti piace?

Tenersi in forma

5 Read the text and answer in English.

1 What does a dog need?

2 How often do you need to do this?

3 What might a dog do if you don't?

Fai degli esercizi con il tuo cane!
Sai quanto è bello avere un cane. Ma se vuoi avere un cane felice, non importa se sia un chihuahua o un mastino napoletano, il tuo cane ha bisogno d'esercizio. Porta a passeggio il tuo cane per almeno un'ora ogni giorno. Se non esci con lui, può mettersi ad abbaiare o masticare tutto quello che trova!

6 Leggi questi annunci.

A Chi desidera tenersi in forma, può scegliere tra diverse possibilità: ci sono palestre e centri benessere. C'è anche una piscina coperta con un magnifico solario.

B Se desiderate andare a cavallo, presso la Fattoria Ravanelli potete prendere lezioni di equitazione e praticare il trekking a cavallo. Ci sono anche alcuni campi da tennis.

C D'estate sono moltissime le possibilità di muoversi e di divertirsi all'aperto. Fare una partita di pallavolo, di pallacanestro, di calcetto, o giocare al mini golf. Inoltre è possibile praticare la pesca, il tiro con l'arco e lo skateboard.

Dove posso andare? Rispondi A, B, C, A+B o B+C.

1 Voglio giocare a tennis all'aperto.

2 Voglio pescare.

3 Mi piacciono i cavalli.

4 Mi piace nuotare.

5 Preferisco praticare uno sport all'aperto.

6 Voglio giocare in una squadra.

7 🎧 Ascolta e completa le frasi con le parole adatte dal riquadro.

1 Il signor Antinori è ...

2 Va a un Centro Fitness ...

3 L'allenamento in palestra è ...

4 Fa ...

5 Non beve più ...

6 Beve due litri di ...

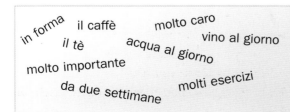

in forma   il caffè   molto caro
il tè   acqua al giorno   vino al giorno
molto importante
da due settimane   molti esercizi

8 Chi è in forma? Leggi e decidi.

a   Vado in piscina ogni giorno.

b   Ascolto la musica. È il mio passatempo preferito.

c   Faccio molto sport.

d   Mi piace l'Internet.

e   Mi piace bere un buon vino – a pranzo e a cena!

9 Cosa ti piace fare nel tempo libero?

• Con chi?   • Quante volte?
• Dove?   • Perché ti piace?
• Da quando?

Esempio: Mi piace giocare a tennis perché è uno sport interessante. Gioco a tennis da due anni. Gioco ogni lunedì.

Grammatica 1

- *The present tense*
- *Nouns, adjectives, articles*
- *Negatives*
- *Prepositions*

grammatica ⚙

I verbi

In a verb list or dictionary you will find the infinitive. In Italian all regular infinitives end in **-are**, **-ere** or **-ire**.

Il presente

amare (to love)	vendere (to sell)	dormire (to sleep)	finire (to finish)
am**o**	vend**o**	dorm**o**	fin**isco**
am**i**	vend**i**	dorm**i**	fin**isci**
am**a**	vend**e**	dorm**e**	fin**isce**
am**iamo**	vend**iamo**	dorm**iamo**	fin**iamo**
am**ate**	vend**ete**	dorm**ite**	fin**ite**
am**ano**	vend**ono**	dorm**ono**	fin**iscono**

-are verbs

The following **-are** verbs make spelling changes.

i) verbs whose stem ends in **-c** or **-g** insert an **h** before an **i** or an **e**:

pagare pago, **paghi**, paga, **paghiamo**, pagate, pagano

cercare cerco, **cerchi**, cerca, **cerchiamo**, cercate cercano

ii) **-iare** verbs have only one **-i** in the **tu** form if the **-i** is not stressed:

studiare > tu studi (the **i** is not stressed), but

sciare > tu scii (the first **i** is stressed)

-ere verbs

Many **-ere** verbs are irregular and are in the verb list at the back of the book.

bere, dire, and **fare** form the present from their old **-ere** infinitives: bev**ere**, dic**ere** and fac**ere**

bere (to drink) bevo, bevi, beve, beviamo, bevete, bevono

dire (to say) dico, dici, dice, diciamo, **dite**, dicono

fare (to do) **faccio, fai, fa, facciamo, fate, fanno**

-ire verbs

There are two sorts of **-ire** verbs: verbs like **dormire** and **-isc** verbs like **finire, capire** and **preferire**.

Verbi irregolari

Irregular verbs are listed at the back of the book, e.g.

andare (to go) **vado, vai, va,** andiamo, andate, **vanno**

uscire (to go out) **esco, esci, esce,** usciamo, uscite, **escono**

Quando si usa il presente

The present tense is used to show:

what is happening now: **Studio l'italiano a scuola.**

what happens sometimes: **Qualche volta esco con amici.**

what is going to happen: **Domani vado in città.**

what has been happening: **Faccio danza da cinque anni.**

---

1 Inserisci la forma corretta del presente dei verbi tra parentesi.

Esempio: Io **pattino** d'inverno. (pattinare)

1 Tu ... spesso la televisione? (guardare)

2 Lei ... il pianoforte? (suonare)

3 Noi ... a calcio. (giocare)

4 Voi ... spesso in Italia? (viaggiare)

5 Loro ... nella piscina. (nuotare)

6 Io ... i film comici. (preferire)

7 Tu ... in montagna. (sciare)

8 Lui ... un libro. (leggere)

9 Noi ... i ragazzi. (vedere)

10 Voi ... al cinema. (andare)

11 Loro ... con amici. (uscire)

grammatica ⚙

Le negazioni

non	not
non ... niente/nulla	nothing
non ... nessuno	nobody, no one
non ... mai	never
non ... né ... né	neither ... nor
non ... più	no longer, no more

2 Completa le frasi con **niente, nessuno, mai, né ... né**.

1 Non conosco ... Riccardo ... Giovanni.

2 Non mangio ... la mattina.

3 Non c'è ... a casa.

4 Non gioco ... a calcio.

I sostantivi				Gli aggettivi			
	Sing.	Pl.	Esempi		Sing.	Pl.	Esempi	
M.	-o	-i	un ragazzo	due ragazzi	-o	-i	italiano	italiani
F.	-a	-e	una ragazza	due ragazze	-a	-e	italiana	italiane
M./F.	-e	-i	un cane	due cani	-e	-i	inglese	inglesi

Ricorda: tedesco, tedesca > tedeschi, tedesche
           blu (invariable), rosa (invariable), viola (invariable)

3 Cerca 'calcio' sul dizionario.
You will probably see 'sm'. 's' = sostantivo (noun)
and 'm'= maschile (masculine). Now look up 'partita'.
What does 'sf' mean?

> **ricorda** 💡
>
> Always learn a noun with its gender, e.g. **lo studente, il
> nome, l'animale** (m), **la televisione, l'amica** (f).

4 Completa le frasi con l'aggettivo corretto.

1 L'amico di Roberto è ...
2 Maria è ...
3 Ha i capelli ... e gli occhi ...
4 Non mi piace la musica ...

classico	bella	blu	classica
italiano	inglesi	castani	verde

L'articolo indeterminativo		L'articolo determinativo		
Sing.		Sing.		Pl.
M.	**un**	+ a consonant except z, ps, gn, s + cons., y	**il**	+ a consonant except z, ps, gn, s + cons.,y	**i**
	uno	+ z, ps, gn, s + cons., y	**lo**	+ z, ps, gn, s + cons., y	**gli**
			l'	+ a vowel	**gli**
F.	**una**	+ a consonant	**la**	+ a consonant	**le**
	un'	+ a vowel	**l'**	+ a vowel	**le**

5 Metti l'articolo giusto (**un,
uno, una, un'**) nello spazio.

1 Questa è ... ragazza bella.
2 Marco è ... studente.
3 Elena è ... amica di Daniela.
4 Gianni è ... amico di Marco.

6 Metti l'articolo giusto (**il, lo,
l', la**) nello spazio.

1 Qual è ... nome di Manfredi?
2 Qual è ... indirizzo di Paola?
3 Come si scrive ... cognome di
   Elena?
4 Come si chiama ... amico di
   Gianni? E ... sorella?
5 Qual è ... numero di telefono di
   Michele?
6 Ti piace ... sport?

Preposizioni articolate							
	M. Sing.			M. Pl.		F. Sing.		F. Pl.
	il	**lo**	**l'**	**i**	**gli**	**la**	**l'**	**le**
a	**al**	**allo**	**all'**	**ai**	**agli**	**alla**	**all'**	**alle**
da	**dal**	**dallo**	**dall'**	**dai**	**dagli**	**dalla**	**dall'**	**dalle**
su	**sul**	**sullo**	**sull'**	**sui**	**sugli**	**sulla**	**sull'**	**sulle**
di	**del**	**dello**	**dell'**	**dei**	**degli**	**della**	**dell'**	**delle**
in	**nel**	**nello**	**nell'**	**nei**	**negli**	**nella**	**nell'**	**nelle**

7 Completa le frasi con le preposizioni articolate appropriate.

1 Oggi arriva la mia amica ... Italia. (dal/dallo/dall')
2 Vado ... cinema. (agli/al/allo)
3 Marco va ... stadio. (al/all'/allo)
4 Il cane è ... giardino. (nel/nello/nei)
5 Il quaderno è ... tavola. (sull'/sulla/sulle)
6 Questo è il libro ... professore. (dell'/del/dello)

Lettura 1

1a Leggi questi messaggi.

Amici **Chat**

Ricerca corrispondenza

◆ Ciao. Sono Giulia.

Mi piace sciare ma non ho molto tempo da dedicare a questo sport.

Vorrei formare uno sci club. Mi piace anche leggere.

Ciao. Spero di ricevere una risposta.

◆ Ciao!!!

Siamo due ragazze, Laura e Silvia. Vorremmo corrispondere con due ragazzi!

Noi abbiamo 16 anni e siamo in una classe piena di ragazze ed è per questo che vorremmo corrispondere con ragazzi. Rispondete:

Andate in discoteca? Dove?

Fate degli sport? Quali?

Avete degli hobby? Quali?

Vi piace il calcio?

DESCRIVETEVI BENE!!!

Ora vi salutiamo.

Bacioni da Laura e Silvia

◆ Siamo MICHELE, MARIO E FLAVIA. Queste sono le nostre prime esperienze di posta elettronica; quindi ci piacerebbe conversare con voi su amicizia, musica, scuola, sport ecc ... per il resto decidete voi!!!!

◆ Ciao. Sono Daniela. Dedico molto tempo libero a quella 'scatola magica' che è il PC. Però mi mantengo in forma con il jogging e gioco a tennis una volta alla settimana.

◆ Ciao a tutti. Ho poco tempo per scrivervi ma ho delle domande:

Come ti chiami?

Di che nazionalità sei?

Quanti anni hai?

Dove abiti?

Un grosso saluto

Sandro

1b Rispondi G (Giulia), LS (Laura e Silvia), S (Sandro), MMF (Michele, Marco e Flavia) o D (Daniela). Chi ...

1 ... non ha molto tempo per scrivere?

2 ... vuole parlare di musica?

3 ... non vuole corrispondere con ragazze?

4 ... usa molto il computer?

5 ... s'interessa alla lettura?

2 Scrivi un piccolo annuncio per te.

3 Scegli un messaggio e rispondi in italiano.

Sei un fanatico dello sport?

1 È il weekend. Tu …
- A pratichi un'attività sportiva.
- B vai al cinema.
- C guardi la televisione.

2 Prima di andare in palestra, tu …
- A mangi una tavoletta di cioccolato.
- B telefoni ad un amico.
- C fai alcuni esercizi di riscaldamento.

3 Hai dei biglietti per San Siro. Vuoi vedere …
- A un gran premio di Formula uno.
- B una gara di nuoto.
- C una partita di calcio.

4 Chi è un famoso atleta?
- A Giancarlo Fisichella.
- B Roberto Baggio.
- C Michael Johnson.

5 Le Olimpiadi si svolgono ogni …
- A quattro anni.
- B dieci anni.
- C due anni.

6 Vinci le Olimpiadi. Ti danno …
- A molti soldi.
- B una medaglia.
- C una vacanza.

0–20 Non sei per niente un tipo sportivo. Tu non t'interessi molto nello sport. Stai bene di salute? Fai degli esercizi di ginnastica? Devi iniziare adesso!

21–60 Non sei un fanatico ma ti piace fare sport qualche volta. Probabilmente fai abbastanza esercizio fisico. Devi essere più avventuroso e provare un altro sport.

61–90 Sei un vero fanatico! Ma devi stare attento a non parlare troppo di sport: gli amici possono annoiarsi. Devi cercare un altro interesse e diventare una persona normale!

I punteggi		
1 A - 15	B - 5	C - 10
2 A - 5	B - 5	C - 15
3 A - 0	B - 0	C - 15
4 A - 5	B - 10	C - 15
5 A - 15	B - 0	C - 0
6 A - 0	B - 15	C - 0

3.1 Dove abiti?

- *Talk about your home town*
- *Give opinions about the town or area*

1a Leggi questi messaggi.

Amici **Chat**

◆ Ciao a tutti. Sono Daniela. Amici all'estero, ditemi dove abitate adesso!

◆ Ciao Daniela, Melbourne, come sai, è la capitale dello stato di Victoria ed è una delle città più antiche dell'Australia. È una città famosa per gli avvenimenti culturali e sportivi, la moda internazionale e la cucina molto varia. Devi assolutamente venire a vedere il Queen Victoria Market, con il cibo fresco. Devi anche fare un giro attraverso gli edifici vittoriani del 19° secolo, e puoi provare l'atmosfera magica di Melbourne a bordo dei tram rossi a due piani (prendo un tram per andare all'università). Puoi passeggiare nei giardini botanici e andare a vedere MCG (Melbourne Cricket Ground) e Yarra Park, un'area dedicata agli sport. Un saluto da Melbourne. Marco

◆ Ciao Daniela, sono italiana, ma al momento abito vicino a Bedford, in Inghilterra. Bedford si trova sul fiume Ouse e ha circa 75.632 abitanti. Ha un passato di città industriale, soprattutto legato al settore tessile, ma oggi per lavorare molti vanno a Londra. Ci sono molti italiani qui. Infatti la comunità italiana in Gran Bretagna è grande: sulle 230 mila persone. La maggior concentrazione si trova a Londra, poi Manchester, Bedford e Edimburgo. Non abito in città. Abito in campagna dove la vita è più tranquilla. Tanti saluti da Bedford.
Alessandra

◆ Ciao, Daniela, sono Gianpaolo e abito a Toronto. La città è moderna e rassomiglia molto a Sydney. Grattacieli modernissimi accanto alle classiche villette vittoriane con giardini. Dalla torre più alta del mondo 'la Cn' con i suoi 514 metri puoi vedere l'intera città, il lago Ontario e il parco olimpico. Devi assolutamente vedere Casa Loma, il più famoso monumento storico della città. Ha giardini con sculture e fontane originali. Un altro edificio maestoso è lo Sky Dome, l'unico stadio al mondo con un tetto completamente retrattile. Accanto allo stadio ci sono: un albergo di 348 stanze, un ristorante di 650 posti, il più grande McDonald del Nord America, tre bar, un centro sportivo, negozi, uffici e un centro informazioni. Toronto dista solo un'ora e mezza di macchina dalle grandiose cascate del Niagara, situate tra gli Stati Uniti e il Canada.

1b Chi parla? Rispondi M (Marco), A (Alessandra) o G (Gianpaolo).

Esempio: Abito in città. M, G

1 Abito in campagna.
2 Viaggio spesso in tram.
3 La mia città rassomiglia a una città australiana.
4 Qui è possibile comprare la frutta fresca al mercato.
5 Non abito lontano dalle famose cascate.

1c Vero o falso? Correggi le affermazioni false.

1 Melbourne è una delle città più moderne dell'Australia.
2 A Melbourne ci sono dei tram rossi a tre piani.
3 Il fiume Ouse passa per Bedford.
4 La comunità italiana in Gran Bretagna è piccola.
5 Alessandra abita in città.
6 Toronto rassomiglia a Sydney.
7 Dalla torre Cn puoi vedere soltanto il parco olimpico.
8 La città di Toronto è vecchia.
9 Toronto dista solo un'ora e mezza di treno dalle cascate del Niagara.

espressioni utili 👥

Abito	in	Australia/Canada/Galles/Inghilterra/Irlanda/Scozia.
		una città/un paese/un villaggio.
		un quartiere residenziale/industriale/commerciale.
		centro/periferia.
	a	Londra/Edimburgo/Toronto/Melbourne.
	vicino	al mare/alla costa/alle montagne.
	accanto	allo stadio.
	di fronte	al cinema.
	lontano	dalla città.

NB Abito a + (una città); Abito in + (un Paese).

grammatica ⚙

Volere (to want), **dovere** (to have to) and **potere** (to be able) are three very useful irregular verbs, which are usually used with another verb in the infinitive e.g.
Vogliono abitare in montagna.
Si può andare al castello.
Devi vedere il mercato.

voglio	devo	posso
vuoi	devi	puoi
vuole	deve	può
vogliamo	dobbiamo	possiamo
volete	dovete	potete
vogliono	devono	possono

2 ✏ Usa le parole e le espressioni nella tabella per descrivere la tua città. Com'è? Cosa c'è da fare?

In città			
C'è	un bar	un parcheggio	una chiesa
	un castello	un parco	un'edicola
	un centro sportivo	un ponte	una fabbrica
	un cinema	un teatro	una fontana
	un duomo	un ufficio turistico	una metropolitana
	un mercato	un ufficio postale	una piazza
	un monumento	una banca	una stazione
	un municipio	una biblioteca	una torre
	un museo	una cattedrale	
Ci sono	dei monumenti	dei ponti	dei bar
Si può andare	al castello	al cinema	alla stazione
In campagna			
C'è	il bosco	il lago	l'erba
	il fiume	la foresta	la fattoria
Ci sono	i fiori	le foglie	gli alberi
Non c'è molto da fare per i giovani.			

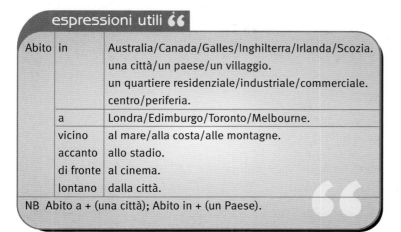

3 👥 Tocca a voi! A turno domandate e rispondete.

Dove abiti? Abiti in città, in campagna o in periferia?

Cosa c'è da fare?

Quali sono i vantaggi e gli svantaggi della tua città/del tuo paese?

Dove preferisci abitare: in città o in campagna? Perché?

4 Prepara un depliant o un poster della tua città/del tuo paese/della tua regione per attirare turisti italiani. Puoi esagerare se vuoi!

Venite a ...! Si può ...

VENITE A VEDERE

a

b

Nuovo Messaggio

AMICI

La mia casa si trova in periferia. È gialla e arancione e le persiane sono marroni.

Ha tre piani. Al piano di sotto c'è il garage. All'ultimo piano c'è la mansarda.

Al primo piano c'è il nostro appartamento con la cucina, il salotto, lo sgabuzzino, due bagni, due camere da letto e lo studio di mio padre.

Al primo piano c'è anche un balcone che dà sulla strada. In primavera, mettiamo tanti vasi di gerani sul balcone per abbellire la nostra casa.

Poi abbiamo anche un giardinetto circondato da una siepe. Nel giardino ci sono: un grande pino, due piante di rose, una palma, una pianta di rosmarino e un pozzo che raccoglie la pioggia.

2 ∩ Ascolta quattro persone che descrivono la casa. Abbina le persone con le case.

a   b   c   d

3 👥 Tocca a te! Scegli una delle case e descrivila al tuo/alla tua partner.

Il/la partner deve indovinare quale casa descrivi. Puoi utilizzare le parole ed espressioni nella tabella.

espressioni utili 66

Abito in	un appartamento	comodo/a.			
	una casa	grande.			
	una casa a schiera	medio/a.			
	una villa	moderno/a.			
	una villetta	nuovo/a.			
	una fattoria	piccolo/a.			
		vecchio/a.			
Di fronte	alla casa	c'è	un balcone	con	fiori.
Dietro	all'appartamento		un giardino		alberi.
Accanto			una terrazza		piante.
Intorno			un garage.		
Il tetto è rosso.					
Il giardino è recintato.					

espressioni utili 66

Dentro la casa

Di sopra		c'è	un bagno	una camera (da letto)
Di sotto		abbiamo	un box	una cucina
Al	pianterreno		un corridoio	una sala da pranzo
Al primo	piano		un ingresso	una stanza
Al secondo			un salotto	un'entrata
Al terzo			un soggiorno	una cantina
Al quarto			uno studio	una soffitta
Al quinto			uno sgabuzzino	una lavanderia
				una mansarda

(Non) c'è l'ascensore.
Ci sono le scale.

el

4 🎧 Ascolta cinque descrizioni. Quante stanze ci sono? Copia e completa la tabella.

casa	camere	sala da pranzo	bagno	giardino	balcone	problema
1	3	x	1	x	x	Non c'è balcone.

5 Affittasi! Leggi e abbina la famiglia con l'appartamento giusto.

1

Offro Appartamento affitto

cucina, soggiorno, 2 camere, 2 bagni, ammobiliato, terrazzo, cantina.

2

Offro Appartamento affitto

zona tranquilla e ben servita; affitto appartamento spazioso. mq 90. ampio terrazzo, box e cantina. Giardino recintato con piscina. Griglie di sicurezza alle finestre.

3

Offro Villa affitto

bellissima villa con vista lago splendida, vicino all'uscita autostrada, si compone di ingresso, sogg., cucina, bagno, al 1°p. 2 cam., 1 bagno, balcone. Garage.

4

Offro Villa Unifamiliare affitto

A pochi km. dal lago e dagli impianti di sci, villetta con 5.000 mq. di terreno recintato. Composta da sogg., cucina, bagno e due camere; garage, con bella vista.

A Famiglia Totti: una coppia giovane con due bambine. Cercano una casa grande con tutti i servizi. Desiderano anche una casa molto sicura.

B Famiglia Verdi: una coppia giovane, sportiva, vogliono abitare vicino alle montagne.

C Famiglia Di Antonio: madre e due figli, vogliono abitare in una villetta con balcone, vicino al lago.

D Famiglia Di Girolamo: madre, padre ed una figlia, vogliono affittare un appartamento ammobiliato.

6 ✏ Scrivi. La casa ideale.

Ciao. Sono Daniela. La mia casa ideale la immagino così: molto grande, in campagna con un recinto per un cavallo e un grande giardino con tanti alberi dove mettere due cani e due gatti …

a Come immagini l'interno di questa casa?

b Secondo te, qual è la casa ideale? Quali cose sono indispensabili? (per es. una piscina)

3.3 La mia camera

- *Describe the rooms in your house*
- *Say where things are*
- *Adjectives*

1a Leggi queste e-mail.

> **HELLO**
>
> Ciao. Sono Alessandra. I miei alunni vogliono sapere come sono le camere in Italia. Puoi fare una descrizione come quella di Matteo?
>
> "La mia camera è piccola e la condivido con mio fratello. Accanto alla finestra ho il letto a castello ed una scrivania molto grande. Poi a sinistra ho un armadio molto spazioso dove metto i miei vestiti. Ho anche due mensole dove metto i libri. Insomma questa è la mia camera. Come sono le camere in Italia? Tanti saluti dall'Inghilterra, Matteo."

> **AMICI**
>
> Ciao, Matteo. La mia camera è abbastanza grande. Quando si entra a sinistra c'è la libreria, piena zeppa di libri. Poi c'è il letto e l'armadio. Accanto al letto c'è il comodino con la lampada e la sveglia. A destra si vede la scrivania. Poi c'è una cassettiera e accanto c'è un cavalletto da pittore. Le pareti sono rosa con molti quadri. Un saluto dall'Italia, Daniela.

Il letto è a sinistra.

Il comodino è a destra.

Accanto al letto c'è il comodino.

1b Trova le parole che mancano.

1 La camera di Matteo è …
2 Matteo condivide la …
3 Ha una scrivania molto …
4 Ha anche un … molto … per i vestiti.
5 La camera di Daniela è abbastanza …
6 A sinistra c'è una …
7 Accanto al letto c'è il … con la lampada e la …
8 A destra c'è la …

a   b   c   d

2 🎧 Ascolta quattro persone che descrivono le loro camere. Abbina le camere con le persone: Roberto, Marinella, Alessio, Marianna.

3 👥 Tocca a te! Scegli una camera e descrivila al tuo/alla tua partner.

Il/la partner deve indovinare quale camera descrivi. Puoi utilizzare le parole ed espressioni nella tabella.

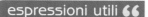

espressioni utili 66

Nella mia camera

c'è	un armadio/un comò/un comodino/un computer/un copriletto/un cuscino/un letto (a castello)/un lettore di CD/un lenzuolo/un quadro/un tappeto/un televisore/ un videoregistratore
	uno specchio/uno stereo
	una finestra/ una porta/ una cassettiera/una lampada/una scrivania/una sedia/una sveglia/ un tavolo
ci sono	le coperte/le mensole/le tende/i mobili/i poster

Nella cucina: un lavandino/un frigorifero/
un congelatore /un forno/una lavatrice/
una cucina elettrica o a gas/
una lavastoviglie/un microonde

Nel bagno: un lavabo/una vasca da bagno/una
doccia/un gabinetto/la carta igienica

Nel salotto: un divano/una poltrona/un televisore/
un vaso

Nella sala da pranzo: un tavolo/una sedia

grammatica ⚙

Aggettivi

Most adjectives in Italian come <u>after</u> the noun they describe. Only a small number of common adjectives go in front and they include: **bello** (beautiful), **buono** (good), **brutto** (bad), **cattivo** (bad), **giovane** (young), **grande** (big, large), **grosso** (big, large), **largo** (wide), **lungo** (long), **piccolo** (small), **vecchio** (old).

Some common adjectives can be used in front of or after a noun, depending on their meaning:

È un uomo grande. He is a tall man.
È un grand'uomo. He is a great man.

For more information → page 49.

4 ✏ Scrivi delle frasi usando i sostantivi e gli aggettivi.

I sostantivi:	**Gli aggettivi:**
l'appartamento,	piccolo, ammobiliato,
il balcone, la casa,	comodo, elegante,
la camera	grande, vecchio

Esempio: Il balcone è molto piccolo.

5 🎧 Non trovo più niente. Ascolta e trova le parole che mancano.

1 Il poster è … parete.
2 Il lettore di CD è … scaffale.
3 Il pallone da basket è … sedia.
4 La giacca è … armadio.
5 I CD sono … lampada, … scrivania.
6 La foto grande … vacanze è … parete, sopra la porta.
7 La radiolina è … il letto.
8 I pennarelli sono … libri.
9 Il computer è … scrivania.

accanto alla · sulla · sulla · sotto · davanti ai · dietro alla · alla · delle · nell' · sullo · alla

6 Tocca a te! Descrivi la tua camera.

4 La vita quotidiana

4.1 Una giornata tipica

- *Talk about what you do every day*
- *Use reflexive verbs*
- *Talk about times of the day*

1 Abbina i disegni con le espressioni.

Esempio: a – 2

> **1** Ceno.   **2** Esco di casa.   **3** Faccio colazione.   **4** Faccio footing.   **5** Faccio i compiti.   **6** Faccio la doccia.
> **7** Gioco a pallacanestro.   **8** Mi addormento.   **9** Mi cambio.   **10** Mi lavo.   **11** Mi spoglio.   **12** Mi alzo.
> **13** Mi vesto.   **14** Pranzo.   **15** Torno a casa.   **16** Vado a letto.   **17** Vado a scuola.

2 🎧 Ascolta dieci persone. Abbina ogni persona con il disegno giusto.

Esempio: i

3 🎧 Ascolta una ragazza che parla della sua giornata. Scrivi a che ora si alza/fa colazione/esce di casa/pranza/torna a casa/cena/va a letto.

Esempio: Si alza alle sette e un quarto.

Che ora è? Che ore sono?

With the exception of one o'clock, midday and midnight, all other hours are expressed as
Sono le + the appropriate number.

01:00	È l'una.
12:00	È mezzogiorno.
24:00	È mezzanotte.
11:00	Sono le undici.

For minutes after the hour use **e**:

| 01:10 | È l'una **e** dieci. |
| 03:20 | Sono le tre **e** venti. |

For minutes 'to' the hour use **meno** + the number of minutes:

| 07:50 | Sono le otto **meno** dieci. |

meno/e un quarto; e mezzo

For 'quarter' you can use **quindici** or **un quarto**; for 'half past' you can use **e trenta** or **e mezzo**:

09:15	Sono le nove **e un quarto**.
11:45	Sono le dodici **meno un quarto**.
10:30	Sono le dieci **e mezzo**.

24 ore

The Italians use the 24 hour clock system a great deal.

| 14:20 | Sono le quattordici e venti. |

NB You cannot use **quarto** or **mezzo** with the 24 hour clock system.

| 13:45 | Sono le tredici e quarantacinque. |

A che ora?

To say 'at what time' use **a** + the time.

With the definite article **a** becomes **all'** and **alle** and **da** becomes **dall'** and **dalle**:

All'una e venti.   At 1.20   **Alle due.**   At 2.00.

Mi riposo dall'una fino alle due.
I have a rest from 1.00 until 2.00.

But you say a **mezzogiorno** and a **mezzanotte**.

To say 'about' a certain time of day, use **verso**:

Esco di casa verso le sette.
I leave the house at about 7.00.

4 Tocca a voi! A turno domandate e rispondete.

A che ora ...

ti svegli?   pranzi?

ti alzi?   ceni?

fai colazione?   torni a casa?

vai a scuola/al lavoro?   vai a letto?

5 ✏ Descrivi un lunedì tipico.

Esempio: Il lunedì mi sveglio alle sette e un quarto ...

grammatica ⚙

Verbi riflessivi

Reflexive verbs have a **si** at the end of the infinitive (**lavarsi, divertirsi**). The present tense is formed like other verbs, but **mi, ti, si, ci, vi, si** come before the verb.

lavarsi (to wash oneself)		**divertirsi** (to enjoy oneself)	
mi lavo	**ci** laviamo	**mi** diverto	**ci** divertiamo
ti lavi	**vi** lavate	**ti** diverti	**vi** divertite
si lava	**si** lavano	**si** diverte	**si** divertono

For more on reflexive verbs → page 48.

6 Leggi. Una giornata tipica di un giornalista.

Amici Chat

◆ Gianpaolo, vorrei tanto diventare giornalista nel futuro. Com'è una giornata tipica di un giornalista? Daniela.

◆ Ciao, Daniela, ti descrivo una mia giornata tipica. Dipende da dove sono, ma in generale mi sveglio quando la sveglia suona alle 6.50, poi mi alzo verso le 7.00, mi lavo, faccio colazione e normalmente esco di casa alle 8.15. Arrivo all'ufficio verso le 9.00, e poi scrivo articoli oppure mi metto a rispondere alla corrispondenza. Il lavoro è interessante! A mezzogiorno mangio spesso al ristorante all'angolo. Lavoro fino alle 5.15. Torno a casa verso le 18.00. A volte vado a fare footing, a volte vedo amici. Qualche volta vado al cinema. Preferisco una cena leggera perché mangio bene a mezzogiorno! Alla sera mi metto a scrivere delle e-mail ad amici italiani intorno al mondo. Mi diverto molto a corrispondere per e-mail! Non vado a letto prima delle undici e mezzo o mezzanotte – qualche volta anche più tardi!

Daniela, sull'Internet c'è un sito che si chiama 'amiciriuniti.it' e che si propone di mettere in contatto vecchi compagni di scuola. Perché non organizzare una riunione? A presto Gianpaolo.

◆ Ti ringrazio dell'informazione e la riunione è un'ottima idea! Devo assolutamente contattare 'amiciriuniti.it'! Grazie! Daniela.

7 ✏ Riscrivi la giornata di Gianpaolo da quando si sveglia a quando va a letto.

Esempio: Si sveglia alle 6.50. Si alza verso le 7.00.

8 🎧 Ascolta cinque persone che parlano del weekend. Cosa fanno? Completa la tabella con le espressioni dal riquadro.

Sabato	Domenica
Esempio: *Lavora fino alle due.*	*Si alza a mezzogiorno.*
1	
2	
3	
4	

alzarsi a mezzogiorno   andare a trovare la nonna
andare in chiesa   andare in piscina
divertirsi in discoteca   dormire fino alle undici
giocare a calcio   lavorare fino alle due
pranzare al ristorante   svegliarsi tardi

9 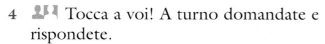 Tocca a voi! Domandate e rispondete.

Descrivi un weekend tipico. Cosa fai alla mattina?

Cosa fai alla sera?

- *Talk about jobs about the house*
- *Use the present tense of* **stare** *and the gerund*

1 Abbina la faccenda con il disegno.

Attenzione! Ci sono più faccende.

espressioni utili 66

apparecchio la tavola	ogni sera
bado ai bambini	ogni tanto
carico la lavastoviglie	
do da mangiare al cane	ogni sabato
lavo i piatti	al pomeriggio
faccio il letto	
faccio la spesa	qualche volta
lavo i vetri	
lavo la macchina	spesso
metto i panni sporchi in lavatrice	
passo l'aspirapolvere	una volta alla settimana
metto in ordine la mia camera	al weekend
sparecchio la tavola	
stendo i panni	sempre
stiro	
svuoto la lavastoviglie	alla mattina
porto fuori il cane	
lavoro in giardino	alla sera

2 🎧 Ascolta e metti in ordine i disegni per Simona e Roberto.

Esempio: Simona: a, k, …

3 👥👥 Tocca a voi! Guardate 'Regole in casa'. A turno domandate e rispondete.

Esempio: A Metti a posto i vestiti?

B No, non metto mai a posto i vestiti./
Sì, metto sempre a posto i vestiti.

4 🎧 Ascolta sei persone che parlano di come aiutano in casa.

Copia e completa la tabella, scrivendo

- una delle attività che fa ogni persona e
- quando fa questa attività.

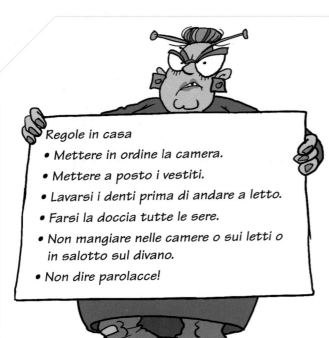

Regole in casa

- *Mettere in ordine la camera.*
- *Mettere a posto i vestiti.*
- *Lavarsi i denti prima di andare a letto.*
- *Farsi la doccia tutte le sere.*
- *Non mangiare nelle camere o sui letti o in salotto sul divano.*
- *Non dire parolacce!*

	Attività	**Quando**
Esempio:	*Aiuta a sparecchiare/ apparecchiare la tavola*	*ogni giorno*
1		
2		
3		
4		
5		

5a Leggi. Uguaglianza?

Amici **Chat**

◆ Secondo te, in famiglia c'è una differenza di responsabilità tra ragazzi e ragazze? **Alessandra**

◆ I lavori maschili richiedono la forza fisica. I lavori femminili richiedono più fantasia e meno forza fisica. Ciao da **Pietro**

◆ Nella mia famiglia ci sono delle regole per maschi e femmine, per esempio io devo apparecchiare la tavola e fare diversi lavori domestici. Uno di questi è di sistemare la camera, fare il letto, spolverare ... lavori, per mia sfortuna, quotidiani!! **Giulia**

◆ Per me le ragazze fanno più lavori dei ragazzi: spolverare, tenere i fratelli più piccoli e tante altre cose! Un saluto, **Maria.**

◆ Tra i maschi e le femmine i ruoli non sono tutti uguali; per esempio i ragazzi aiutano il papà in alcuni piccoli lavoretti e nel giardino, mentre le femmine fanno di più i lavori domestici, come apparecchiare e sparecchiare la tavola, stirare e aiutare a far da mangiare. Ciaoooo. **Assuntina**

◆ Nella mia famiglia le differenze tra i ruoli dei maschi e quelli delle femmine sono abbastanza grandi: ad esempio mio padre non sa stirare e non vuole mai provare a stirare. Poi mia madre non è per nulla capace di montare una mensola o di cambiare la gomma a una bicicletta, cose che mio padre fa in un attimo. Saluti. **Vincenzino**

◆ Io e Tobia (mio fratello che ha 14 anni) aiutiamo i nostri genitori, pulendo le stanze, buttando via la spazzatura, stendendo i panni o lavando la macchina. Ciao a tutti. **Carlo**

grammatica ⚙

La forma progressiva del presente

Carlo uses the gerund: **buttando via la spazzatura** (throwing away the rubbish).

The gerund is formed by adding **-ando** (**-are** verbs) or **-endo** (**-ere, -ire** verbs) to the stem of the infinitive and is invariable. It can be used on its own, but is mainly used with the present of **stare** (**sto, stai, sta, stiamo, state, stanno**) to say what you are 'doing' now:

Cosa stai facendo? Sto leggendo il giornale.
What are you doing? I am reading the paper.

This tense can only be used for what is happening now. Note the difference:

Marco *gioca* a calcio ogni sera.
Marco plays football every evening.

Marco sta giocando a calcio adesso.
Marco is playing football now. (at this precise moment)

studiare › studiando   **prendere › prendendo**
finire › finendo

Want to know more? → page 215.

5b Queste affermazioni sono vere o false? Correggi quelle false.

1 Secondo Pietro i maschi hanno più forza.
2 Giulia non deve fare i lavori in casa.
3 Maria deve badare ai fratelli più giovani.
4 Secondo Assuntina i maschi aiutano il papà a stirare.
5 Il padre di Vincenzino vuole imparare a stirare.
6 La madre di Vincenzino non sa cambiare una gomma.
7 Carlo e Tobia non puliscono mai le camere.

6 ✏ Completa le frasi con la forma corretta di **stare + gerundio**.

Esempio: Io (pulire) le stanze. > **Sto pulendo** le stanze.

1 Io (buttare) via la spazzatura.
2 I ragazzi (lavare) la macchina.
3 Le ragazze (sparecchiare) la tavola.
4 La mamma (stirare) i panni.
5 Mio padre (cambiare) la gomma.
6 Loro (stendere) i panni.

- *Talk about setting the table*
- *Talk about mealtimes*

Come apparecchiare la tavola.

La tovaglia è bianca. C'è un vaso di fiori freschi sulla tavola. A destra: il coltello e il cucchiaio; a sinistra: la forchetta e il tovagliolo. In alto, sopra il piatto: le posate da dessert (manico della forchettina a sinistra, del cucchiaino a destra); ed i bicchieri: per l'acqua (grande), per il vino rosso (medio), per il vino bianco.

1 Guarda la tavola e abbina le parole con le immagini.

Esempio: 1 – A

espressioni utili 66

1	la tovaglia	6	la forchetta
2	il tovagliolo	7	la forchettina da dessert
3	il piatto	8	il cucchiaino da dessert
4	il coltello	9	il bicchiere
5	il cucchiaio		

ricorda 💡

Un bicchiere da vino   Un bicchiere di vino

2 Descrivi l'immagine.

Esempio: A destra c'è un coltello.

3a Leggi questi messaggi.

Amici Chat

- Ciao, ragazzi, sono Alessandra. I miei alunni vogliono sapere cosa mangiate durante il giorno, a che ora mangiate ...

- Ciao, sono Stefano, il fratello di Daniela. In Italia abbiamo questi pasti: COLAZIONE, PRANZO e CENA. Io non faccio colazione, ma faccio uno spuntino a scuola, alle 10.20. Pranzo alle 13.45 e ceno alle 20.00 o alle 20.30. Molti ragazzi fanno anche MERENDA alle 17.00.

- Ciao, sono Daniela. Allora cosa mangio durante il giorno? Mi sveglio la mattina alle 7.20 e faccio colazione: caffè e latte; durante l'intervallo a scuola non mangio nulla. Quando alle 13.20 esco da scuola vado a casa e mangio 'normale' cioè: pasta, un po' di carne, insalata e infine la frutta. Alle 16.30 faccio una piccola merenda: un panino o una schiacciata ripiena (con prosciutto o formaggio) e poi bevo il tè con limone. A cena di solito mangio come a pranzo ma un po' di meno; qualche volta, specialmente il sabato, vado a mangiare una pizza con amiche. Ora ti saluto, ho fame! Dove sono i cioccolatini ...?

- Ciao, Alessandra, sono Marco. Non sono in Italia, ma mangio bene lo stesso! A colazione bevo un caffè e mangio una pasta al bar. A pranzo mangio un bel piatto di spaghetti o tagliatelle al ragù e spesso anche del pollo o del vitello con patatine fritte o l'insalata. Qualche volta faccio anche merenda – un tè al limone con qualche biscotto. A cena mi piace un minestrone con pane e dopo del formaggio! Non bevo più vino, invece preferisco una birra fresca! Esco anche spesso con amici – qui si trovano anche delle buone pizze – soprattutto nel quartiere italiano!

una schiacciata   large flat bread (Tuscany)

3b Correggi queste affermazioni false.

1 Stefano fa colazione.
2 Stefano non mangia niente a scuola.
3 Daniela si sveglia alle 8.20.
4 Daniela mangia una pasta durante l'intervallo.
5 Daniela non mangia nulla all'ora di pranzo.
6 Daniela mangia la pizza alle 16.30.
7 Marco non fa colazione.
8 Marco fa sempre merenda.
9 Marco preferisce il vino rosso.
10 Marco non mangia mai con gli amici.

4 ∩ Ascolta e trova sei affermazioni che Daniela utilizza per descrivere il cioccolato.

1 Non riesce a far a meno del cioccolato.
2 Non mangia il cioccolato quando studia.
3 Fa la cioccolata calda in cucina.
4 Tiene sempre il cioccolato in cucina.
5 È bene mangiare il cioccolato quando uno è in montagna.
6 Mangia un cubetto di cioccolato quando si sente triste.
7 Il cioccolato ti solleva il morale.
8 Quando mangi il cioccolato vuoi ridere.
9 Puoi mangiare il cioccolato come merenda.
10 Tiene sempre un cubetto di cioccolato con il cellulare.

5 👥 Tocca a voi! A turno domandate e rispondete.

A che ora ti alzi la mattina?
Cosa mangi/bevi a colazione?
A che ora pranzi?
Dove mangi a mezzogiorno?
Cosa mangi/bevi a pranzo?
Se fai merenda, cosa mangi/bevi?
A che ora ceni?
Dove ceni la sera?
Cosa mangi a cena?
Ti piace il cioccolato? Perché sì/no?

6a Leggi questo articolo.

Come mangiare bene e sano in ufficio

A Mangiare alla mensa Spesso la mensa è un posto conveniente dove potete trovare verdure già preparate, un piatto di pasta, della frutta.

B Mangiare alla macchinetta Adesso alcune macchinette offrono qualcosa di sano e nutriente, almeno un succo di frutta senza zucchero, e qualche merendina 'mangiabile'.

C Mangiare fuori Se accanto a dove lavorate c'è un ristorante, diventate clienti abituali! I proprietari amano clienti abituali e cercano di accontentarli.

D Portarsi il cibo da casa Si può provare il tipico panino + yogurt + frutta o qualcosa di più fantasioso, tipo bocconcini di frutta avvolti da una fetta di prosciutto. Per la colazione potete provare delle monoporzioni di cereali con un cappuccino. Per il pranzo la soluzione più pratica rimane il panino, ma potete aggiungere verdure, pomodoro, peperone, basilico, sale e pepe.

bocconcino	tiny piece
una fetta	a slice
prosciutto	ham

6b Dove mangiare? Scegli il luogo giusto per queste persone e scrivi A, B, C o D.

1 Sofia vuole fare una merenda molto veloce.
2 Annamaria non fa colazione la mattina ma ha fame quando arriva in ufficio.
3 Ezio preferisce diventare cliente abituale di un ristorante all'angolo.
4 La moglie di Raffaele gli prepara i pasti.
5 Alessandro vuole trovare il cibo caldo già preparato.

5.1 Com'è la tua scuola?

- *Learn about the school system in italy*
- *Compare school systems*
- *Describe your school*

1a Leggi queste e-mail sull'istruzione in Inghilterra e in Italia.

HELLO

Nuovo Messaggio

Ciao Daniela, sono Alessandra. Chiedo un po' di aiuto! I miei alunni di 'Year 7' (11 anni) fanno una ricerca sul sistema scolastico in Italia. In Inghilterra i bambini vanno a scuola all'età di 5 anni. Le scuole primarie (Primary Schools) vanno dai 5 agli 11 anni. Le lezioni cominciano verso le 9.00 del mattino e finiscono verso le 3.30 del pomeriggio. Ci sono cinque lezioni al giorno, con un intervallo di 15–20 minuti e la pausa per il pranzo di circa 50 minuti. Molti ragazzi mangiano alla mensa della scuola (spesso patate fritte, salsicce, dolci!). All'età di 11 anni i ragazzi cominciano la scuola secondaria, (Secondary School). Generalmente vanno ad una 'Comprehensive School', come la scuola dove insegno io e restano lì fino alla fine della scuola dell'obbligo (16 anni). A 16 anni danno degli esami che si chiamano 'GCSE' (General Certificate of Secondary Education). Gli studenti che rimangono a scuola dopo i 16 anni, fanno gli 'A Levels' in 2 o 3 materie (un po' come l'Esame di Stato, ma con meno materie) oppure 'Vocational Qualifications'.

AMICI

Nuovo Messaggio

Ciao Alessandra, sono Daniela. Ecco alcuni dettagli sulla scuola in Italia per i tuoi studenti!

Al momento stanno riformando la scuola in Italia. Ma ecco alcuni dettagli sulla scuola che conosco io.

Per i bambini piccoli ci sono l'asilo nido e la scuola materna ma questo tipo di istruzione non è obbligatorio. Infatti la scuola dell'obbligo inizia a sei anni e continua fino a quattordici. Facciamo cinque anni alla scuola primaria e tre anni alla scuola media inferiore. Alla fine della scuola primaria c'è un esame di licenza, e alla fine della terza media c'è la licenza media in tutte le materie studiate.

La scuola secondaria, che non è obbligatoria, inizia a quattordici anni e continua fino a diciannove. I corsi durano tre, quattro o cinque anni. L'istruzione secondaria consiste in licei e scuole di formazione professionale. Per l'iscrizione all'università, gli studenti devono fare l'Esame di Stato (l'esame che faccio l'anno prossimo!).

1b In quale e-mail trovi quest'informazione? Scrivi Italia o Inghilterra.

1 Ci sono cinque lezioni al giorno.
2 Gli studenti fanno l'Esame di Stato.
3 I bambini fanno cinque anni alla scuola primaria.
4 I bambini iniziano la scuola dell'obbligo all'età di cinque anni.
5 I giovani mangiano alla mensa.
6 La scuola secondaria inizia a quattordici anni.
7 Le lezioni cominciano verso le 9.00.
8 Le lezioni finiscono verso le 3.30.

2 👥👥 Tocca a voi! A turno domandate e rispondete.

A che età cambiano tipo di scuola gli alunni italiani?
A che età cambiano scuole gli studenti nel tuo Paese?
Quali esami devono fare gli italiani e quando?
Quali esami prepari tu quest'anno?

3 🎧 Ascolta la conversazione e scrivi i dettagli che mancano.

No.	Scuole	Iscritti
6	Scuole materne	1014
	Scuole primarie	
	Scuole medie	
	Scuole superiori	

chioccina @

4a Leggi queste informazioni.

**SCUOLA MEDIA STATALE
'GUIDO CAVALCANTI'
SESTO FIORENTINO**

e-mail: segreteria@scuolamediacavalcanti.it

La scuola è collegata con Firenze con la linea ATAF n. 28 dalla stazione S.M.Novella e con Prato con la linea CAP n. 5. La stazione ferroviaria di Sesto Fiorentino è a cinque minuti dalla scuola.

Gli scuolabus sono forniti dal Comune di Sesto Fiorentino.

Parcheggio auto a lato della scuola; giardino davanti all'ingresso con parcheggio biciclette.

4b Completa le frasi, scegliendo l'espressione adatta dal riquadro.

1 Da Firenze, prendi l'autobus n. 28 …
2 La stazione di Sesto è … dalla scuola.
3 Il Comune fornisce …
4 Si può parcheggiare la macchina … della scuola.
5 C'è un parcheggio biciclette davanti all'…

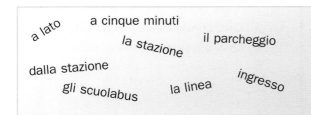

a lato   a cinque minuti
la stazione   il parcheggio
dalla stazione
gli scuolabus   la linea   ingresso

5a Leggi queste informazioni.

La scuola è fornita di:
- Auditorium, con impianto di proiezione.
- Saletta con TV e videoregistratore a disposizione delle classi.
- Palestra con campo di pallavolo, spogliatoi maschili e femminili con docce.
- Biblioteca con computer per gli insegnanti.
- Laboratorio scientifico.
- 1 laboratorio informatico con collegamento a Internet.
- Aula con forno per cottura ceramica.
- Aula di musica insonorizzata.
- Mensa.

5b Indica se le affermazioni sono V (vere), F (false), o ? (se non sono indicate).

1 La scuola ha un campo di calcio.
2 La scuola ha dei computer con collegamento a Internet.
3 Ci sono due aule di musica.
4 Solo i professori possono usare i computer in biblioteca.
5 Agli insegnanti piace l'aula di musica.
6 Gli studenti possono guardare la televisione.

6 🎧 Ascolta Daniela che parla del liceo a Sesto Fiorentino.

Quali di questi posti menziona?

1 un laboratorio di chimica
2 una mensa
3 un laboratorio di biologia
4 un laboratorio artistico
5 un laboratorio multimediale
6 due palestre
7 un'aula di musica
8 un bar

7 ✏ Scrivi. Descrivi la tua scuola.

Dove si trova?
Com'è?
Di che cosa è fornita – laboratori, aule speciali?

- *Describe a typical day at school and timetables*
- *Express opinions about subjects and teachers*
- *Use possessives*

1a Leggi questa e-mail di Stefano.

> **Nuovo Messaggio**
>
> Ciao a tutti i nostri amici inglesi! Allora volete sapere un po' sulla mia scuola in Italia? Mi chiamo Stefano, ho 12 anni e frequento la scuola media Guido Cavalcanti di Sesto Fiorentino. Andiamo a scuola dal lunedì al sabato. Le mie lezioni cominciano alle 8.20 e finiscono alle 13.20. C'è un intervallo di dieci minuti (dalle 10.20 alle 10.30) per fare merenda. Pranziamo a casa. Ogni settimana abbiamo sette lezioni di italiano, due di storia, due di geografia, tre di matematica, tre di scienze, tre di inglese, tre di educazione tecnica, due di arte, musica ed educazione fisica (la mia materia preferita!) e una di religione: 30 ore di lezioni in tutto.
>
> L'anno scolastico è diviso in due periodi (quadrimestri). Il primo va da settembre a gennaio, il secondo da febbraio a giugno. Alla fine del primo e del secondo quadrimestre riceviamo una pagella, con un giudizio su ogni materia: **non sufficiente**, **sufficiente**, **buono**, **distinto** o **ottimo**. Se il tuo giudizio è 'non sufficiente' nella maggior parte delle materie, non sei ammesso alla classe successiva e devi ripetere l'anno!

1b Rispondi alle domande.

1 Che scuola frequenta Stefano?
2 Quando cominciano le lezioni?
3 Quando finiscono le lezioni?
4 Quando c'è l'intervallo?
5 Dove pranza?
6 Quante lezioni ha in tutto ogni settimana?
7 Cosa riceve alla fine del quadrimestre?
8 Cosa succede se il giudizio è 'non sufficiente' nella maggior parte delle materie?

2a Leggi l'orario scolastico di Stefano.

	lunedì	martedì	mercoledì	giovedì	venerdì	sabato
8:20-9:20	italiano	italiano	matematica	inglese	matematica	italiano
9:20-10:20	italiano	geografia	musica	geografia	italiano	inglese
10:20-10:30	INTERVALLO					
10:30-11:20	storia	ed.* tecnica	italiano	matematica	ed.* tecnica	scienze
11:20-12:20	arte	storia	scienze	italiano	ed.* tecnica	musica
12:20-13:20	arte	inglese	ed.* fisica	scienze	religione	ed.* fisica

* ed.= educazione

espressioni utili 66

Le materie

il disegno	il tedesco	l'informatica (f)
il francese	l'arte (f)	le lingue straniere
il greco	la biologia	la matematica
l'inglese (m)	la chimica	la musica
l'italiano	l'economia	la religione
il latino	l'educazione (f) fisica	la scienza
il russo	la fisica	la storia
lo spagnolo	la geografia	
lo sport	la ginnastica	

2b Rispondi alle domande.

1 A che ora comincia la seconda lezione?
2 A che ora comincia l'ultima lezione?
3 Qual è l'ultima lezione il venerdì?
4 Qual è la prima lezione il sabato?
5 In che giorno è la prima lezione di storia?

grammatica ⚙

I possessivi

M. Sing.	M. Pl.	F. Sing.	F. Pl.
il mio	i miei	la mia	le mie
il tuo	i tuoi	la tua	le tue
il suo	i suoi	la sua	le sue
il nostro	i nostri	la nostra	le nostre
il vostro	i vostri	la vostra	le vostre
il loro	i loro	la loro	le loro

Have a look at Stefano's e-mail and see how many possessives you can find. Normally the definite article is used with possessives.

Esempio: La mia materia preferita è l'italiano.

When referring to close family members, the article is not used.

Esempio: Mio padre abita a Roma.

BUT the article is used if the family members are:

in the plural	**le mie sorelle**	my sisters
with an adjective	**il tuo fratello maggiore**	your elder brother
with a suffix	**il mio fratellino**	my little brother
with **loro**	**la loro figlia**	their daughter
mamma/papà/babbo	**la mia mamma**	my mum

3 Completa le frasi con la forma corretta.

1 I … gatti sono sotto il tavolo. (mio)
2 Il … insegnante è simpatico. (mio)
3 Dove sono i … cugini? (tuo)
4 … zio abita in Italia. (suo)
5 La … scuola è moderna. (loro)
6 I … amici mangiano alla mensa. (nostro)
7 Le … biciclette sono nuove. (vostro)
8 … fratello mi accompagna a scuola. (mio)

4 🎧 Ascolta cinque amici di Stefano.
Quale materia/Quali materie preferiscono?

Nome	Materie preferite
Carla	
Antonio	
Francesca	
Silvano	
Angela	

5 👥 Descrivi una tipica giornata di scuola. A turno domandate e rispondete.

A che ora cominciano le lezioni?
A che ora finiscono le lezioni?
Quante lezioni hai al giorno?
Quanto tempo dura l'intervallo?
A che ora pranzi?
Dove mangi?
Quali materie studi?
Qual è la tua materia preferita? Perché?
Quale materia detesti? Perché?
Quanti esami devi fare quest'anno? Quando?

6 🎧 Ti piacciono i tuoi insegnanti? Ascolta cinque persone che parlano degli insegnanti.
Decidi se le affermazioni sono P (positive), N (negative), o P+N (positive e negative).

7 Otto studenti parlano della professoressa d'inglese. Abbina le frasi, come nell'esempio.

1 È brava perché insegna l'inglese
2 È la più giovane e la più
3 Ha una convinzione:
4 Mi piace molto quando ci fa
5 A volte si arrabbia ma
6 Mi piace molto il suo modo di vestire.
7 Mi piace molto fare inglese con lei.
8 Oltre all'inglese insegna anche

a Veste sempre in modo sportivo.
b informatica ed è molto brava!
c moderna degli insegnanti.
d È simpatica e scherza molto.
e si può insegnare giocando.
f facendoci giocare.
g resta sempre simpatica.
h provare nuove canzoni.

- *Extra-curricular activities*
- *Talk about hopes and plans for the future*

1a Leggi queste informazioni.

Attività extracurricolari

A Attività sportive

Il Centro sportivo offre agli studenti delle scuole superiori di Sesto Fiorentino un'ampia possibilità di pratica sportiva. È possibile fare sport individuali e di squadra, atletica leggera, ginnastica, sci, tennis, basket, pallavolo, pallamano, calcio a cinque e rugby.

B Teatro

In collaborazione con il teatro locale, il liceo partecipa ad un progetto teatrale che coinvolge tutte le scuole della zona.

C Informatica

Corsi di base di informatica e per l'uso del computer, della durata di 10 ore ciascuno, per gruppi di massimo 10 alunni per corso.

Corsi d'informatica di 2° livello per gli alunni già in possesso di conoscenze di base, della durata di 10 ore, per gruppi di 10 alunni.

D Educazione musicale

In collaborazione con un'associazione musicale fiorentina: laboratori strumentali (chitarra, percussioni, tastiera). Ci sono anche dei corsi della storia della musica.

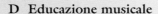

E Introduzione alla lingua latina

Corsi di latino per gli alunni che hanno intenzione di frequentare scuole dove si studia questa lingua.

1b Abbina la persona con il corso giusto (A–E).

1 Giorgio vuole imparare a suonare uno strumento.
2 Atena va al liceo classico l'anno prossimo.
3 Alessandro vuole andare a sciare sulle Alpi a gennaio.
4 Francesco sa già usare Word ma vuole fare un'analisi dei dati.

2 ⌒ Ascolta Stefano e Daniela che parlano delle lezioni d'inglese.

1 Quali lingue straniere impara Stefano?
2 Quando fa l'inglese?
3 Quante ore dura il corso di Stefano?
4 Quante ore in tutto dura il corso 'leggero' d'inglese?
5 Quanto tempo dura una lezione?
6 Quante lezioni ci sono alla settimana?

3a Leggi questa pubblicità.

Corsi serali

I corsi di formazione per adulti sono corsi brevi, annuali, che rilasciano un certificato di frequenza e permettono di sostenere esami (opzionali) per il riconoscimento delle conoscenze acquisite.

L'età minima di accesso è 15 anni. Bisogna avere un titolo di studio valido per la classe a cui si chiede l'iscrizione. Il costo dei corsi varia; vedere le informazioni sui diversi corsi.

Le lezioni si svolgono dal lunedì al venerdì dalle ore 18.30 alle ore 23.30. Iscrizioni dal 1° luglio al 20 settembre.

3b Indica se le affermazioni sono V (vere), F (false) o ? (se non sono indicate).

1 I corsi per adulti sono lunghi.
2 I corsi rilasciano un certificato di frequenza.
3 Si deve fare un esame.
4 I corsi sono per persone che hanno meno di 15 anni.
5 I corsi costano molto.
6 Ci sono lezioni il sabato. F
7 Si può iscriversi in agosto. V

4 ⌒ Quale corso? Ascolta bene cinque persone che parlano di attività. Copia e completa la tabella.

	Corso/Corsi	Giorno	Ore
1			
2			
3			
4			
5			

5a Leggi questi messaggi.

Amici Chat

E nel futuro?

◆ Vorrei diventare veterinaria, allora mi piacciono le scienze, perché quando studiamo gli animali o chimica c'entra con la medicina veterinaria. Ciao Elena.

◆ Vorrei tanto sciare con gli amici. Ma lo sci non è l'unico dei miei passatempi preferiti. Mi piace nuotare, leggere e specialmente d'estate fare la bambinaia. In futuro ho intenzione di diventare infermiera di bambini. Spero di potere frequentare la scuola di infermiere. Ciao Luisella.

◆ Vivere in Inghilterra è uno dei miei grandi sogni! Ciao Carlo.

◆ Ho intenzione di soggiornare in tanti Paesi stranieri, non solo in Inghilterra ma anche in Germania, in Francia, in Olanda perché ogni Paese ha il suo fascino e le sue caratteristiche, la sua vita, tutta da scoprire. Ciao Stefano.

◆ Ho intenzione di lavorare come giornalista per un quotidiano locale on-line. Le altre grandi passioni della mia vita sono: l'atletica, la lettura, Internet, la musica e il calcio. Mi piace tutta la musica rock in generale. Spero un giorno o l'altro di riuscire ad intervistare qualche musicista famoso!! Un saluto da Daniela.

◆ Pratico atletica dall'età di 14 anni e grazie a questo sport spero di poter viaggiare in tutta l'Italia e conoscere tanta gente. Tanti saluti da Sandro.

5b Rispondi. Chi vuole ...

1 lavorare con bambini?
2 lavorare con gli animali?
3 intervistare cantanti?
4 scoprire altri Paesi?
5 lavorare per un giornale su Internet?
6 vivere all'estero?

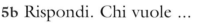

aiuto !

Avoiding the future tense

On this page we have seen various ways of avoiding using the future tense in Italian:

Ho intenzione di lavorare. I intend to work.

Spero di poter viaggiare. I hope to be able to travel.

Vorrei sciare con gli amici. I would like to ski with friends.

All three expressions are used with a simple infinitive.

6 Quali sono i tuoi progetti per il futuro?

Esempi: Spero di poter ...(viaggiare/lavorare/studiare).

Vorrei ...(diventare .../sciare).

Ho intenzione di ... (lavorare come ... /soggiornare in Australia, Inghilterra).

7 Leggi questa e-mail.

Cosa vuole fare Daniela?

> Nuovo Messaggio
>
> **AMICI** "
>
> Amici della Scuola Media Guido Cavalcanti, Sesto Fiorentino rispondete! Anche se siete in America, Australia, Europa, Sud America, Africa fatevi conoscere! Spero di organizzare una riunione in Italia alla fine di luglio. Se volete venire, o se volete mettervi in contatto con vecchi amici, mandatemi un'e-mail. Daniela

Grammatica 2

- Reflexive verbs
- Irregular verbs
- **Stare** and gerund
- Avoiding the future
- Adjectives
- Possessives

grammatica ⚙

Verbi riflessivi

The infinitive of reflexive verbs always ends in **-si**, but reflexives conjugate just like **-are**, **-ere**, and **-ire verbs**, and add the pronouns **mi, ti, si, ci, vi, si** before the verb, e.g.

lavarsi (to wash oneself)	**accorgersi** (to notice)	**divertirsi** (to enjoy oneself)
mi lavo	**mi** accorgo	**mi** diverto
ti lavi	**ti** accorgi	**ti** diverti
si lava	**si** accorge	**si** diverte
ci laviamo	**ci** accorgiamo	**ci** divertiamo
vi lavate	**vi** acccorgete	**vi** divertite
si lavano	**si** accorgono	**si** divertono

andarsene (to go away) is a reflexive verb, but the **ne** changes the pronouns to **me, te, se, ce, ve, se.** It conjugates like **andare**: **me ne** vado   **te ne** vai **se ne** va   **ce ne** andiamo **ve ne** andate   **se ne** vanno

---

1 La giornata di Topsi. Copia e completa le frasi, come nell'esempio.

La mia gatta Topsi **si alza** (alzarsi) alle otto, (lavarsi), (fare) colazione e poi (prepararsi) ad uscire. Di solito (andarsene) in giardino. A volte (incontrare) qualche amico e (giocare) con lui. Topsi (fare) un po' di ginnastica in giardino ma poi (annoiarsi) e torna a casa per pranzare. Topsi (rilassarsi) per un paio di ore davanti alla televisione e poi (addormentarsi), ma (accorgersi) subito quando io torno dal lavoro!

Alcuni verbi irregolari					
essere	**avere**	**stare**	**volere**	**dovere**	**potere**
sono	ho	sto	voglio	devo	posso
sei	hai	stai	vuoi	devi	puoi
è	ha	sta	vuole	deve	può
siamo	abbiamo	stiamo	vogliamo	dobbiamo	possiamo
siete	avete	state	volete	dovete	potete
sono	hanno	stanno	vogliono	devono	possono

2 Completa le frasi con la forma appropriata di **dovere**, **potere**, o **volere**.

Esempio: Professore, **posso** andare in bagno per favore?

1 Ragazzi, … scrivere questo tema per domani mattina.
2 Quando finiamo la scuola … andare all'università.
3 Marco, … aiutare tua mamma?
4 Io … imparare a memoria questi verbi.
5 Mia mamma non … fare le lasagne perché il forno non funziona.

grammatica ⚙

La forma progressiva del presente = stare + il gerundio.
Esempio: Sto studiando l'italiano. I am studying Italian.

studiare › studiando   prendere › prendendo
finire › finendo

3 Completa le frasi con la forma corretta di **stare** + il gerundio.

Questa è la scena che trova Topsi quando si sveglia. Il cane **sta guardando** (guardare) un film alla televisione, l'uccello … (cantare), la mamma … (piangere) perché il film è triste, il figlio … (ascoltare) la musica rock, il nonno …(preparare) da mangiare.

grammatica ⚙

Per evitare l'uso del futuro

There are various ways of avoiding using the future tense in Italian.
The present tense can be used for what is going to happen soon.
Quest'estate vado in America.
Ho intenzione di/Spero di/Vorrei can all be used with an infinitive to imply the future.
Ho intenzione di lavorare. Spero di poter viaggiare.
Vorrei sciare con gli amici.

4 Tocca a te! Nel futuro …

How would you say: you are going to Australia this summer and you are intending to work; you are hoping to see the country and you would like to go to the beach?

grammatica ⚙

Gli aggettivi

Most adjectives in Italian come <u>after</u> the noun they describe. Only a small number of common adjectives go in front and they include: **bello** (beautiful)*, **buono** (good)*, **brutto** (bad), **cattivo** (bad), **giovane** (young), **grande** (big, large), **grosso** (big, large), **largo** (wide), **lungo** (long), **piccolo** (small), **vecchio** (old).

* **bello** and **buono** have irregular forms when they are in front of a noun:

un bel ragazzo	a handsome boy	dei bei ragazzi	some handsome boys
un bell'uomo	a handsome man	dei begli uomini	some handsome men
un bello zio	a handsome uncle	dei begli zii	some handsome uncles

un buon prete	a good priest
un buon insegnante	a good teacher
un buono spumante	a good spumante

NB The feminine forms **bella/e** and **buona/e** and the masculine plural **buoni** are regular.

Some common adjectives can be used in front of or after a noun, but their meaning changes according to their position.

È un uomo grande. He is a tall man.
È un grand'uomo. He is a great man.

	before noun	after noun
alto	high	tall
basso	low	small (in number)
caro	dear	expensive

grammatica ⚙

I possessivi

M. Sing.	M. Pl.	F. Sing.	F. Pl.
il mio	i miei	la mia	le mie
il tuo	i tuoi	la tua	le tue
il suo	i suoi	la sua	le sue
il nostro	i nostri	la nostra	le nostre
il vostro	i vostri	la vostra	le vostre
il loro	i loro	la loro	le loro

Normally the definite article is used with possessives.

Esempio: La mia materia preferita è l'italiano.
My favourite subject is Italian.

However, when referring to close family members, the article is not used.

Esempio: Mio padre abita a Roma.
My father lives in Rome.
BUT the article is used if the family members are:

in the plural	**le mie sorelle**	my sisters
with an adjective	**il tuo fratello maggiore**	your elder brother
with a suffix	**il mio fratellino**	my little brother
with **loro**	**la loro figlia**	their daughter
mamma/ papà/babbo	**la mia mamma** **il mio babbo**	my mum my daddy

The same forms given in the table above are used to express mine, yours etc.

Tuo padre è italiano, ma il mio è inglese.
Your father is Italian, but mine is English.

---

5 **Quante frasi puoi fare?**

I sostantivi:

la cucina, la ragazza, il ragazzo, il teatro

Gli aggettivi:

alto, bello, brutto, piccolo, buono

Esempio: La cucina è molto bella.

6 **Completa le frasi con la forma corretta del possessivo, scelta dal riquadro.**

1 Dov'è … dizionario?
2 Questa è … amica.
3 Qual è … macchina?
4 Mangio a casa con … genitori.
5 Sono severi … insegnanti?
6 … gatto è molto bello.
7 … materia preferita è la storia.
8 … giardino ci sono dei bei fiori.

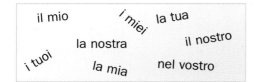

il mio   i miei   la tua   i tuoi   la nostra   il nostro   la mia   nel vostro

Come ascoltare

aiuto !

- Look at the questions first and guess what sort of answers may be required (a name or a number etc.)
- Make sure you read all the questions carefully and understand what you have to do for each task.
- Make sure you note which language you need to answer in. If the question is in English, answer in English, if the question is in Italian, answer in Italian.
- In multiple choice questions you will often see words that you hear but make sure you only answer the question set. The words may be used in a different way on the recording, e.g. in the negative.
- Sometimes the words that you hear will be synonyms (words which mean the same) of the words on the examination paper.
- Listen to the recording and get a rough idea of what it is about.
- Note down some of the words you have heard in Italian after the first hearing of the item.
- Don't try to understand every word that is said.
- Remember to use clues, e.g. tone of voice of the speaker – does it express any emotion, e.g. anger, surprise, fear, disappointment, distress? Is the speaker asking a question or giving an order?
- Then listen to it a second time and try to answer the questions.
- When answering questions in Italian, you usually do not have to write full sentences and the spelling does not have to be correct. However, you need to be careful as sometimes an incorrect spelling can create a different word, e.g. **cane** and **carne**.

Look at the following exercise. What is being tested? There is an important clue in the title: **la mia famiglia**. Therefore you may have to insert some 'family' members. **Mio** implies the first two members of the family are males, so perhaps: **fratello/padre/zio/cugino**. The third line has **mia** – perhaps this is something like **madre, sorella, nonna** or **zia** as Maria is female, but the next line has **sorella**, so it's likely to be **madre**. Next, something to do with **sorella – la/una/mia** perhaps? You are talking about **la mia famiglia** so it is highly probable it will be **mia**. Then we have **È** and a single word which could be anything, but if you look on the next line you have **Giulia è giornalista**. You know that means she is a journalist, so perhaps **È** ... is going to be a job? Now listen and write out the description to see whether you were right!

1 ⌒ Ascolta! **Ti presento la mia famiglia**.

Completa le informazioni.

Mio ... si chiama Gianni.

Mio ... si chiama Mario.

Mia ... si chiama Maria e

... sorella si chiama Giulia.

Mario ha 29 anni. È ....

Giulia è giornalista.

Now read this description and see if you can work out what the missing words might be. Then listen to the recording to see if you are right.

2 ⌒ Ascolta! **Casa mia**.

Completa le informazioni.

Ora io abito in una ... nuova.

La casa ha due ...

Al pianterreno c'è una grande ... e un salotto.

Al primo piano ci sono tre ... da letto e un bagno grande.

Come parlare

• Improving your speaking skills

aiuto !

Role plays

Preparation

- Use the preparation time carefully.
- Practise the role play in your head.
- Use the appropriate form of address, **tu** or **Lei**.
- If there is an 'unpredictable' part to the test, try to work out what this might be from the context.

Examination

- Listen carefully to what the examiner says.
- Answer clearly, even if you are not sure of the whole answer. You can get marks for a partial answer.

ricorda

Tu	Lei
Qual è il tuo cognome?	Qual è il Suo cognome?
Di che nazionalità sei?	Di che nazionalità è?
Come ti chiami?	Come si chiama?
Quanti anni hai?	Quanti anni ha?
Dove abiti?	Dove abita?

aiuto !

Giving a short presentation

- Write out your presentation first.
- Use short linking words: **e, ma, perché, che**.
- Use expressions of time, e.g. **spesso, sempre, ogni giorno, il lunedì, alla mattina**.
- Add details (adjectives) and opinions to make your presentation more interesting.
- Write down five headings including any key words you want to remember to talk about.
- Draw pictures to remind you of the sequence of the presentation. Some Examination Boards allow you to take such helpful pictures into the examination. Check with your teacher.
- Practise giving the presentation, using only a few key words on a piece of paper.
- Speak clearly and try and vary the delivery. Don't just talk at one 'boring' level.
- Record yourself speaking, then listen to the recording and try to spot ways to improve.

1 Role Plays

Role play 1

You are talking to an Italian you have just met.
- Tell him/her how old you are.
- Tell him/her how many brothers/sisters you have.
- Say you are English.
- Ask where he/she lives.

Role play 2

You are talking to an Italian friend about school.
- Descrivi la tua scuola. [3 dettagli]
- Descrivi la tua giornata. [3 dettagli]
- !
- Descrivi il tuo insegnante d'italiano. [3 dettagli]

2 Prepare a presentation about

Il mio amico/La mia amica.

- Come si chiama il tuo amico/la tua amica?
- Qual è il suo cognome? Come si scrive?
- Di che nazionalità è? Quanti anni ha? Dove abita?
- Cosa fa nel tempo libero?

3 General Conversation

In the first five Chapters we have covered the following topics: self, family and friends; leisure activities; home and home town; daily routine; school.

A turno, domandate e rispondete.

1 Di che nazionalità sei?
2 Come ti chiami? Come si scrive?
3 Quanti anni hai?
4 Hai fratelli o sorelle?
5 Descrivi un fratello/una sorella/un amico/un'amica.
6 Qual è il tuo passatempo preferito? Quando lo fai? Con chi?
7 Dove abiti? Cosa c'è da fare nella tua città/nel tuo paese?
8 Descrivi la tua casa. Com'è la tua camera?
9 Che fai per aiutare in casa?
10 Cosa ti piace mangiare?
11 Descrivi la tua scuola/il tuo posto di lavoro.
12 Descrivi una giornata scolastica/lavorativa.
13 Quali materie (non) ti piacciono? Perché?
14 Che hai intenzione di fare dopo gli esami?

Come leggere

aiuto !

- First of all read the passage(s) and try to get the main point/theme of the text(s).
- Remember, you do not have to understand every word in order to answer the questions.
- Then read the questions and see what sort of information you require.
- Then look through the text again and see if you can find the answer. Usually questions are in chronological order, i.e. they come in the order of the passage.
- Don't be afraid of unfamiliar language.

How can you work out what unknown words mean?

1 Think about the context.
2 Look carefully at any clues such as visuals, titles and subtitles. All of these help to show the kind of content to expect.
3 Use communication strategies.
   - look for cognates (words which look like English words) e.g. **industria** › industry;
   - look for different parts of regular verbs e.g. **mi chiamo, chiamarsi**;
   - look for different parts of irregular verbs e.g. **vado, andare, te ne vai**.

In this exercise the photos are strong clues.

1 Le foto di famiglia.

Abbina la descrizione alla foto giusta. Attenzione! C'è una foto in più.

1 Ecco una foto di mio padre, mia sorella e me.
2 Ecco una foto di me, mia sorella e mio fratello.
3 Ecco una foto di me con le mie due sorelle.

Here you will need to read the questions and the e-mails carefully.

2a Leggi. **Mi presento.**

Amici Chat

◆ Ciao! Mi chiamo Caterina e ho 15 anni. Sono bassa per la mia età, infatti nella mia classe guardo tutti di sotto in su! I miei capelli sono lunghi e castani chiari come il colore dei miei occhi. Mi piacciono molto i miei occhi perché sono molto espressivi. Ho un apparecchio e non vedo l'ora di toglierlo! Sono allegra e sorridente. Non mi piacciono le persone troppo malinconiche e giù di morale. La cosa che odio di più è essere chiamata 'CAT'!!

◆ Mi chiamo Davide, ho 25 anni e sono molto magro e snello. Sono molto alto. Ho un carattere simpatico! Mi piace ridere e far ridere gli amici. Suono la chitarra e gioco a calcio. Ho un bellissimo gatto di nome Pepe, perché ha lo stesso colore del pepe. Abito a Venezia da sei anni. Non mi piacciono le persone false e bugiarde, invece sto bene con gli amici che vogliono divertirsi.

un apparecchio a brace (on teeth)

2b Indica se le affermazioni sono vere o false e correggi quelle false.

Caterina

1 Caterina è alta per la sua età.
2 Guarda tutti di sotto in su!
3 Ha i capelli lunghi e neri.
4 Ha gli occhi molto espressivi.
5 Ha un apparecchio ortodontico.
6 È allegra e sorridente.
7 A Caterina non piacciono le persone troppo allegre.
8 Odia essere chiamata 'Caterina'.

Davide

9 Davide ha trentacinque anni.
10 È molto grasso.
11 È molto basso.
12 A Davide piace ridere.
13 Davide ha un bellissimo cane di nome Pepe.
14 Abita a Sesto da sedici anni.
15 A Davide non piacciono le persone che vogliono divertirsi.

Come scrivere

• *Improving your writing skills*

aiuto !

- Give more detail in your writing.
- Try to vary the vocabulary you use. Examiners can sometimes get bored with simple sentences!

Ways to make your writing more interesting

- Use link words and expressions:
  e, ma, o, di solito, generalmente, ogni tanto, a volte
- Say why:
  perché
- Say when:
  alle 7:oo, il lunedì, a gennaio
- Give opinions and preferences:
  mi piace, preferisco, vorrei, odio, detesto
- Use adjectives:
  una bella casa
- Use language you are familiar with and adapt it:
  Mi piace la lettura. Mi piace la pizza.
- Try to say things in different ways.
  Vary the verbs you use:
  Newcastle è nel nord est dell'Inghilterra. › Newcastle si trova nel nord est dell'Inghilterra.
- Expand on your answers as much as possible:
  A che ora ti alzi? Dipende. Durante la settimana mi alzo alle sette, al fine settimana però mi alzo più tardi, per esempio alle nove o alle dieci.
- Make a plan!
  Before you start, make a plan and note down some words and useful expressions in Italian. Don't try to translate from English – it doesn't work and doesn't sound 'Italian'.

  Now put it into practice.

1 Write a list in Italian of five items you may find in a classroom.
   Esempio: una penna …

2 Your partner school e-mails you the following questions:

> **Nuovo Messaggio**
>
> - Hai fratelli o sorelle?
> - Hai animali in casa?
> - Com'è la tua casa?
> - Com'è la tua città/il tuo paese?

Answer the questions in Italian and write a sentence each time saying:
- if you have brothers or sisters
- if you have pets
- what your house is like
- what your town/village is like

3 Write to Mario in Italian telling him about your school/work and daily routine, what you usually eat and drink for lunch and what you do in your free time.

> Ciao!
> Faccio un progetto sulla giornata tipica.
> Ti dispiace rispondere alle mie domande?
> Vorrei sapere ad esempio un po' sulla tua giornata tipica, se ti piace la tua scuola/il tuo lavoro, quello che mangi e bevi a pranzo e cosa fai nel tempo libero.
> A presto
> Mario

Scrivi una lettera a Mario in italiano. Rispondi a tutte le seguenti domande:

- Com'è una giornata di scuola/lavoro tipica nel tuo Paese?
- Ti piace la tua scuola/il tuo lavoro? Perché sì/perché no?
- Dove mangi a mezzogiorno?
- Che cosa mangi e bevi di solito a pranzo?
- Che cosa fai nel tempo libero?

Progetto 1

Mi presento

You have been asked to prepare a project in Italian about yourself, your family and friends, your school, your home town and your free time.

---

aiuto !

Adapt a text

- Don't start with English – start with Italian!
  Look at this description of an Italian teenager's day/free time activities.
- There are lots of words and phrases you might be able to adapt and use to describe your own free time. We have highlighted some.

Come **passo il mio tempo libero**? Be', niente di speciale: **dalle 8.00 alle 14.00 vado a scuola**, poi **torno a casa** per pranzo, **faccio i compiti** ed aiuto mia madre nelle faccende di casa. **Durante il mio tempo libero faccio quello che fa la maggior parte dei giovani in** Sicilia: **vado al cinema, incontro gli amici, chiacchiero con** loro ed insieme **passeggiamo** sulla spiaggia. **Al fine settimana vado a ballare perché mi piace moltissimo**.

---

aiuto !

Use a dictionary

- Find words quickly by using the word at the top of the page.
- If you are not sure which meaning is correct, double check in the Italian–English part of the dictionary.
- Make use of the other information, e.g. is the word masculine or feminine, is the verb reflexive or irregular?
- Look at any useful phrases that include the word and see if you could use them yourself.

---

aiuto !

Add detail and opinions
to the main points you are making. This is a good way of ensuring high marks.

- Look at questions 1–10 and write a one-sentence answer to each of them.
- Then add three or four details (e.g. adjectives) to your sentence to expand your answer.
- Now try to add an opinion.
- Make sure all your sentences flow together well, using linking words where possible.

1 Hai fratelli o sorelle?
2 Descrivi un fratello/una sorella/un amico/una amica.
3 Qual è il tuo passatempo preferito?
4 Dove abiti?
5 Descrivi la tua casa.
6 Com'è la tua camera?
7 Che fai per aiutare in casa?
8 Cosa ti piace mangiare?
9 Descrivi la tua scuola.
10 Quali materie ti piacciono?

Esempio: 1 Sono figlia unica. + Non ho né fratelli né sorelle, ma ho molti cugini in Australia. + Mi piace avere cugini in Australia, perché possiamo andare a Sydney in vacanza!

---

calcio *nm* kick; *Sport* football; **dare un ~** kick. **~ d'angolo** corner [kick]

1a Leggi questi messaggi mandati da una scuola. Queste persone vogliono fare uno scambio di lettere.

Amici Chat

◆ Sono Annamaria e faccio la 3a superiore. Sono alta 1 metro e 68 centimetri e ho i capelli castani e molto corti. I miei occhi sono azzurri e il mio naso è a punta (un po'), mentre la mia bocca mi sembra normale. Per concludere ti 'parlo' di alcuni miei piccoli amici: un husky di nome Bul e un canarino bianco di nome Cip. Con loro non sono mai sola e fanno parte della mia famiglia. Ora ti devo salutare.

◆ Ciao a tutti. Sono una ragazza di 17 anni di nome Stefania che ha tanta voglia di corrispondere con tante persone, per posta ordinaria o per e-mail! Se vuoi un'amica sincera scrivimi!!! Ciao e un bacione a tutti!

◆ Ciao, mi chiamo Assuntina e adoro il mio gatto. Si chiama Fulmine perché corre come un fulmine! Ha il pelo morbido color nocciola. Quando torno a casa lui mi segue o mi guarda dal terrazzo. Gioca con una palla di gomma, si diverte a saltare da una terrazza all'altra. Ha un anno e tre mesi.

◆ Ciao, sono Mario. Abito in un piccolo paese. D'inverno qui è molto triste e desolato e l'unica maniera di trovare amici è di andare in città. Ti prego di scrivermi!

◆ Mi chiamo Angelina, ho 17 anni e mi piacerebbe corrispondere con ragazze/i della mia età. Mi piace la musica, soprattutto quella dei 'Modena City Ramblers' (ma anche rock e reggae in generale), cantare, leggere, scrivere e conoscere nuovi posti e nuova gente! Posso rispondere anche in francese, spagnolo e inglese!! Ciao.

◆ Il mio giardino è situato dietro casa. Vicino alla ringhiera ci sono alcune piante di rose che in questa stagione stanno sfiorendo ed i loro petali rossi, rosa pallido e bianchi si staccano dai rami … Matteo

◆ Nella mia camera posso fare tutto quello che voglio, certo non tirare su il parquet ma normalmente posso fare quasi tutto, ad esempio appendere dei poster, delle foto, dei calendari – l'unica regola è sempre quella di riordinarla.

1b Prepara del materiale per uno scambio di lettere con una scuola italiana:

- sulla tua famiglia
- sul tuo tempo libero
- sulla tua scuola (tipo di scuola, numero di alunni, materie, attività extracurricolari)/sul tuo lavoro
- sulla tua regione (monumenti storici, città) e cosa c'è da fare per i giovani
- sulla tua casa

Prepare information to send to a new Italian friend about:

- yourself, your family, pets and friends
- your leisure activities
- your school or place of work
- your home and the town you live in

You can use some of the expressions in the e-mails and look through Chapters 1–5.

2 Scrivi un programma per un gruppo d'italiani che desidera visitare la tua scuola o il tuo posto di lavoro per cinque giorni, da lunedì a venerdì (corsi d'inglese, attività, gite).

Write a programme of activities for a group of Italians who want to visit your school or place of work for five days.

Esempio:

Programma

lunedì	al museo
martedì	in piscina
mercoledì	al cinema

6.1 Viaggiare in treno o in autobus

- *Find out information about train, bus and tram departures*
- *Buy tickets*

Treni in Italia

Italy has a number of fast trains: **Eurostar**, Intercity and the famous **Pendolino** tilting train, which usually only stop at main stations. The **treno diretto, direttissimo** or **regionale** are slower trains as they stop more frequently. For fast trains you pay **un supplemento** (supplement) when you purchase your ticket. If you don't, **il controllore** (ticket inspector) will make you pay **una multa** (a fine). You must remember to **convalidare** (stamp) your ticket in the machine at the station before boarding the train, otherwise you will also have to pay **una multa**!

espressioni utili 66

Un'andata e ritorno Un'andata		prima classe per seconda classe	Milano.
Quanto costa/Quant'è?		È un euro/Sono quindici euro.	
Devo pagare un supplemento?			
C'è una riduzione per studenti/anziani/famiglie/gruppi?			

A che ora	parte	il treno? il pullman?	Si ferma a Pisa? Bisogna cambiare?
	arriva	l'autobus? il tram?	È diretto? Da quale binario parte?

1a ∩ Guarda questa tabella e ascolta dialogo 1.

1b 🧑 Tocca a voi! Fate dei dialoghi simili. A turno domandate e rispondete.

1c ∩ Ascolta per controllare.

	Studente A (turista)					Studente B (impiegato/a)			
Dialogo 1	per	classe	🕐	binario	diretto	prezzo	🕐	binario	diretto?
⟷	Milano	2	?	?	Milano?	€37	11.20	9	x Genova
Dialogo 2									
→	Napoli	2	? 15.15	? 11	Napoli?	€27	15.15	11	x Roma
Dialogo 3									
⟷	Bologna	1	?	?	Bologna?	€45	9.30	6	x Firenze

2 ∩ Ascolta Alessandra che telefona all'agenzia di viaggi. Indica se le affermazioni sono vere o false e correggi quelle false.

1 Alessandra vuole sapere il costo di un biglietto di sola andata.
2 Desidera sapere quanto costa un biglietto di andata e ritorno.
3 Intende viaggiare in prima classe.
4 Vuole partire il 27 luglio.
5 Il biglietto costa 125 sterline.
6 Il treno parte alle nove.
7 Arriva a Firenze dopo mezzanotte.
8 Deve cambiare due volte.

Viaggiare in città

In Italy you must buy a ticket before boarding a bus or a tram from **una tabaccheria** (tobacconist's) or **un distributore di biglietti** (ticket machine) and you must stamp your ticket in the machine on the bus. You do not pay the driver, except on special buses, like those taking you from the airport to the town. If you do not have a valid ticket or you have not stamped your ticket you will have to pay **una multa** (fine) if caught by **il controllore** (the ticket inspector). Tickets are normally valid for about 70 minutes and the price is the same for one or more stops. Within the set time you can get off one bus and onto another without stamping your ticket again.

3 ∩ Ascolta i dialoghi alla stazione degli autobus e scegli la risposta giusta.

1 Per la stazione bisogna prendere

A il 15 o il 32   B il 15 o il 22
C il 5 o il 22   D il 16 o il 32

2a Il signore vuole andare

A in centro   B in farmacia
C alla stazione   D allo stadio

2b L'autobus parte ogni

A 12 minuti   B 11 minuti
C 10 minuti   D 8 minuti

3a La signorina vuole andare

A al Duomo   B al mercato
C al museo   D al municipio

3b Deve scendere dall'autobus

A subito   B dopo due fermate
C alla prossima fermata   D dopo tre fermate

4a Il prossimo pullman per Siena parte alle

A 9.40   B 9.50   C 8.50   D 8.40

4b Arriva a Siena alle

A 10.30   B 12.30   C 11.30   D 9.30

4c Un biglietto di andata e ritorno per studenti costa

A €10.50   B €15.40   C €12.50   D €15.50

4a Leggi queste domande e risposte.

1 – **Mi scusi, questo autobus va** al mercato?
   – No, bisogna prendere il 3 o il 7.

2 – Mi scusi, **questa è la fermata per** la galleria d'arte?
   – No, è lì **davanti all**'ufficio postale.

3 – **Ogni quanto** parte l'autobus per lo stadio?
   – **Ogni** dieci minuti.

4 – Mi scusi, **scendo qui per** la stazione?
   – No, è la **prossima fermata**.

5 – Mi scusi, scendo qui per il Duomo?
   – No, **sono ancora due fermate**.

6 – **A che ora parte** il pullman **per** Torino?
   – **Alle** quindici e venti.

4b 👥 Tocca a voi! Inventate delle domande e risposte, usando le parole in neretto.

5a Leggi questa e-mail di Alessandra.

Nuovo Messaggio

HELLO 〟

Ciao Daniela,

grazie per la tua e-mail e le informazioni sulla riunione degli ex-studenti della scuola. Organizzare una riunione di questo genere è un'ottima idea e non vedo l'ora di venire. Per me la fine di luglio va bene perché vado sempre in vacanza durante questo periodo. Dopo la riunione ho intenzione di fermarmi ancora qualche settimana perché vorrei andare al mare con mio figlio, Sandro. Oggi telefono alla CIT, una compagnia di viaggi italiana, per informarmi sul viaggio e il costo. Veniamo in treno perché possiamo prendere l'Eurostar da Londra. Attualmente il treno è più caro dell'aereo ma il viaggio in treno è più interessante anche se è molto più lungo. Ci sentiamo presto quando ho più notizie. Tanti auguri per sabato. È il tuo compleanno, vero? A proposito, chi viene a questa riunione? Scrivimi presto perché sono molto ansiosa di sapere.

Cari saluti

Alessandra

5b ✏ Rispondi alle domande.

1 Per chi è la riunione?
2 In che mese si tiene questa riunione?
3 Che cosa vuole fare Alessandra dopo la riunione?
4 Perché telefona alla compagnia di viaggi?
5 Come intende viaggiare e da dove?
6 Perché sceglie questo mezzo di trasporto?
7 Quando è il compleanno di Daniela?
8 Che cosa vuole sapere Alessandra alla fine della lettera?

- Ask for directions
- Say where places and buildings are
- Use the imperative

Leggenda

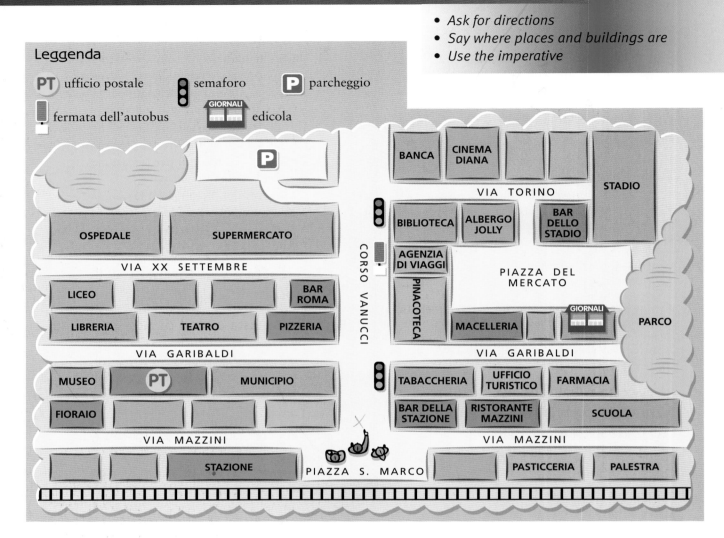

PT ufficio postale   semaforo   P parcheggio

fermata dell'autobus   GIORNALI edicola

BANCA   CINEMA DIANA   STADIO

VIA TORINO

OSPEDALE   SUPERMERCATO

BIBLIOTECA   ALBERGO JOLLY   BAR DELLO STADIO

VIA XX SETTEMBRE

CORSO VANUCCI

AGENZIA DI VIAGGI   PIAZZA DEL MERCATO

LICEO   BAR ROMA

LIBRERIA   TEATRO   PIZZERIA

PINACOTECA   MACELLERIA   GIORNALI   PARCO

VIA GARIBALDI   VIA GARIBALDI

MUSEO   PT   MUNICIPIO

TABACCHERIA   UFFICIO TURISTICO   FARMACIA

FIORAIO   BAR DELLA STAZIONE   RISTORANTE MAZZINI   SCUOLA

VIA MAZZINI   VIA MAZZINI

STAZIONE   PIAZZA S. MARCO   PASTICCERIA   PALESTRA

espressioni utili 66

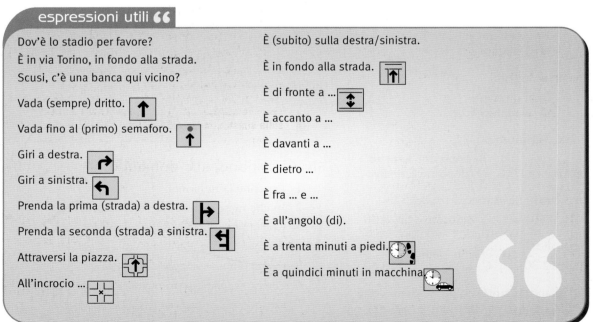

Dov'è lo stadio per favore?

È in via Torino, in fondo alla strada.

Scusi, c'è una banca qui vicino?

Vada (sempre) dritto. ↑

Vada fino al (primo) semaforo. ↑

Giri a destra. ↱

Giri a sinistra. ↰

Prenda la prima (strada) a destra. ↦

Prenda la seconda (strada) a sinistra. ↤

Attraversi la piazza.

All'incrocio ...

È (subito) sulla destra/sinistra.

È in fondo alla strada.

È di fronte a ...

È accanto a ...

È davanti a ...

È dietro ...

È fra ... e ...

È all'angolo (di).

È a trenta minuti a piedi.

È a quindici minuti in macchina.

1 🎧 Guarda la cartina e ascolta sei conversazioni.

Dove vogliono andare queste persone? Scrivi sul quaderno il nome del posto.

Esempio: 1 – la pizzeria

2 Scrivi le domande come negli esempi.

Esempi: Vuoi andare a mangiare >
Scusi, c'è un ristorante qui vicino?

Vuoi mandare una lettera >
Dov'è l'ufficio postale, per favore?

Vuoi …

1 … andare a vedere una partita di calcio.

2 … trovare una camera per la notte.

3 … prenotare una vacanza.

4 … visitare un parente malato.

5 … cambiare dei soldi.

6 … comprare qualcosa per il mal di testa.

7 … chiedere delle informazioni sulla città.

8 … bere qualcosa.

3 ✎ Guarda la cartina e scrivi le risposte alle domande dell'esercizio 2.

Esempi: C'è un ristorante in Via Mazzini fra il bar della stazione e la scuola.

L'ufficio postale è in via Garibaldi di fronte al teatro.

4a 👥 Tocca a voi! A turno domandate e rispondete alle domande dell'esercizio 2.

4b 👥 A turno chiedete e date indicazioni stradali dalla stazione per andare:

1 al mercato   **2** al museo
3 alla libreria   **4** alla pinacoteca

5 🎧 Ascolta, copia e completa queste indicazioni stradali.

1 Allora per il parco, attraversi … , vada dritto e … la prima strada a … . Il parco è … .

2 Vada sempre dritto fino al … semaforo, … a sinistra e il … è sulla destra, … .

3 Non è … . È a … minuti a piedi. Dunque … sempre dritto e prenda la … strada a destra e questo albergo è … , di fronte al … .

4 Sì, certo. Allora vada dritto fino all'… , poi giri … ed è … sulla … . C'è una pizzeria … .

---

grammatica ⚙

L'imperativo

To give instructions, orders etc. you use the imperative. Here are examples of the **tu**, **Lei** and **voi** forms of **-are**, **-ere** and **-ire** verbs and two useful irregular verbs.

	tu	Lei	voi	meaning
attraversare	attraversa	attraversi	attraversate	cross
prendere	prendi	prenda	prendete	take
finire	finisci	finisca	finite	finish
andare	va'	vada	andate	go
venire	vieni	venga	venite	come

The negative of the **tu** form uses the infinitive:
non attraversare, non prendere, non finire.

The **Lei** and **voi** forms stay the same in the negative:
non attraversi, non attraversate etc.

For more on the imperative → page 215.

6a Leggi questo invito ad una festa.

> Sabato 13 aprile festeggio il mio diciottesimo compleanno e organizzo una festa a casa mia. La festa inizia alle due e finisce a mezzanotte o anche più tardi! Vieni per favore. Non portare niente da mangiare o bere perché ce n'è abbastanza. Chi vuole dormire da noi deve portare un sacco a pelo. La casa è grande ma non abbiamo letti per tutti. Se non abiti qui vicino prendi il treno o il tassì, è più facile e più comodo. Mi raccomando, non venire in macchina se intendi bere alcolici! Telefonami entro giovedì prossimo al più tardi perché la mia mamma vuole avere un'idea di quanti vengono.
>
> Ecco le indicazioni per arrivare a casa mia dalla stazione di Sesto Fiorentino: quando esci dalla stazione, attraversa la piazza, va' dritto fino al secondo semaforo poi gira a destra e la mia casa è sulla sinistra, numero 65. È accanto al cinema.
>
> Daniela

1st paragraph

2nd para

6b ✎ Rileggi il primo paragrafo e scrivi le istruzioni o i suggerimenti di Daniela.

Esempi: Vieni … Non portare …

6c Rileggi il secondo paragrafo e trova sulla cartina la casa di Daniela.

- *Ask for information at a tourist office*
- *Request brochures and leaflets*
- *Make comparisons*
- *Use the comparative*

1 Leggi e scegli. Quale opuscolo o dépliant prende la gente che vuole …

1 avere informazioni sui treni?

2 sapere in quale strada si trova il museo di archeologia?

3 trovare alloggio?

4 sapere cosa danno al teatro?

5 pranzare e cenare fuori?

Esempio: 1 – a

3 ∩ Ascolta Daniela che va all'ufficio turistico. Rispondi alle domande.

Dialogo 1

a Che cosa chiede Daniela?

b Quanto costa?

Dialogo 2

a Che altro chiede Daniela?

b Quanto costa l'articolo meno caro?

c E quello più caro?

d Quali sono i vantaggi dell'articolo più caro? Menziona due vantaggi.

Dialogo 3

a Di che cos'altro ha bisogno Daniela?

b Quanto vogliono spendere gli amici per l'alloggio?

c Quale mezzo di trasporto suggerisce di prendere l'impiegato dell'ufficio e perché?

4 ✎ Metti in ordine questo dialogo e riscrivilo su un foglio di carta.

> 1 No, grazie.   2 Quant'è?
>
> 3 Vorrei una piantina della città, per favore.
>
> 4 ArrivederLa signore e buona giornata!
>
>   5 Ecco signore.
>
> 6 Buongiorno, signore, mi dica.
>
>   7 È gratuita. Desidera altro?

2 ∩ Ascolta i preparativi per la riunione. Indica se le affermazioni sono vere o false e correggi quelle false.

1 Elena va all'ufficio turistico.

2 L'ufficio turistico è di fronte alla farmacia.

3 Daniela ha bisogno d'informazioni.

4 La riunione è a giugno.

5 Marco viene con degli amici.

6 Daniela non vede Marco da un anno.

7 A Daniela piace molto Marco.

8 Elena non vede l'ora di incontrare gli amici di Marco.

5 Tocca a voi! Siete all'ufficio turistico. A turno domandate e rispondete usando le espressioni qui sotto. Studente A è l'impiegato/a e Studente B è un/una turista.

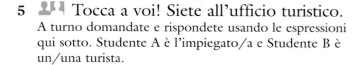

espressioni utili 66

Vorrei una piantina della città.
una guida illustrata della città.
una lista degli alberghi/dei campeggi/dei ristoranti.
un orario dei treni/degli autobus.
delle informazioni sui musei/sulle gallerie d'arte/sul centro storico/sui luoghi da visitare nella regione.

Quanto costa? È un euro./Sono cinque euro.

Quant'è? È gratuito/a./È gratis.

6 ✎ Scrivi due dialoghi usando quello dell'esercizio 4 come modello.

7a Leggi queste informazioni.

Albergo Majestic
1962; 5km dal centro; in collina; posti letto 20, camere da 140 euro

Albergo Jolly
1992; 9km dal centro; vicino all'autostrada; posti letto 92, camere da 65 – 180 euro

Firenze – Pisa
ogni ora; durata del viaggio 75 minuti, andata e ritorno 13 euro

FIRENZE – PISA
ogni 30 minuti; durata del viaggio 40 minuti; andata e ritorno 16 euro

grammatica ⚙

Il comparativo

To make comparisons you use **più** to express *more* and **meno** for *less*.

È più facile prendere l'autobus. It's easier to get the bus.

When you compare two nouns *than* is expressed by **di**.

Marco è più/meno ambizioso di Giorgio. Marco is more/ less ambitious than Giorgio.

To express *as … as* use **così … come** or **tanto … quanto**. **Così/tanto** are often omitted.

Elena è (così) intelligente come sua sorella. Elena is as intelligent as her sister.

For more on comparatives ➤ page 212.

7b Completa le frasi usando **più** o **meno**.

Scegli un aggettivo adatto dal riquadro. Attenzione! È possibile usare lo stesso aggettivo più di una volta.

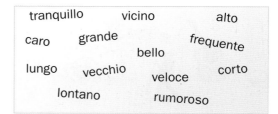

tranquillo   vicino   alto
caro   grande   frequente
bello
lungo   vecchio   veloce   corto
lontano   rumoroso

Esempi: L'albergo Majestic è più vecchio.
L'albergo Majestic è meno grande.

1 L'albergo Jolly è … dal centro.
2 L'albergo Jolly si trova in una zona …
3 Una camera nell'albergo Majestic è …
4 Il treno parte ogni mezz'ora e quindi il pullman è …
5 Il viaggio in pullman è …
6 Il costo del viaggio in pullman è …

8 Tocca a voi! Esprimete le vostre preferenze.

Esempio: Personalmente preferisco viaggiare in aereo perché è più veloce. E tu, cosa preferisci?

viaggiare in aereo/in treno
stare in albergo/in campeggio
stare in un albergo vicino al centro/
stare in un albergo fuori del centro
visitare un museo/andare in discoteca
abitare in campagna/in città
studiare l'italiano/la matematica

7 Turismo

7.1 Il tipo di vacanza

- *Talk about holiday preferences*
- *Express plans and intentions*
- *Ask questions* • *Use expressions of time*

1a 🎧 Ascolta queste conversazioni. Indica il tipo di vacanza che preferiscono.

Esempio: Daniela – c

1 Enrico **2** Roberta **3** Franco **4** Stefania

1b 🎧 Ascolta di nuovo i dialoghi e scrivi la lettera o lettere delle attività che fanno.

Esempio: Daniela – a, c, e, i

1 Enrico **2** Roberta **3** Franco **4** Stefania

1c 🎧 Ascolta i dialoghi ancora una volta. Copia e completa la tabella, come nell'esempio.

Metti ? se non ci sono informazioni.

	Dove?	Con chi?	Quando?	Per quanto tempo?
Daniela	al mare	i genitori	a luglio	tre settimane

2 👥 Tocca a voi! A turno domandate e rispondete.

Che tipo di vacanza preferisci tu? Perché?
Come viaggi?
Che tipo di vacanza non ti piace? Perché?
Per quanto tempo ti fermi?
Dove passi di solito le vacanze?
Che cosa ti piace fare quando sei in vacanza?
Con chi vai in vacanza?
Qual è la tua vacanza ideale?

espressioni utili 66

Di solito/ Generalmente	passo passiamo	una settimana una quindicina di giorni tre settimane un mese	al mare. in montagna. in campagna. in un villaggio turistico. in Italia.
		preferisco preferiamo	stare in albergo / in una pensione / in un ostello della gioventù. fare campeggio. affittare una casa/un appartamento.
		vado andiamo	in treno/in aereo/in macchina/in camper.
		mi fermo ci fermiamo	per cinque giorni/un mese.

3a Leggi le due e-mail.

Nuovo Messaggio

Ciao Marco,

Come stai? Spero bene. Come vanno gli studi? Io sono stufo di studiare e non vedo l'ora di andare in vacanza. Quest'anno vado in Grecia per tre settimane con alcuni compagni di scuola. Abbiamo intenzione di partire verso la fine di agosto perché a luglio fa troppo caldo in Grecia e poi devo trovare un lavoro per guadagnare un po' di soldi. Io vorrei andare in aereo visto che i voli sono così economici adesso ma gli altri vogliono andare in treno. Facciamo campeggio perché è meno caro che stare in albergo. Che cosa pensi di fare tu quest'estate, dopo la riunione naturalmente? Se non hai niente in programma perché non vieni con noi? Fammi sapere.

Tanti saluti

Alessio

CIAO

Nuovo Messaggio

Ciao Alessio,

Grazie dell'invito ma all'inizio di agosto vado a Bologna a trovare dei parenti di Luca e Nicolò. Siccome siamo in quattro (Gianni, Luca, Nicolò ed io) noleggiamo una macchina perché è più comodo. Ci fermiamo a Bologna per due giorni e dopo abbiamo intenzione di passare una settimana in un villaggio turistico a Lido di Jesolo prima di tornare in Australia. Abbiamo già tutte le informazioni e ci sembra una vacanza ideale. C'è qualcosa per tutti. A me e ai miei amici piace lo sport e allora possiamo giocare a tennis, a pallavolo o a pallacanestro, poi ci sono la piscina, la palestra, la sala giochi. Possiamo anche rilassarci. Ci piace leggere, prendere il sole e fare delle belle passeggiate sulla spiaggia. Ti racconto tutto quando ci vediamo a luglio.

Un saluto

Marco

3b Copia e completa la tabella.

	Lettera di Alessio	Lettera di Marco
Dove?	*in Grecia*	
Quando?		
Per quanto tempo?		
Con chi?		
Come? (mezzo di trasporto)		

3c 👥 Tocca a voi! A turno domandate e rispondete.

Partner A assume il ruolo di Marco e Partner B quello di Alessio.

Esempio: Partner A: Dove vai in vacanza?
Partner B: Vado in Grecia.

4 ✎ Scrivi una lettera in italiano e spiega i tuoi progetti per le vacanze estive.

Includi queste informazioni: giugno; amici; Spagna; due settimane; treno (costo?); ostello della gioventù.

grammatica ⚙

Parole/espressioni interrogative

You have already come across a number of question words and expressions – **chi** 'who', **dove** 'where', **quando** 'when', **perché** 'why', **come** 'how', **quanto** 'how much', **che cosa/cosa** 'what', **a che ora** 'at what time', **che tipo di** 'what kind/type of'. Often we use a preposition in front of some of these words:

Con chi vai in vacanza? Who are you going on holiday with?

Da dove vieni? Where do you come from?

The word order in Italian and English is often the same.

Chi viene al cinema stasera?
Who is coming to the cinema this evening?

Dove andate in vacanza quest'estate?
Where are you going on holiday this summer?

Sometimes, however, the position of the subject and the verb is reversed in Italian.

A che ora parte il treno? At what time <u>does the train leave</u>?

Quanto costa il libro? How much <u>does the book cost</u>?

For more on question words → page 222.

- *Describe a past holiday*
- *Understand and use the perfect tense*

1 🎧 Ascolta queste persone che parlano delle vacanze.

Rispondi Silvia, Franco, Barbara, Claudio o Silvana. È possibile usare lo stesso nome più di una volta.

Chi …

Esempio: ha passato tutto il tempo a studiare? *Franco*

1 ha visitato diversi Paesi europei?
2 ha mangiato male?
3 ha accompagnato un gruppo di turisti?
4 ha lavorato durante il giorno?
5 ha dormito in albergo?
6 ha viaggiato in pullman?

grammatica ⚙

Il passato prossimo (A)

Il passato prossimo, the perfect tense, is formed with the present tense of **avere** or **essere** + the past participle and is used to say what you did/have done in the past. The verbs in this table take **avere**. Most past participles are formed by replacing the **are, -ere, -ire** of the infinitive with **-ato, -uto, -ito**. Some common verbs e.g. **fare, vedere, leggere** have irregular past participles (see the irregular verb list on page 225).

NB Past participles of verbs that take **avere** do not agree with the subject.

L'anno scorso	ho	passato/visitato/mangiato/accompagnato/
L'estate scorsa	hai	lavorato/viaggiato/comprato/incontrato/
A giugno	ha	giocato/guardato/noleggiato/
Quest'anno	abbiamo	venduto/
	avete	finito/
	hanno	fatto/visto/letto

2 🎧 Ascolta Luca e Carla che parlano delle vacanze.

Completa le frasi, come negli esempi in neretto:

1 Luca ha detto: 'Sono **andato** in Austria con i miei genitori. Siamo … il 5 luglio e ci siamo … dieci giorni. Siamo … in macchina. Mi sono … molto. Anche i miei genitori si sono …'

2 Carla ha detto: 'Sono **andata** al mare con il mio ragazzo. Ci siamo … molto. Di giorno siamo … in spiaggia. Ogni sera siamo … Abbiamo mangiato in un ristorante vicino all'albergo e dopo siamo … al cinema o in discoteca. Siamo … a casa sabato. Sono stanca morta perché siamo … a mezzanotte.'

grammatica ⚙

Il passato prossimo (B)

The verbs in this table take **essere** and the past participle agrees with the subject.

sono	andato/a		mi sono	divertito/a
sei	stato/a		ti sei	
è	tornato/a		si è	
siamo	arrivati/e		ci siamo	fermati/e
siete	partiti/e		vi siete	
sono	usciti/e		si sono	

3 Abbina la domanda alla risposta, come nell'esempio.

1	Dove sei andato in vacanza quest'anno?	a	Cinque giorni.
2	Quanto tempo ti sei fermato?	b	Sì, molto.
3	Quando sei andato?	c	In macchina.
4	Come hai viaggiato?	d	A Venezia in Italia.
5	Con chi sei andato?	e	Alla fine di luglio.
6	Ti sei divertito?	f	La mia amica.

4 👥 Intervista quattro compagni usando le domande dell'esercizio precedente. Prendi nota delle loro risposte.

5a Daniela, Marco e Gianpaolo descrivono le loro vacanze.

Nuovo Messaggio

AMICI

L'estate scorsa, ad agosto, sono andata in vacanza con tre compagni di scuola. Prima di partire ho lavorato per un mese in un negozio di abbigliamento per guadagnare un po' di soldi. Abbiamo viaggiato in treno e abbiamo comprato un biglietto ad un prezzo ridotto per studenti che ti permette di viaggiare per un mese. Siamo andati in Francia, Spagna e Portogallo. A volte abbiamo viaggiato durante la notte e dormito sul treno ma la maggior parte del tempo abbiamo fatto campeggio o dormito in un ostello della gioventù. Come potete immaginare, in un mese abbiamo visitato tanti posti differenti ma per me la città più bella era Parigi. Un altro aspetto positivo della vacanza – durante il viaggio abbiamo incontrato tanti altri giovani di tutte le parti del mondo. Era fantastico! Abbiamo visto tanto e ci siamo divertiti un mondo. **Daniela**

Nuovo Messaggio

CIAO

Sono partito da Firenze a settembre dell'anno scorso, destinazione Australia, con l'intento di attraversare ben 13 Paesi prima di arrivare a Melbourne. Infatti ho attraversato Grecia, Turchia, Iran, Turkmenistan, Uzbekhstan, Kazakhstan, Cina, Vietnam, Cambogia, Tailandia, Malaysia ed Indonesia. Ho viaggiato con il treno, il traghetto, il pick-up, l'autobus senza escludere passaggi occasionali 'acchiappati' lungo il viaggio. In spalla avevo lo zaino e la tenda, perché qualche volta ho dormito sotto le stelle. Il mio budget era intorno ai 40 euro al giorno, compreso il prezzo del trasporto!

Secondo me, ognuno di noi deve correre dietro ai suoi sogni. Io ho fatto proprio così! Di sera ho lavorato qualche volta come cameriere e di giorno ho venduto magliette, mettendo sempre da parte i miei guadagni. Sono arrivato in Australia dopo sei settimane ed ho viaggiato un po' prima di cominciare i miei studi a febbraio. **Marco**

il traghetto ferry	*passaggi 'acchiappati'* rides/lifts
il pick-up pick-up truck	

Nuovo Messaggio

SALUTI

Quest'anno a giugno ho portato mia moglie e i miei figli, due gemelli, a un villaggio turistico che si trova a cinquanta chilometri da Toronto. Lì c'è qualcosa da fare per persone di tutte le età. Io ho noleggiato una barca e sono andato a pescare ogni giorno, il mio passatempo preferito; mia moglie ha passato il tempo a prendere il sole o a nuotare in piscina e i due figli, che sono molto sportivi, hanno giocato a tennis o hanno fatto lo sci nautico o il windsurf sul lago. Alla sera abbiamo mangiato insieme al ristorante e dopo io e mia moglie abbiamo letto o giocato a carte e qualche volta siamo usciti a fare una passeggiata. I figli invece sono andati a ballare o hanno guardato la televisione. Per fortuna faceva bello ma non troppo caldo. **Gianpaolo**

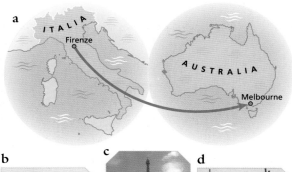

5b Abbina la vacanza all'immagine. Attenzione! C'è un'immagine in più.

5c Leggi di nuovo le tre e-mail e correggi i nomi in queste affermazioni.

> **Esempio:** <u>Gianpaolo</u> ha attraversato molti Paesi.
> **Marco** ha attraversato molti Paesi.

1 Marco è andato in vacanza con la famiglia.
2 Gianpaolo ha viaggiato solo in treno.
3 Daniela ha lavorato durante il viaggio.
4 Marco ha dormito in un ostello.
5 Daniela ha passato le vacanze vicino a casa.
6 Gianpaolo ha viaggiato in autobus.

5d ✎ Leggi ancora una volta queste e-mail e scrivi tutti gli esempi di passato prossimo.

  Esempi: sono andata, ho lavorato …

- *Say what the weather is like at different times of the year*
- *Describe a holiday in the past and say what the weather was like*
- *Understand and use the imperfect tense*

1 Abbina i simboli meteorologici alle espressioni utili.

Esempio: a – è nuvoloso

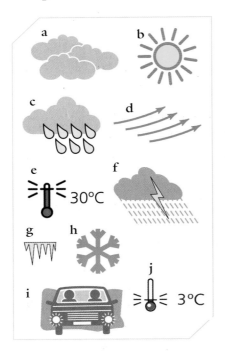

espressioni utili ❝

Che tempo fa?

Fa bello.
Fa brutto.
Fa caldo.
Fa freddo.
C'è il sole.
C'è la nebbia.
C'è un temporale.
È nuvoloso.
Tira vento.
Piove.
Nevica.
Gela.

D'estate/in autunno/in inverno/in primavera ...

Oggi c'è la nebbia.

Generalmente fa molto bello in primavera a Torquay.

D'estate c'è il sole e fa molto caldo.

Se fa bello mi piace andare in spiaggia. Prendo il sole e faccio il bagno.

Quando piove preferisco stare a casa. Leggo, ascolto musica o guardo la televisione. ❞

2 🎧 Ascolta Alessandra e Claudio che parlano del tempo.

Completa la tabella con il simbolo meteorologico appropriato, come nell'esempio.

	In inverno	D'estate
Bedford	c	
Milano		

3 👥 Tocca a voi! A turno domandate e rispondete.

Che tempo fa nella tua città o regione
- d'estate?
- in autunno?
- in inverno?
- in primavera?

Esempio: A Glasgow generalmente fa molto freddo in inverno. Piove spesso, tira vento …

4 👥 Tocca a voi! A turno domandate e rispondete.

Che cosa fai di solito quando piove/fa freddo …?

Esempio: Quando piove preferisco stare a casa e guardare la televisione.

grammatica

L'imperfetto

The imperfect tense is used to describe what something was like in the past.

To form the imperfect, remove the **-re** of the infinitive and add: **-vo, -vi, -va, -vamo, -vate, -vano.**

	portare	avere	finire	divertirsi
io	port**avo**	av**evo**	fin**ivo**	mi divert**ivo**
tu	port**avi**	av**evi**	fin**ivi**	ti divert**ivi**
lui/lei	port**ava**	av**eva**	fin**iva**	si divert**iva**
noi	port**avamo**	av**evamo**	fin**ivamo**	ci divert**ivamo**
voi	port**avate**	av**evate**	fin**ivate**	vi divert**ivate**
loro	port**avano**	av**evano**	fin**ivano**	si divert**ivano**

The only irregular verb is **essere: ero, eri, era, eravamo, eravate, erano**

Note also

fare: facevo, facevi, faceva, facevamo, facevate, facevano

bere: bevevo, bevevi, beveva, bevevamo, bevevate, bevevano

dire: dicevo, dicevi, diceva, dicevamo, dicevate, dicevano

→ page 216 for the uses of the imperfect.

---

5 🎧 Ascolta! Come sono andate le vacanze?

Indica se queste persone si sono divertite o no durante le vacanze. Quali espressioni usano per esprimere la loro opinione/impressione?

	☺	☹	Espressioni
Francesco		✓	d, i
Sandra			
Gino			
Barbara			
Maria			

6 Leggi la lettera di Alessandra e scrivi sul quaderno tutti gli esempi dell'imperfetto.

> Ciao, ti scrivo per raccontarti della mia gita scolastica. A febbraio sono andata a Venezia con la scuola. Era fantastico perché eravamo lì durante il periodo del Carnevale. C'erano migliaia di turisti dappertutto. Se non hai visto questo spettacolo devi andare un giorno. Era così interessante vedere persone di tutte le età che portavano la maschera e andavano in giro vestite in costume. Poi c'erano i bambini con le facce dipinte. Tutti si divertivano un mondo e l'atmosfera era magica. C'era gente che ballava, cantava, giocava ... Lo spettacolo non finiva mai. Meno male che avevo con me la macchina fotografica. Eravamo molto fortunati con il tempo perché quando siamo arrivati all'aeroporto di Marco Polo pioveva e faceva freddo ma, il giorno dopo, ha cominciato a fare bello. Come puoi immaginare eravamo un po' tristi quando è arrivato il giorno della partenza. Rispondimi subito e raccontami la tua ultima vacanza – dove sei andato e com'era?
> Ciao a presto
> Alessandra

espressioni utili ❝❝

Come sono andate le vacanze?

(Molto) bene. (Molto) male.

a Era fantastico.

b L'acqua era fredda e sporca.

c Era divertente.

d Era noioso.

e Gli amici erano simpatici.

f Era nuvoloso.

g Non era caro.

h La famiglia era gentile.

i Non c'era niente da fare.

j Faceva caldo.

k Tirava vento.

7 👥👥 Tocca a voi! A turno domandate e rispondete.

Parlate delle vacanze dell'anno scorso, esprimendo le impressioni (positive o negative).

Esempio: L'anno scorso sono andato/a in Australia. Mi sono divertito/a molto. Ho visitato molti posti differenti. La gente era gentile, simpatica e faceva sempre caldo. Era fantastico!

8 ✎ Rispondi alla lettera di Alessandra.

Descrivi la tua ultima vacanza e non dimenticare di esprimere le tue opinioni.

grammatica ⚙

Il passato prossimo

1 To form the perfect tense:

you will need the present tense of **avere** or **essere** and the past participle of the verb. Most verbs take **avere**. To form the past participle of regular verbs, take off the **-are**, **-ere** or **-ire** and add the appropriate ending:

-are	-ato	lavorare › lavorato
-ere	-uto	vendere › venduto
-ire	-ito	finire › finito

Many past participles are irregular and are in the verb table on page 225. Here are some common irregular verbs and their past participles:

aprire › aperto; bere › bevuto; chiudere › chiuso; decidere › deciso; dire › detto; fare › fatto; leggere › letto; mettere › messo; prendere › preso; scrivere › scritto; vedere › visto.

Verbs with **avere**:

Verbs with **essere**:

LAVORARE/VENDERE/FINIRE	ANDARE	DIVERTIRSI
ho lavorato/ venduto/ finito	sono andato/a	mi sono divertito/a
hai lavorato/ venduto/ finito	sei andato/a	ti sei divertito/a
ha lavorato/ venduto/ finito	è andato/a	si è divertito/a
abbiamo lavorato/ venduto/ finito	siamo andati/e	ci siamo divertiti/e
avete lavorato/ venduto/ finito	siete andati/e	vi siete divertiti/e
hanno lavorato/ venduto/ finito	sono andati/e	si sono divertiti/e

Most intransitive verbs, most impersonal verbs and all reflexives take **essere** in their perfect tense. Here are some of the most common verbs that take **essere**.
Irregular past participles are shown in brackets: **andare, arrivare, cadere, diventare, entrare, essere (stato), nascere (nato), morire (morto), partire, piacere (piaciuto), restare, rimanere (rimasto), salire, scendere (sceso), stare, succedere (successo), tornare, uscire, venire (venuto).**

2 To talk about something that (has) happened in the past:

you often need a 'time' expression relating to the past: **stamattina** (this morning), **ieri** (yesterday), **ieri mattina/pomeriggio** (yesterday morning/afternoon), **l'altro ieri** (the day before yesterday), **la settimana scorsa** (last week), **l'anno scorso** (last year), **due mesi fa** (two months ago), **nel 2003** (in 2003).

3 Using **non** and the perfect tense:

non goes before the auxiliary **avere** or **essere**, NOT between the auxiliary and the past participle:

Non ho lavorato.

1 Copia e completa le frasi con la forma corretta del participio passato.

Esempio: Stamattina non ho **mangiato** (mangiare) niente.

1 Ieri pomeriggio ho … (giocare) a tennis.
2 Abbiamo … (ricevere) la cartolina stamattina.
3 Gianni, hai … (finire) di mangiare?
4 Maria si è … (divertire) durante le vacanze?
5 Che cosa avete … (fare) ieri sera?
6 Mia sorella è … (andare) al cinema.
7 I miei parenti sono … (venire) in macchina.
8 Le mie sorelle sono … (uscire) un'ora fa.
9 Mio fratello è … (nascere) nel 1992.
10 Claudia, hai … (vedere) Stefano oggi?

ricorda 💡

When used with **avere**, the past participle does not agree with the subject: When used with **essere**, the past participle does agree with the subject.

Sono andata in Italia.

Sono andato in Italia.

2 Copia e completa le frasi con la forma corretta di **avere**.

1 Tu … studiato ieri sera?
2 Mia sorella … preferito stare a casa.
3 I miei genitori … venduto la casa in campagna.
4 Noi … letto questo libro.
5 Stamattina io … preso il treno.
6 Voi … bevuto il tè?

3 Copia e completa le frasi con la forma corretta di **essere**.

1 Silvana, tu … uscita sabato scorso?
2 Io … rimasto a casa.
3 Il film non mi … piaciuto molto.
4 L'estate scorsa io e i miei amici … andati in Svizzera.
5 I miei fratelli … tornati a casa tardi.
6 A che ora … arrivati voi?

grammatica ⚙

L'imperfetto

The imperfect tense is a past tense you use:
- to describe what something was like in the past
- to express what was happening/used to happen
- to express an opinion in the past

Portavano la maschera. They were wearing a mask.
Era fantastico! It was fantastic.

How to form the imperfect

The easiest way is to remove the **-re** of the infinitive and add:
-vo, -vi, -va, -vamo, -vate, -vano (io) parla**vo**, (tu) parla**vi**; vend**evo**, vend**evi**; fin**ivo**, fin**ivi** etc.

There is only one exception: **essere > ero, eri, era, eravamo, eravate, erano**

Note also: **fare > facevo; bere > bevevo; dire > dicevo**
For more on the imperfect → page 108

Passato prossimo o imperfetto?

Use the perfect to say what you did and not how things were and how you felt.

Sono andata a Venezia. what you did = perfect

C'erano migliaia di turisti. description = imperfect

Eravamo fortunati. opinion = imperfect

Which of the examples of the imperfect tense in Alessandra's letter (Ex 6, Unit 7.3) described something, and which gave an opinion?

4 Copia e completa le frasi con la forma corretta del passato prossimo, come nell'esempio.

Ieri *mi sono alzato* (alzarsi) alle sette e mezza, … (fare) la doccia, poi … (mangiare) un po' di frutta e …(bere) un tè al limone. … (uscire) verso le otto, … (camminare) fino alla stazione dove … (prendere) il treno delle otto e quindici. … (arrivare) in ufficio alle nove e … (lavorare) fino all'una. Come al solito, … (pranzare) nel bar di fronte. Normalmente finisco di lavorare alle cinque ma ieri … (rimanere) in ufficio fino alle sei perché … (dovere) finire un lavoro importante per un cliente. … (tornare) a casa alle otto, … (cenare), … (leggere) il giornale, e poi … (scrivere) una lettera. … (rilassarsi) davanti alla televisione per mezz'ora e dopo … (andare) a letto.

5 Riscrivi l'esercizio 4, ma questa volta è Daniela che parla.

Esempio: Ieri mi sono alzat<u>a</u> …

6 Copia e completa queste frasi, scegliendo il tempo corretto.

Il fine settimana scorso **sono andato/andavo** a Roma. **Ho prenotato/Prenotavo** tutto in Internet. L'albergo **era/è stato vicino** al Colosseo. **C'è stato/C'era** troppo da vedere per una visita così breve ma in due giorni **ho visto/vedevo** abbastanza. Il primo giorno **ho camminato/camminavo** per circa sei ore e quando **tornavo/sono tornato** all'albergo **sono stato/ero** stanco morto. **Pranzavo/Ho pranzato** fuori e alla sera **ho mangiato/mangiavo** poco perché non **ho avuto/avevo** molta fame. E il fine settimana in genere **era/è stato** magnifico!

7 Guarda i simboli meteorologici e scrivi com'era il tempo.

Esempio: Era nuvoloso.

 a

 b

 c ≥ 3°C

 d

 e

1 Leggi questo sondaggio sul tipo di vacanza e attività preferite di queste persone.

Sono **Flavio**. Ogni anno verso la fine di luglio vado al mare con i miei genitori ma, a dire la verità, odio andare al mare durante questo periodo perché ci sono troppi turisti, fa troppo caldo e poi io non posso stare sempre al sole, dopo cinque minuti sono rosso come un gambero. Non faccio il bagno perché non so nuotare. Che noia! La vacanza ideale per me sarebbe in un paesino fuori città in mezzo alla natura dove posso trovare un po' di pace, leggere un bel libro …

Mi chiamo **Antonella**. Io amo sciare e essere circondata dalla neve e quindi se possibile preferisco andare in vacanza durante la stagione sciistica, in genere fra dicembre e marzo. Andare al mare, stare in spiaggia tutto il giorno a prendere il sole non mi va. Mi annoio.

Sono **Antonio**. Di solito vado in vacanza con alcuni miei amici a settembre o ottobre. Andiamo sempre con la moto. Portiamo lo zaino e la tenda e dormiamo dove ci capita, in un campo, sulla spiaggia … Se fa brutto tempo dormiamo in un ostello. Non andiamo mai in albergo perché costa troppo. Ci piace girare per l'Italia. Ci interessa la storia antica e perciò visitiamo chiese, musei, siti archeologici ecc.

Il mio nome è **Giulietta** e sono di Verona. Io non vedo l'ora di partire per le vacanze. Ogni anno ad agosto vado al mare per due settimane. Passo ogni giorno in spiaggia e torno a casa abbronzatissima. Per fortuna non divento mai rossa. Al mare non mi annoio mai – faccio il bagno, gioco a pallavolo in spiaggia, faccio il surf, tante cose insomma. Solo se per caso è nuvoloso non vado in spiaggia. Invece noleggio una bicicletta e vado in giro. Alla sera mi piace andare a ballare.

Sono **Giorgio**. Siccome conosco molto bene l'Italia, durante le mie vacanze preferisco visitare altri Paesi. L'anno scorso sono andato in Australia e Nuova Zelanda. Quando arrivo in un Paese nuovo, faccio sempre qualche gita in pullman con la guida. Secondo me, è un ottimo modo di conoscere un posto. Mi piace anche noleggiare una macchina perché durante il soggiorno voglio vedere il più possibile.

1b Rispondi alle domande.

1 Quando va in vacanza Flavio?
2 Perché non fa il bagno?
3 In quale periodo va in vacanza Antonella?
4 Cosa pensa dell'abitudine di stare in spiaggia tutto il giorno?
5 Dove fa campeggio Antonio?
6 Perché non vuole stare in albergo?
7 Quando va in vacanza Giulietta e per quanto tempo?
8 Che cosa le piace fare di sera?
9 Perché Giorgio non passa le vacanze in Italia?
10 Quali Paesi ha visitato l'anno scorso?

1c Scrivi il nome della persona giusta.

Chi …

Esempio: va in vacanza con la famiglia? – Flavio

1 ama prendere il sole?
2 ha passato le vacanze lontano dall'Italia?
3 preferisce una vacanza più culturale?
4 detesta passare le vacanze al mare?
5 passa le vacanze in montagna?
6 preferisce una vacanza più tranquilla?
7 fa delle escursioni guidate?
8 dorme generalmente sotto le stelle?
9 non ha nessuna voglia di stare al sole tutto il giorno?
10 cambia programma quando il tempo non è bello?

2a Leggi questa lettera.

Ciao,

spero che tu stia bene. Nella tua ultima lettera mi hai chiesto che cos'ho fatto di bello durante le vacanze. Bello? Pensavo di tornare a casa e non ero ancora partito! Sono arrivato all'aeroporto verso le sette di sera, due ore prima della partenza del mio aereo per Alghero in Sardegna. Un po' prima delle nove quando l'aereo doveva partire il primo annuncio – partenza ritardata, causa problema tecnico. Alle undici un secondo annuncio – partenza prevista per le 11.50. Dopo vari altri annunci siamo partiti finalmente alle due di mattina. Un ottimo inizio della vacanza! Quando sono arrivato all'albergo sono andato subito a letto. Ero stanco morto. La mattina seguente mi sono alzato alle nove, ho fatto la doccia e alle dieci sono sceso al ristorante per fare colazione. Nel ristorante non c'era nessuno e un cameriere mi ha detto che avevano finito di servire la colazione alle nove e mezza. Allora niente colazione! Poi sono andato alla reception per chiedere dov'era la spiaggia e l'impiegato mi ha detto di prendere l'autobus numero 10 che parte ogni mezz'ora davanti all'albergo. Gli ho detto che preferisco camminare. Va bene, ha risposto l'impiegato ma sono sei chilometri! All'agenzia di viaggi dove ho prenotato la vacanza mi hanno detto che la spiaggia era a due passi dall'albergo. A questo punto ero proprio stufo e ho chiamato un tassì. Quando sono arrivato finalmente al mare ha cominciato a piovere. Tutte le volte che sono andato al mare durante quella settimana o tirava vento o era nuvoloso, a parte un giorno in cui c'era un sole splendido dalla mattina alla sera. Io pensavo di fare il bagno ogni giorno, invece l'ho fatto una volta sola, anzi due volte, perché il mare era troppo mosso. Una bella vacanza insomma! E cos'hai fatto tu? Scrivimi presto.

Elio

2b Scegli la risposta giusta.

1 All'inizio della lettera Elio ti sembra
   a contento.
   b annoiato.
   c indifferente.
   d arrabbiato.

2 L'aereo è partito
   a in orario.
   b in anticipo.
   c con molto ritardo.
   d con due ore di ritardo.

3 All'aeroporto hanno fatto
   a più di tre annunci.
   b un solo annuncio.
   c due annunci.
   d tre annunci.

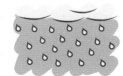

4 Elio
   a ha fatto colazione alle dieci.
   b ha fatto colazione alle nove.
   c non ha fatto colazione.
   d ha fatto colazione alle nove e mezza.

5 La spiaggia è
   a davanti all'albergo.
   b lontano dall'albergo.
   c molto vicino all'albergo.
   d a dieci minuti a piedi dall'albergo.

6 Durante la settimana
   a il tempo era bello solo per un giorno.
   b faceva sempre bello.
   c faceva sempre brutto.
   d era sempre nuvoloso.

7 Elio ha fatto il bagno
   a una volta al giorno.
   b due volte al giorno.
   c una volta sola.
   d solo due volte.

8 Alloggio

8.1 In albergo

- *Ask about availability of a hotel room, facilities and cost*
- *Book a hotel room*
- *Write a letter of confirmation*

1 **Abbina le parole ai disegni.**

1 cani ammessi
2 ristorante
3 parcheggio
4 ascensore
5 televisore
6 doccia
7 bagno
8 camera singola
9 camera a due letti
10 camera doppia/matrimoniale
11 frigobar

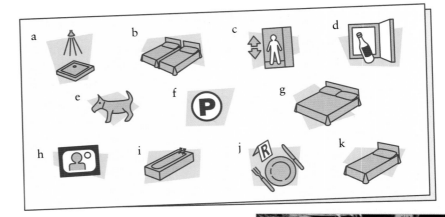

2a 🎧 Ascolta Alessandra che telefona ad un albergo
per prenotare una camera per lei e suo figlio.
(I = impiegato; A = Alessandra)

I: Pronto, albergo Miranda. Mi dica.

A: Buongiorno, ha una camera libera per favore?

I: Per quando?

A: Dal 28 luglio al 6 agosto. Per dieci notti.

I: Allora per dieci notti dal 28 luglio al 6 agosto.
E che tipo di camera desidera?

A: Una camera a due letti con doccia.

I: Un attimo che controllo. Allora una camera a
due letti con doccia … no, mi dispiace, rimane
solo una camera a due letti con bagno.

A: Sì, va bene anche una camera con bagno.

I: La camera è al quinto piano.

A: C'è l'ascensore?

I: Sì, certo.

A: Quanto costa la camera con bagno?

I: Desidera mezza pensione o pensione completa?

A: Solo la camera e la prima colazione.

I: Allora sono 150 euro per notte, compresa la
colazione.

A: Posso prenotare questa camera?

I: Certo. È a che nome?

A: Paladini – P A L A D I N I.

I: Per la conferma vuole darmi il numero della
carta di credito?

A: Se possibile, preferisco mandare una lettera.

I: D'accordo ma deve includere una caparra di 40
euro.

A: Va bene, grazie e arrivederLa.

I: Prego. ArrivederLa.

2b A turno recitate la parte dell'impiegato
dell'albergo e quella di Alessandra.

2c A turno recitate il ruolo di Alessandra ma
senza leggere la sua parte.

3a 🎧 Ascolta il primo dialogo.

Albergo	Nome	Tipo di camera	Notti	Date	Costo	Colazione	Altre informazioni
Panorama	Mascarpone	a due letti con doccia	2	14–15 giugno	95 euro	10 euro	cane ammesso

3b 🎧 Adesso ascolta, copia e completa le informazioni per le altre tre persone, come nell'esempio sopra.

4 👥 Tocca a voi! Usate le informazioni nella tabella per fare delle conversazioni, come nell'esempio. A turno domandate e rispondete.

Esempio:

A: Buongiorno, albergo Panorama. Mi dica.
B: Buongiorno. Ha una camera libera per favore?
A: Per quando?
B: Per due notti, dal 14 al 15 giugno.
A: Che tipo di camera desidera?
B: Una camera a due letti con doccia.
A: Sì, abbiamo una camera a due letti con doccia.
B: Quanto costa la camera?
A: 95 euro.
B: È inclusa la colazione?
A: No, bisogna pagare un supplemento di 10 euro.
B: Posso portare il cane?
A: Certo, i cani sono ammessi nell'albergo.

aiuto !

Writing a formal letter

- Begin your letter with:
  Egregio Signore; Gentile Signora/Signorina
- If you know the person's name you can use it:
  e.g. **Egregio Signor Bertinotti**
- End your letter with: **Distinti saluti** or **Cordiali saluti** and then your name.
- Remember – this is a formal letter. You should address the person you are writing to as **Lei**, use the third person singular of the verb e.g. **ha una camera libera ...?** and other corresponding forms – **La** ringrazio per la **Sua** lettera del **28 luglio ...**
- The following expressions may come in useful for writing formal letters:
  In seguito alla nostra conversazione telefonica ...; Vorrei prenotare ...; Desidero sapere se ...; Le scrivo per confermare ...; La prego di mandarmi informazioni su ... In attesa di una Sua cortese risposta ...

5 Rileggi la conversazione dell'esercizio 2a. Poi copia e completa la lettera di Alessandra.

> Bedford, 15 aprile
>
> Albergo Panorama
> Via Dante 34
> Firenze
>
> Egregio Signor Direttore,
> in seguito alla nostra conversazione telefonica Le scrivo per confermare i dettagli della prenotazione.
>
> Desidero una ... (1) ... con ... (2) ... per ... (3) ... notti dal ... (4) ... al ...(5) .... Il costo della camera è ... (6) ... euro per ... (7) ..., ... (8) ... la colazione. Includo con la presente una ... (9)... di ... (10) ... euro.
>
> Distinti saluti
>
> Alessandra Paladini
>
> Sig.ra Alessandra Paladini
> 15 Coronation Street
> Bedford
> Inghilterra

6 ✏️ Il signor Tiziani e la signora Toselli prenotano delle camere all'albergo Panorama.

Scrivi le loro lettere di conferma.

1 Il signor Tiziani: camera doppia, bagno, 10 notti, 4–13 settembre, parcheggio?

2 La signora Toselli: camera singola + camera a due letti, doccia, 6 notti, 1–6 aprile, cane?

> Albergo Panorama
> Via Dante 34
> Firenze
>
> Egregio Signor Direttore,

- *Find out about facilities at a campsite and youth hostel*
- *Ask about the availability of accommodation*

Leggenda

a) tenda
b) roulotte
c) doccia
d) toilette
e) punto Internet
f) lavanderia
g) piscina
h) spazio giochi
i) sala TV
j) ufficio informazioni
k) telefono
l) ristorante
m) minimarket

1 🎧 Ascolta! Dove devono andare nel campeggio queste persone?

Esempio: 1 – k

2 👥 Tocca a voi! Immaginate delle conversazioni alla reception di un campeggio. A è un/a turista e B lavora alla reception. A turno, domandate e rispondete come nell'esempio.

Esempio:

A C'è ancora posto per una tenda?

B Sì, per quante notti?

A Due notti.

B Siete due adulti, vero?

A Esatto.

B Avete la macchina?

A No, abbiamo la moto.

B Allora due adulti e la moto, in tutto viene 42 euro.

A C'è un campo da tennis?

B No, mi dispiace ma c'è una piscina.

espressioni utili 66

C'è posto / una piazzuola per	una tenda? una roulotte? un camper?	
Siamo	un adulto e due adulti	un/a ragazzo/a. due ragazzi.
Vogliamo fermarci		una notte. due notti.
Abbiamo	la macchina. la moto(cicletta).	
C'è	un campo da tennis? una lavanderia?	Sì, c'è. No, mi dispiace.
Ci sono	docce con acqua calda? attività per i bambini?	Sì, ci sono.
Posso	noleggiare affittare	una tenda? un bungalow/uno chalet?

3a Leggi questa e-mail di Marco.

Nuovo Messaggio

CIAO

Ciao mamma, ciao papà

Spero che stiate tutti bene! Gli studi vanno bene e anche il windsurf. L'Australia è ideale per chi ama fare windsurf e gli sport acquatici. Torno a luglio per la riunione degli ex-studenti della scuola. Mi accompagnano tre amici australiani (ma figli d'italiani) – uno, Gianni, non è mai stato in Italia. Adesso navigo in Internet per cercare informazioni su campeggi e ostelli a Firenze. A presto, baci. Marco

3b Rispondi alle domande.

1. A chi scrive Marco?
2. In quale Paese abita Marco adessso?
3. Perché è andato in questo Paese?
4. Cosa fa nel tempo libero?
5. Quando torna in Italia?
6. Chi accompagna Marco?
7. Che cosa cerca in Internet?

4a Campeggio o ostello? Quale consigliare agli amici australiani?

A

Bella Vista
Via Garibaldi
055/2371604   055/2374512

Il campeggio Bella Vista è situato sulle colline a 7 km dal centro storico di Firenze (raggiungibile con l'autobus 37) e offre un soggiorno tranquillo e riposante con un bellissimo panorama della città. Possibilità di rapide escursioni, oltre che nella vicinissima Firenze, anche alle celebri località di Vinci, San Gimignano, Volterra e Siena. All'interno del campeggio si trovano: servizi igienici con docce calde gratuite, toilette per disabili, lavatrici e asciugatrici a gettone, camper-service, bar, ristorante, minimarket, piscina, campetto da pallavolo, spazio giochi per bambini, sala TV, punto Internet. Sono disponibili inoltre, con uso gratuito, una stireria e una cucina comune con frigo e congelatore. Si affittano anche confortevoli bungalow a quattro posti letto con cucina, bagno con doccia, acqua calda, frigorifero e riscaldamento.

B

Sogni d'Oro
Via Nazionale
055/230924   055/2912871

L'Ostello Sogni d'Oro è ideale per giovani, famiglie o piccoli gruppi che vogliono soggiornare per brevi periodi nel cuore del centro storico di Firenze. È situato a 5 minuti dalla stazione ferroviaria di Santa Maria Novella.

Caratteristiche e servizi: 70 letti in stanze con due o più letti e servizi privati; bagni e scale accessibili ai disabili; bar e ristorante; sala lettura; sala comune; sala TV; armadietti personali con chiavi; ufficio prenotazioni escursioni, guide, musei e teatri; postazione Internet gratuita; cambio valuta; macchina distributrice di bevande calde e fredde; aria condizionata; noleggio biciclette; parcheggio auto; telefoni a scheda; giardino; lavanderia e infermeria.

Altre informazioni: Orario reception: 06.30–11.30, 14.30–02.00. Si parlano le seguenti lingue: inglese, francese, tedesco, spagnolo.

4b Scrivi A, B o A+B, come nell'esempio.

Esempio: Preferiscono trovare alloggio in centro città – B.

1. Vogliono prenotare escursioni ad altre località della regione.
2. Preferiscono condividere una camera.
3. Vogliono avere la possibilità di mandare e-mail a famiglia e amici senza pagare.
4. A loro piace molto nuotare.
5. Vogliono lavare i vestiti sporchi.
6. Alla sera non vogliono mangiare fuori.
7. Non sanno parlare italiano.
8. Quando hanno sete non vogliono andare sempre al bar.
9. A volte vogliono vedere un film o lo sport alla televisione.

5 Immagina di essere in vacanza a Firenze. Spiega dove preferisci stare – in campeggio o all'ostello e perché?

- *Complain about holiday accommodation*
- *Write a letter of complaint*
- *Use relative pronouns*

1 Quanti problemi! Abbina l'espressione al disegno giusto.

Esempio: 1 – c

1 Manca l'acqua calda.

2 Non c'è un balcone.

3 L'ascensore è guasto.

4 Nel bagno mancano gli asciugamani.

5 La camera è sporca.

6 Le persone nella camera accanto fanno rumore.

7 Il televisore non funziona.

8 Non posso chiudere la finestra.

9 Il frigobar è vuoto.

2 ∩ Ascolta 'C'è qualcosa che non va?' A quale disegno o a quali disegni si riferiscono i clienti?

Esempio: 1 – c

3a ∩ Ascolta la conversazione fra una cliente e l'impiegato dell'albergo.

Impiegato:	Buongiorno, signora. Tutto bene?
Cliente:	No, c'è un problema.
Impiegato:	Dica, signora.
Cliente:	Il televisore nella mia camera non funziona. Poi c'è un'altra cosa: nel bagno mancano gli asciugamani.
Impiegato:	Mi dispiace e la sua camera è …?
Cliente:	65.
Impiegato:	Chiamo subito il portiere.
Cliente:	Grazie. Ah, posso avere un'altra coperta?
Impiegato:	Certo, signora.

3b A turno leggete la parte dell'impiegato o della cliente ad alta voce.

3c Tocca a voi! Fate delle conversazioni simili utilizzando questi disegni.

Nota: ? significa che dovete fare una domanda.

espressioni utili 66

Non c'è / manca	l'acqua calda. il sapone.
Non ci sono / mancano	gli asciugamani. gli attaccapanni.
Posso avere	un altro cuscino? un asciugacapelli? un'altra coperta? della carta igienica?

a

b

c

4a Copia questa lettera di reclamo, sostituendo i disegni con le espressioni appropriate ed usando, dove necessario, l'imperfetto.

Roma, 20 agosto

Egregio Signor Rossi,

Ho passato (1)  *nel suo albergo dal 28 luglio al 12 agosto. Ho prenotato la camera al telefono e il signore con cui ho parlato era molto gentile e mi ha scritto subito una lettera in cui ha confermato tutto. Purtroppo durante il mio soggiorno ho avuto parecchi problemi. Infatti il giorno del mio arrivo (2)*  *e poi ho prenotato (3)* 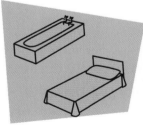 *con balcone che dava sul mare ma mi hanno dato (4)*  *senza balcone che dava sulla strada. Per due giorni durante la seconda settimana (5)*  *e quindi non ho potuto fare la doccia e lo stesso giorno (6)*  *e ho dovuto fare le scale fino al quinto piano. Ancora una cosa: una sera ho deciso di stare nella mia camera e guardare un film alla televisione ma (7)* 🖳 *. Devo dire però che il personale dell'albergo era sempre molto cortese e accogliente.*

Distinti saluti

Giovanni Palladi

4b ✎ Tocca a te! Scrivi una lettera simile a quella di Giovanni, utilizzando questi disegni:

grammatica ⚙

I pronomi relativi

A relative pronoun gives more information about someone/ something just mentioned. The book <u>that/which</u> …, the girl <u>who/whom</u> …

The relative pronouns 'which/that, who/whom' are all expressed in Italian by **che**.

Qual è il libro <u>che</u> vuoi comprare?
Which is the book <u>that</u> you want to buy?

Questa è la signora <u>che</u> insegna la storia dell'arte.
This is the lady <u>who</u> teaches History of Art.

'To/in which, to/from who(m)' etc. are expressed by the appropriate preposition e.g. **a/in/di/da/su/con/per + cui**.

Questo è l'appartamento <u>in cui</u> abito.
This is the apartment <u>in which</u> I live.

Remember: After a preposition NEVER use **che**, ALWAYS **cui**.

Che and **cui** are invariable.

5 Riscrivi queste frasi con la forma corretta del pronome relativo.

1 Mario è il ragazzo <u>che/a cui</u> scrivo spesso.
2 Prendiamo l'autobus <u>che/con cui</u> parte alle otto.
3 Questo è lo studio <u>in cui/che</u> lavoro.
4 Fammi vedere la guida <u>che/su cui</u> hai comprato.

9.1 Al bar

- *Describe tourist attractions*
- *Express hunger/thirst and order a snack*
- *Learn about disjunctive/emphatic pronouns*

1 🎧 Ascolta Marco ed i suoi amici che sono arrivati all'aeroporto Galileo Galilei a Pisa.

Vero o Falso? Correggi le affermazioni false.

1 Il volo era in ritardo.

2 Il viaggio dall'Australia è corto.

3 Luca e Nicolò hanno parenti a Pisa.

4 È la seconda volta che Gianni viene in Italia.

5 Nicolò vuole vedere la Torre Pendente.

6 Non si può parcheggiare nel centro di Pisa.

2a Leggi questa pubblicità.

Pisa

Pisa è situata vicino ad un fiume come molte città antiche. Sotto la città di Pisa ci sono tombe etrusche e resti del Cristianesimo iniziale. Tra i resti della Pisa romana si trovano le terme come i Bagni di Nerone.

Nella Piazza dei Miracoli ci sono la Cattedrale, il Battistero, il Campanile o Torre Pendente. I magnifici marmi bianchi, perfettamente lavorati dal genio umano, il verde dell'erba, le antiche mura, i cipressi, formano un grandioso gioco di luci a tutte le ore del giorno.

etrusco	Etruscan
Cristianesimo	Christianity
le terme	spa baths

2b Scegli la parola adatta per completare le frasi.

1 Pisa è una città moderna/antica/tedesca.

2 A Pisa ci sono resti romani/greci/arabi.

3 La Torre Pendente è fatta di marmo nero/rosso/bianco.

4 Nella Piazza dei Miracoli si può vedere una chiesa/una cappella/un Duomo.

3 🎧 Ascolta 'Il Campo dei Miracoli' e completa la tabella con la data appropriata.

Monumento	Data iniziata
la Torre Pendente	*1173*
il Duomo	
il Battistero	
il Camposanto	

4 🎧 Ascolta Gianni e Marco che decidono di andare ad un bar e rispondi alle domande.

1 Perché si paga prima alla cassa? Il cameriere non deve toccare …

2 Cosa beve …

Gianni?

Luca?

Nicolò?

La mamma di Marco?

Marco?

3 Cosa mangiano Marco e Gianni?

Le bibite

Il caffè italiano

Espresso	è sempre molto ristretto.
Caffè lungo	un « espresso » lungo.
Caffè corretto	viene « corretto » con la grappa o con un'acquavite.
Caffellatte	caffè con latte.
Caffè macchiato	caffè « macchiato » con latte.
Cappuccino	caffè con latte a schiuma, spolverato con cacao.

un'acquavite	brandy
una grappa	type of brandy
macchiato con latte	with a drop of milk
a schiuma	frothy

Tè	Il tè si beve al latte o al limone.
Acqua	L'acqua si consuma in bottiglia; si deve chiedere dell'acqua minerale non gassata o gassata.
Vino	(rosso, bianco, dolce, secco, di marca, locale): I vini si ordinano alla carta, ma molti ristoranti offrono del vino in caraffa (un quartino o un mezzo litro) se vuoi meno di una bottiglia oppure se vuoi assaggiare il vino della casa. Ad una festa puoi anche bere lo spumante.
Birra	La birra può essere servita alla spina o in bottiglia; le principali marche italiane sono: Moretti e Peroni.

Uno spuntino?

La schiacciata o focaccia è un sandwich a base di focaccia all'olio, leggermente salata.

Il tramezzino è un sandwich triangolare fatto con pane in cassetta tagliato diagonalmente.

Il panino è semplicemente preparato con pane rotondo o lungo.

Una fetta di pizza (pizza al taglio) – nei bar, la pizza è preparata su grandi piastre di metallo ed è venduta a fette.

---

5 👥 Tocca a voi! Lavorate in quattro: A è il cameriere, B, C, D i clienti.

Ordinate qualcosa da bere e da mangiare.

Esempio:

A Cosa prendete da bere e da mangiare?

B Ho fame! <u>Per me</u> una birra e un panino al formaggio e <u>per te</u>, Luca?

C <u>Per me</u> una coca cola e un panino, ma <u>a me</u> non piace il formaggio, prendo un panino al prosciutto.

A E <u>per voi</u>?

D <u>Per noi</u> due caffellatte e da mangiare niente, grazie.

I gelati ed i sorbetti

I gelati ed i sorbetti italiani sono famosi ed apprezzati in tutto il mondo.

un gelato	contiene
alla stracciatella	latte insaporito da scaglie di cioccolato
al "gianduia"	cioccolato al latte insaporito con le nocciole
al "bacio"	latte
al "fior di latte"	crema di latte
alla "crema"	una crema gialla alla vaniglia

grammatica ⚙

Disjunctive / Emphatic pronouns

Disjunctive pronouns **me, te, lui, lei, Lei, noi, voi, loro** are used mainly after prepositions.

Esempio: Non posso uscire <u>con te</u>.
I can't go out <u>with you</u>

<u>A me</u> non piace il caffè.
<u>I</u> don't like coffee. (with emphasis on 'I')

They are also often used in comparisons.

Mio fratello è più intelligente <u>di me</u>.
My brother is more intelligent than me.

6 👥 Tocca a voi! A turno ordinate un gelato.

Esempio:

- Avete del gelato **alla fragola?**

- Mi dispiace, l'abbiamo finito. Abbiamo del gelato **al limone, al cioccolato, al pistacchio, al fior di latte, alla crema**, e **alla vaniglia.**

- Allora un gelato **alla crema**, per favore.

- *Describe pasta*
- *Choose a restaurant and book a table*
- *Make a date*
- *Direct and indirect object pronouns*

1 Daniela ha trovato queste informazioni sulla pasta per gli alunni di Alessandra.

Purtroppo le descrizioni non sono giuste! Abbina la pasta con la sua descrizione.

Esempio: **Cannelloni**: grossi tubi farciti con ragù o con un'altra salsa.

Pasta	Descrizione
Cannelloni	pasta corta a forma di tubetti.
Farfalle	piccoli cuscinetti di pasta ripieni.
Lasagne	*grossi tubi farciti con ragù o con un'altra salsa.*
Maccheroni	nastri di pasta stretti e lunghi.
Ravioli	pasta sottile e lunga.
Spaghetti	larghe strisce di pasta a strati con ragù e besciamella, cotte al forno.
Tagliatelle	pasta corta a forma di farfalla.

2 ∩ Ascolta 'La riunione' e rispondi alle domande.

1 Quante persone vengono alla riunione?
2 Il ristorante, come lo voleva Daniela?
3 Dove si cuoce la fonduta?
4 Come si può pagare?
5 Marco rimane a Firenze fino a quando?

3a Leggi quest'informazione sul ristorante 'La Toscana'.

Immersa nel verde e circondata da un bel parco, una vecchia villa ospita il ristorante **La Toscana**.
Aperto da più di quindici anni, l'ambiente nel ristorante è elegante ma anche familiare, con un gran giardino per pranzare o cenare all'aperto in estate. Nel ristorante un camino crea un'atmosfera piacevole in inverno.
Sia il giardino che la sala possono essere riservati per le vostre occasioni più importanti.
Il ristorante dispone di 80 coperti.
Il menù cambia ad ogni stagione con piatti che ricordano la tradizione toscana.

- Gustosa: la fonduta, sia di carne che di pesce, da cuocere al tavolo!
- Ampia scelta di formaggi!
- Ottimi i dessert!
- Scelta tra più di duecento etichette in cantina

È consigliata la prenotazione.
Costo di un pasto tipo, vini esclusi: 40 euro

Carte di credito	**Chiusura settimanale**
Tutte	Rimane sempre aperto
Chiusura per ferie	
Rimane aperto tutto l'anno	

sia ... che	both ... and
etichetta	label/type of wine

3b Correggi queste affermazioni false.

1 Il ristorante è circondato da un muro.
2 La Toscana è aperta da cinque anni.
3 C'è una piccola terrazza per cenare.
4 Solo il ristorante può essere riservato per le occasioni importanti.
5 I piatti ricordano la tradizione milanese.
6 Non è necessario prenotare.
7 Chiude una volta alla settimana.

4 ∩ Ascolta Daniela che telefona per confermare la sua prenotazione.

Rispondi alle domande.

Quante …

1 persone vengono alla riunione?
2 rose ha ordinato Daniela?
3 torte prepara il cuoco?
4 bottiglie di spumante sono pronte?

grammatica ⚙

Pronomi oggetti diretti ed indiretti – Direct and indirect object pronouns

Direct and indirect object pronouns are placed in front of the verb and agree in number and gender with the noun they replace.

Vedi la fetta di pizza? Do you see that slice of pizza? **Sì la vedo!** Yes I can see it.

Dà una rosa alla signora. He gives a rose to the lady. **Le dà una rosa.** He gives her a rose.

NB In English we often do not express the 'to' or 'for', although it is implied.

Subject	Direct object		Indirect object	
io	mi	(me)	mi	(to/for me)
tu	ti	(you)	ti	(to/for you)
lui	lo	(him/it)	gli	(to/for him/it)
lei	la	(her/it)	le	(to/for her/it)
Lei	La	(you)	Le	(to/for you)
noi	ci	(us)	ci	(to/for us)
voi	vi	(you)	vi	(to/for you)
loro	li	(them)(m)	loro (gli)*	(to/for them)(m)
loro	le	(them)(f)	loro (gli)*	(to/for them)(f)

Ricorda! loro always comes after the verb. **Hai inviato loro un pacco?** (Have you sent them a parcel?) However, in modern Italian, **loro** is frequently replaced by **gli: Gli hai inviato un pacco?**

Want to know more about pronouns? → page 90

i   **mi, ti, lo, la,** and **vi** can drop their final vowel before a word beginning with another vowel or an h. e.g. **Chi l'aiuta?** Who is helping him/her?

ii **li, le, La** and **Le** never drop their final vowel. **Chi La aiuta?** Who is helping you?

iii Direct object pronouns can be used after **Ecco**. **Eccoti finalmente!** Here you are at last!

iv In the perfect tense (→ page 215), the past participle of verbs with **avere** agrees with **lo, la, li, le:**

Le rose? Le ho comprate oggi.
The roses? I bought them today.

Note: the direct/indirect pronouns precede **avere / essere** in the perfect tense.

---

5 Sostituisci le parole in neretto con un pronome adatto.

Esempi: Il cuoco prepara **la torta**. Il cuoco **la** prepara.
Abbiamo ordinato **le rose. Le** abbiamo ordinate.

1   I turisti guardano **i monumenti**.
2   Vedi **il gran giardino**?
3   Compro **una bottiglia di vino**.
4   Ho scelto **il menù**.
5   Ho prenotato **il ristorante**.
6   Abbiamo comprato **una casa**.
7   Abbiamo visto **la piscina**.

6 Sostituisci le parole in neretto con un pronome adatto.

Esempio: Marco ha dato una rosa **a Daniela**.
                    Marco **le** ha dato una rosa.

1 Il cameriere ha dato una rosa **alla signora**.
2 Il cameriere ha dato il vino **al signore**.
3 Ho scritto una lettera **al mio amico**.
4 Ho scritto una cartolina **ai nonni**.

- *Order a meal*
- *Ask for the bill*
- *Make a complaint*

Antipasti
Antipasto Toscano
Carpaccio di salmone e tonno
Prosciutto con melone

Primi piatti
Spaghetti pomodoro e basilico
Tagliatelle al ragù
Zuppa di verdure
Lasagne al forno
Minestrone

Secondi piatti
Di terra
Bistecca alla Fiorentina
Costolette d'agnello marinate al limone
Filetto di maiale in salsa di Porto Rosso
Petti di pollo alla griglia
Fonduta di carne – minimo due persone

Di mare
Carpaccio di pesce
Trota al forno
Fonduta di mare – minimo due persone
(pesce da cuocersi in tavola)

Vegetariani
Grigliata di formaggi
Lasagne al pesto
Penne ai funghi
Melanzane e mozzarella su coulis di pomodoro

Contorni
Insalata verde/mista
Patate arrosto / Patate fritte
Piselli alla Fiorentina
Spinaci al burro

Formaggi
Selezione di formaggi freschi
Fantasia di formaggi italiani e francesi

Pane, servizio e coperto compresi
I nostri camerieri saranno lieti di suggerirvi il vino più
adatto da abbinare al vostro piatto

Specialità
Carpaccio di merluzzo
Crespelle alla Fiorentina
Lasagne al pesto
Tortellini alla Medici

Menù a prezzo fisso

Antipasto Toscano

Tagliatelle al ragù/in bianco

Vitello arrosto

Dolce al carrello

Caffè

Vino rosso 'Chianti'

€ 30,00 a persona

Dolci
Budino di cioccolato amaro
Gelato con salsa ai frutti di bosco
Mousse al cioccolato bianco e fragole
Torta della nonna
Macedonia di frutta

---

1 Leggi! Il pranzo.

Tradizionalmente, il pranzo è composto da un
« **antipasto** », verdure crude o cotte, salumi, ecc.;
da un « **primo** », minestra, riso o pasta in tutte le
forme possibili ed immaginabili; da un « **secondo** »
(carne o pesce) con un **contorno** (verdure o
insalata). Dopo è servito il **formaggio**, e poi c'è
spesso la frutta, ed infine i **dessert**: dolce, gelato o
semifreddo. Di solito il pranzo finisce con un caffè.

espressioni utili 66

Desidera?	**Desiderano?**	**Nient'altro?**	
Come	antipasto	prendo	il melone.
Per	primo	prendiamo	spaghetti al pomodoro.
	secondo	vorrei	vitello arrosto.
	contorno	mi porti	una porzione di patate fritte.
	dolce	ci porti	frutta di stagione.
	Ha	delle	crespelle?
È	possibile	avere	tagliatelle in bianco?
	Come	sono	i petti di pollo?
Mi	può	portare	il conto?

2 ○ Guarda il menù, e ascolta Alessandra e Gianpaolo. Cosa prendono da mangiare e da bere?

3 👥 Guardate il menù e la tabella qui sotto e ordinate per Marco e Daniela.

	Marco	**Daniela**
Antipasti	Carpaccio di salmone e tonno	–
Primi piatti	Zuppa di verdure	Minestrone
Secondi piatti	Fonduta di mare – minimo due persone	
Contorni	Patate fritte	Insalata verde
Formaggi	Fantasia di formaggi italiani e francesi	
Da bere	Vino bianco + acqua minerale	

4 ○ Ascolta! Al ristorante.

1 **Una bistecca ben cotta?** Il cameriere porta il secondo piatto, ma Alessandra ha un problema. Qual è il problema?

2 **L'agnello con l'insalata?** Che problema ha Gianpaolo?

3 **Un dolce.** Cosa prende Alessandra?

4 **Il conto per favore!** Gianpaolo vuole pagare. Che problema c'è?

5 ○ Ascolta Elena e Daniela che parlano di Gianni.

Abbina le due parti di ogni frase, poi ascolta di nuovo e controlla.

1 La fidanzata di Gianni   **A** una ragazza italiana.
2 Gianni cerca   **B** una volta alla settimana.
3 A Gianni piace   **C** a Prato.
4 Elena va in palestra   **D** l'ha lasciato.
5 Elena abita   **E** il calcio.

6a Leggi questo articolo che Gianpaolo ha scritto per il giornale.

UN GRANDE RADUNO A SESTO FIORENTINO

Domenica 31 luglio c'è stato il grande raduno degli ex-alunni della **Scuola Media Guido Cavalcanti** a Sesto Fiorentino. Alle ore 10.30 il Preside ha dato il benvenuto ai partecipanti al raduno ed ha invitato alcuni degli ex-alunni che sono venuti dall'America, dal Canada, dall'Africa, dall'Europa, a parlare un po' della vita in questi Paesi. Poi mi ha invitato a parlare. Ho detto che ci sono ex-alunni a Toronto, a New York, in Africa, in Sud America, insomma dappertutto nel mondo, che purtroppo non potevano venire al raduno e ho spiegato che io volevo scrivere questo articolo per loro. Più tardi gli studenti ci hanno fatto la visita alla scuola. Poi c'è stata la grande foto ricordo sui gradini antistanti la scuola. Infine, alle ore 13, pranzo presso 'La Toscana'. A metà pranzo c'è stata una sorpresa: una rosa per ogni signora/signorina presente. Alla fine del pranzo, ancora una sorpresa: è arrivata in sala una gigantesca torta con la scritta 'auguri' e con delle candeline per ricordare gli anni di vita della scuola. Per tutti è stato un momento di gioia, atteso da molto tempo. Tutti sperano di potere incontrare altri loro compagni nel futuro. Daniela D'Amico spiega: 'Vorrei organizzare una riunione annuale e creare un network di tutti gli studenti ed ex studenti della scuola media Guido Cavalcanti. Per rendere possibile questo network vorrei realizzare una comunità virtuale delle persone che stanno frequentando, hanno frequentato o hanno intenzione di frequentare la scuola, principalmente attraverso il sito web!' Complimenti ed in bocca al lupo, Daniela!

6b Rispondi alle domande.

1 Chi ha dato il benvenuto ai partecipanti?
2 Perché Gianpaolo scrive questo articolo?
3 Cosa hanno fatto dopo la visita alla scuola?
4 Quale sorpresa c'è stata per le donne al ristorante?
5 Spiega cosa vuole creare Daniela e come lo vuole rendere possibile.

10.1 Una gita a Firenze

- *Describe a town*
- *Arrange a meeting*
- *Buy postcards, stamps*
- *Use the pronoun* **ne**

1 🎧 Ascolta 'Un appuntamento al buio' e rispondi alle domande.

1 Cosa fa Marco oggi?

2 Quante volte è stato in Italia Gianni?

3 Chi piace a Gianni?

4 Chi vuole organizzare un 'appuntamento al buio'?

5 Dove e quando s'incontrano Daniela e Marco?

2a Leggi questo brano sui ponti di Firenze.

> I ponti di Firenze collegano le due sponde dell'Arno. Ponte di San Niccolò, Ponte di Santa Trinità, Ponte alla Carraia, Ponte alla Vittoria, Ponte alle Grazie … tutti possono raccontare storie di crolli in seguito alle piene dell'Arno e bombardamenti, ma sono sempre stati ricostruiti. Il Ponte Vecchio è il ponte più famoso della città e anche il più antico. Eretto durante l'epoca romana (quando era un ponte di legno), e poi sostituito nel 1345, è stato l'unico ponte che le truppe tedesche non hanno distrutto nel 1944. Il Ponte Vecchio oggi ha l'aspetto di una strada per la presenza di botteghe specializzate in gioielli antichi e nuovi.

la sponda	bank (of a river)
il crollo	collapse
le piene	floods
distruggere	to destroy

2b Completa la tabella.

Cause dei crolli dei ponti:	le piene dell'Arno e bombardamenti
Nome del ponte più conosciuto:	
Materiale usato nella sua costruzione originale:	
Anno in cui i tedeschi hanno distrutto molti ponti:	
Articoli venduti nelle botteghe sul Ponte Vecchio:	

3a 🎧 Ascolta 'Una visita a Firenze – mattina'. Quali monumenti sono menzionati?

Esempio: Il Duomo

3b 🎧 Ascolta 'Una visita a Firenze – pomeriggio'. Quali monumenti sono menzionati?

Esempio: La Chiesa di San Miniato

il Duomo	Il Palazzo della Signoria	Il Forte Belvedere	La Galleria dell'Accademia
Il Bargello	Il Battistero	Il Palazzo Pitti	La Chiesa di Santa Croce
Gli Uffizi	La Piazza dell'Unità	Il Ponte Vecchio	Il Piazzale Michelangelo
Il Campanile	La Piazza Poggi	La Chiesa di San Miniato	

Scegli la parola giusta e completa le frasi.

1 Il Duomo ha una forma rettangolare/ottagonale/triangolare/esagonale.

2 Le 'Porte del Paradiso' datano dal secolo XIV/XV/XVI/XVII.

3 Il Campanile è decorato con affreschi di Ghiberti/Giotto/Brunelleschi/Michelangelo.

Scegli la parola giusta e completa le frasi.

1 La vista dal Piazzale è magnifica/brutta/abbastanza bella.

2 Santa Croce è una grande chiesa francescano/francescana/San Francesco/San Francesca.

3 La chiesa di Santa Croce è stata completata nel 1242/1295/1442/1495.

4a Leggi questa pubblicità sul Piazzale Michelangelo.

Disegnato dall'architetto Giuseppe Poggi fra il 1865 e il 1871, il nome 'Piazzale Michelangelo' deriva dalla 'scena michelangiolesca' composta dalla grande statua del Davide (l'originale è al museo dell'Accademia) e da quattro figure allegoriche. Il Davide è il più famoso dei capolavori di Michelangelo. Iniziato nel 1501 e finito nel 1504, la scultura è alta 4.34 metri. Allude alla vittoria di Davide sul gigante Golia e simboleggia il potere di Firenze a quell'epoca. Prima situata all'ingresso di Palazzo Vecchio, dal 1873 la statua originale si trova alla famosa Galleria dell'Accademia, dove si possono ammirare altri capolavori di Michelangelo.

4b Correggi queste affermazioni false.

1 Michelangelo Buonarotti ha disegnato Piazzale Michelangelo.
2 L'originale della statua di Davide è nel Palazzo Vecchio.
3 Il Davide è il meno famoso dei capolavori di Michelangelo.
4 Michelangelo ha lavorato 3 mesi alla statua di Davide.
5 La statua del Davide simboleggia il potere della Repubblica d'Italia.
6 Nel museo dell'Accademia non c'è nessun capolavoro di Michelangelo.

5 ∩ Ascolta Gianni, Marco e Daniela che sono arrivati al Piazzale Michelangelo.

Completa le frasi.

1 Dal piazzale Michelangelo i panorami sono …
2 È un posto ideale per vedere tutta la … di Firenze.
3 Dal piazzale è anche possibile vedere Fiesole e il campanile del …
4 Purtroppo ci sono troppe … che rovinano l'atmosfera del piazzale.
5 Ci sono anche … sulla copia della statua di Davide.
6 Gianni vuole comprare delle …

6a Leggi questo dialogo alla bancarella.

Gianni Buongiorno, signora, vorrei queste quattro cartoline, per piacere.
Signora Buongiorno, desidera anche dei francobolli?
Gianni Sì, per l'Australia.
Signora Ne desidera quattro?
Gianni No, ne voglio soltanto due. Le altre cartoline le tengo io. Quant'è?
Signora Allora 4 cartoline e 2 francobolli …

6b 👥 Tocca a voi! Provate a chiedere:

1 6 postcards and 5 stamps for England.
2 8 postcards and 7 stamps for France.

> ### grammatica ⚙
>
> **Il pronome 'ne'**
>
> **ne** means 'of him/her/it/them' or 'from here/there'.
>
> **Esempio: Ne** desidera quattro? Do you want four (of them)?
>
> No, **ne** voglio soltanto due. No, I only want 2 (of them).
>
> Me **ne** vado. I am going away (from here).
>
> Note: English can leave out the pronoun, but Italian must include it.

7 ∩ Ascolta 'Facciamo una pausa!'

Completa le frasi con le parole dal riquadro.

1 Ho comprato quattro cartoline. … mando due a dei parenti in Australia.
2 Ne ho comprate due per un … della nostra gita.
3 Ho … !
4 Vuoi prendere qualcosa da …?
5 Non siamo … per guardare bancarelle di souvenir!
6 La facciata della … ha una decorazione geometrica in … verde e bianco.

mangiare	venuto	bere	caldo	chiesa
freddo	marmo	ne	ricordo	venuti
	mi ricordo	statua	stazione	

8 ∩ Ascolta Daniela che ha bisogno d'aiuto.

Queste affermazioni sono vere o false?
Correggi le affermazioni false.

1 Daniela ha messo il piede in una buca.
2 Le fa male la caviglia.
3 Può camminare.
4 Marco chiama la mamma di Daniela.
5 L'ambulanza arriva quasi subito.

- Hire a car   • Use the telephone
- Use combined pronouns
- Explain you have lost something
- Imperfect tense of **stare** + gerund

1a Leggi! Autonoleggio.

L'autonoleggio è alla stazione ferroviaria.
È aperto dalle 9,00 alle 19,00 per 363 giorni l'anno.

LISTINO PREZZI				
CATEGORIA	1 giorno	2 giorni	3 giorni	Giorno extra
Scooter 50 cc	40,00	78,00	110,00	26,00
Motociclette BMW 650	90,00	168,00	243,00	70,00
Macchine Smart	65,00	75,00	150,00	50,00
Fiat Punto	75,00	85,00	165,00	50,00
Fiat Scudo Diesel	-	155,00	310,00	75,00

1c Tocca a voi! A turno, scegliete un veicolo da noleggiare.

espressioni utili 66

- **A** Vorrei noleggiare una macchina.
- **B** Quale veicolo preferisce?
- **A** Una Smart.
- **B** Dove la vuole ritirare?
- **A** Alla stazione.
- **B** Quale data?
- **A** Il 16 settembre.
- **B** E a che ora?
- **A** Alle nove.
- **B** Quando la vuole consegnare?
- **A** Il 20 settembre.
- **B** Dove?
- **A** A Bologna. Sono incluse l'IVA,le tasse e l'assicurazione?
- **B** Sì, è tutto incluso. Mi dia un documento per favore.

3 Ascolta Marco che manda un SMS. Abbina queste frasi.

1 Marco sta scrivendo
2 La parola 'SMS' è
3 Marco ha comprato
4 Seleziona la voce Invio SMS
5 Inserisci il numero del ricevente
6 Inserisci il testo del messaggio
7 I messaggi arrivano

A il suo cellulare in Italia.
B sotto il canale Comunicare.
C l'acronimo di 'Short Messages System'.
D nella casella 'Messaggio'.
E un SMS a Daniela.
F dopo qualche secondo.
G nella casella 'Numero destinatario'.

1b Ascolta! Marco noleggia una macchina.

Copia e completa la scheda con i dettagli personali di Marco.

SCHEDA INFORMAZIONI
Nome e Cognome:
Indirizzo:
Numero di telefono:
Il veicolo:
Luogo di ritiro:
Data e ora di ritiro:
Luogo di consegna:
Data e ora di consegna:

2 Ascolta Daniela che parla con i genitori. Rispondi alle domande.

1 Dove vuole andare Daniela?
2 Perché suo padre non è contento?
3 Come riesce a convincere suo padre?
4 Come viaggiano le ragazze?
5 I ragazzi perché si fermano a Bologna?

SMS?			
Contrazioni			
6	= sei	tvb	= ti voglio bene
c6	= ci sei?	x	= per
d	= di, da	ke	= che
m	= mi	xké	= perché
nn	= non		

4 Leggi! Cosa significano questi SMS?

1 Spiega il messaggio di Marco.

> M manchi!
> tvb. Marco.

2 Spiega il messaggio di Valeria.

> tu 6 il mio cuore
> ... e senza te nn
> posso vivere;
> vorrei essere aria
> x essere sicura ke
> senza d me nn
> vivi! Valeria

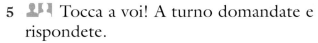

5  Tocca a voi! A turno domandate e rispondete.

Hai un cellulare? Perché sì/perché no?

Da quanto tempo hai il cellulare?

Quante volte al giorno lo usi?

Quante volte l'hai usato oggi?

Preferisci telefonare o mandare un messaggio?

Quali sono i vantaggi e gli svantaggi del cellulare?

6 ∩ Ascolta Marco che ha perso qualcosa.

Rispondi alle domande.

1 Cos'ha perso Marco?

2 Chi deve chiamare?

3 Quale numero deve chiamare?

4 Cosa deve comprare?

5 Quando vede Daniela?

grammatica ⚙

Combinazione di pronomi

When two pronouns are used with the same verb, the indirect comes before the direct, or the **ne**:

Indirect	Indirect + Direct				of it/them
	lo	la	li	le	ne
mi	me lo	me la	me li	me le	me ne
ti	te lo	te la	te li	te le	te ne
gli, le, Le	glielo	gliela	glieli	gliele	gliene
ci	ce lo	ce la	ce li	ce le	ce ne
vi	ve lo	ve la	ve li	ve le	ve ne

Note that **gli, le** and **Le** all change to **glie-** when combined with direct object pronouns.

Gli mando un SMS. I am sending him a text message.

Glielo mando. I am sending it to him/her.

The past participle of **avere** verbs agrees with the direct object pronoun.

Ho comprato una cartolina. Gliel'ho comprata.
I have bought it (the postcard = fem.) for him/her.

7 ∩ Ascolta Marco che denuncia una perdita alla Stazione dei Carabinieri.

Completa i dettagli del cellulare.

Lunghezza:

Larghezza:

Spessore:

Tasti di:

8a Leggi quest'informazione su Bologna.

Capoluogo dell'Emilia Romagna, Bologna è una città che esisteva già ai tempi degli Etruschi (VI secolo a.C.). È anche una città universitaria molto famosa, sede di una delle prime università in Europa, fondata nel 1088, che attira ancora oggi studenti da tutta Europa. La necessità nel Medioevo di costruire un maggior numero di case è all'origine dei famosi 'portici', che caratterizzano il centro città. Questi portici permettono più abitazioni sopra ma lasciano passare i pedoni e li proteggono anche dalla pioggia! La bella Basilica di S. Petronio (iniziata nel 1390) e i palazzi del Podestà, del Comune e dei Notai si affacciano sulla Piazza Maggiore. Le Due Torri (Asinelli alta 97 metri, e Garisenda che è inclinata come la Torre Pendente a Pisa) sono diventate il simbolo di Bologna.

a.C.(avanti Cristo)	B.C.
nel Medioevo	in the Middle Ages

8b Indica se queste affermazioni sono V (vere), F (false) o ? (se non sono indicate).

1 Bologna è una città di origine romana.

2 L'università di Bologna è molto conosciuta.

3 Molti studenti cinesi frequentano l'università.

4 I portici non proteggono la gente dalla pioggia.

5 Hanno cominciato a costruire la Basilica di S. Petronio nel 1390.

6 L'architetto del Palazzo del Podestà era Garisenda.

7 Bologna non ha una torre pendente.

9 Cosa stava succedendo?

Esempio: (piovere) a catinelle. **Stava piovendo** a cantinelle.

1 Noi (aspettare) sotto i portici.

2 Gli amici (parlare).

3 Marco (mandare) un SMS alla sua ragazza.

4 Il barista (cercare) Marco.

grammatica ⚙

L'imperfetto di stare + gerundio

You can use the imperfect of **stare** (**stavo, stavi, stava, stavamo, stavate, stavano**) with the gerund to form an imperfect continuous tense, as you heard in the listening exercise 7.

- *Describe a beach holiday*
- *Hire bicycles*
- *Consult a pharmacist*

1a Leggi la lista di Alessandra ed abbina le parole con le immagini.

secchiello e paletta

crema solare

ciabatte e sandali

telo mare

cappello da sole

costumi da bagno

borsa spiaggia

doposole

occhiali da sole

pareo

materassino

ciambella

borsa termica e bibite fresche

accappatoio/copricostume

crema anti-zanzare

sedia a sdraio e ombrellone

(+ inalatore)

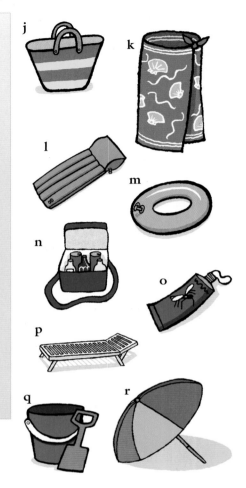

ciabatta	flip-flop, slipper	*pareo*	sarong
telo mare	beach towel	*materassino*	airbed
accappatoio	bathrobe	*ciambella*	ring
copricostume	beachrobe		

1b ✎ Scrivi l'articolo giusto!

Esempi: le ciabatte, gli occhiali da sole, la crema anti-zanzare

1c 🎧 Ascolta Alessandra che parla della sua lista. Correggi queste affermazioni false.

1 Alessandra ha scritto un libro per ricordare le cose essenziali.
2 Alessandra non ha tutto nella sua valigia.
3 Alessandra non è mai pronta a tutto.
4 L'inalatore appartiene ad Alessandra.
5 Alessandra ha già scelto il campeggio e le sedie a sdraio.
6 Daniela va all'hotel.

FARMACIA

Asma allergico

Durante una crisi asmatica, il soggetto asmatico soffre d'una grave mancanza d'aria, e spesso ha anche la tosse. Il polline dell'erba (maggio – giugno), delle piante (febbraio – marzo) e delle erbe infestanti (agosto – ottobre) può causare asma stagionale. Anche le allergie alimentari possono causare l'asma.

erbe infestanti	weeds

2a Leggi questa pubblicità.

Il clima è mite, la pioggia rara, i venti moderati. Una esposizione solare media di oltre 12 ore ogni giorno – una vacanza completa! Una spiaggia vastissima, dalla sabbia abbondante e fine che si estende per circa 10 chilometri lungo la costa. Impianti sportivi moderni, posti di noleggio con barche a remi, a vela e a motore. Una grande scelta di divertimenti e locali notturni – una vacanza al mare ideale!

2b Rispondi alle domande.

Secondo la pubblicità:

1 Che tempo fa in questo luogo?
2 Com'è la spiaggia?
3 Descrivi la sabbia.
4 Quali tipi di barca ci sono?

3a Leggi quest'informazione.

Lungo tutto l'arenile ci sono posti di salvataggio e pronto soccorso. Le varie attrezzature e servizi di spiaggia (accesso all'arenile, cabine, ombrelloni, sdrai ecc.) sono inclusi nei prezzi di albergo/pensione/campeggio. C'è una grande varietà di divertimenti, dallo sci nautico al go-kart, dall'atletica al tennis, dalla vela al minigolf, ecc. È facile noleggiare una bicicletta per visitare i dintorni. Locali notturni di diversi tipi, dalle discoteche per i più giovani ai 'night' per gli adulti, ristoranti e trattorie caratteristiche, lunapark, sale giochi, negozi, caffè e bar aperti fino a tardi, offrono una vasta scelta di divertimenti.

| l'arenile | sandy shore |

3b Rispondi alle domande.

1 Che c'è in caso di incidente?
2 Cos'è incluso nel prezzo dell'albergo?
3 Che c'è da fare per i turisti (2 dettagli).
4 Fino a quando sono aperti i bar?

3c 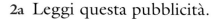 Tocca a voi! A turno domandate e rispondete.

Ti piacerebbe passare le vacanze in questo posto? Perché sì/perché no?

4 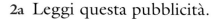 Tocca a voi!

Scrivete:

1 una lista dei vantaggi di una vacanza al mare.
2 delle frasi per descrivere questi vantaggi.

5 ∩ Ascolta! Andiamo in bicicletta!

Se la palestra non ti basta, mettiamo a tua disposizione GRATUITAMENTE, una bicicletta per 1 ORA

Spiega qual è la reazione di Elena all'idea del giro in bicicletta.

6 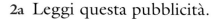 Tocca a voi! Volete noleggiare delle biciclette. A turno domandate e rispondete.

Partner A	Partner B
You want to hire 4 bikes for one hour	You only have 3 bikes at the moment
Ask at what time you should return.	Say at about 10.30.
Say you will come back at 11.00.	Say 11.00 is OK.
Say thank you and goodbye.	Say you'll see him/her later.

7 ∩ Ascolta Alessandra, Sandro e Daniela che sono sulla spiaggia.

Rispondi alle domande.

1 Cosa vogliono fare adesso?
2 Perché urla Sandro?
3 Chi ha visto la vespa?
4 Cosa ha dimenticato Alessandra?
5 Dove devono andare?

| la pomata antistaminica | antihistamine cream |

8 Al Pronto Soccorso. Completa il dialogo con una parola adatta scelta dal riquadro.

- Buongiorno, … Mi dica.
- Buongiorno. Mio … ha bisogno di qualcosa per le … di vespe.
- Ha qualche …?
- No, ma ha l'…
- Ma non ha … respiratoria al momento?
- No, ma gli fa molto … la mano.
- Allora suggerisco questa … cortisonica. Si può … 2 o 3 volte al giorno.
- Grazie dell'…, la prendo.
- Ecco la…, signora.

aiuto	allergia	applicarla	asma
difficoltà	figlio	male	pomata
	punture	signora	

Grammatica 4

grammatica ⚙

Pronomi

1 <u>Subject pronouns</u> are usually omitted in Italian, except when they are necessary for emphasis.

Io vado in Italia ma lui va in Spagna.

I am going to Italy, but he is going to Spain.

2 <u>Reflexive pronouns</u> are used with reflexive verbs.

Mi alzo alle sette. I get up at 7.00 a.m.

3 <u>Direct object pronouns</u> are normally placed in front of the verb and agree in number and gender with the noun they replace.

Conosci Daniela D'Amico? No, non la conosco.

Do you know Daniela D'Amico. No, I do not know her.

Subject	Reflexive	Direct Object	Indirect Object	Disjunctive/ Emphatic
io	mi	mi	mi	me
tu	ti	ti	ti	te
lui	si	lo	gli	lui
lei	si	la	le	lei
Lei	si	La	Le	Lei
noi	ci	ci	ci	noi
voi	vi	vi	vi	voi
loro	si	li	loro/gli	loro
loro	si	le	loro/gli	loro

a **mi, ti, lo, la,** and **vi** can drop their final vowel before a word beginning with a vowel or an h.
e.g. **Marco? Chi l'ha visto?** Marco? Who has seen him?

b **li, le, La** and **Le** never drop their final vowel. **Chi La aiuta?** Who is helping you?

c Direct object pronouns can be used with **Ecco**. In this case they go after **Ecco**.
Eccola finalmente! Here she is finally!

d In the perfect tense, the past participle of verbs with **avere** agrees with the direct object.
La frutta? L'ho comprata stamattina. The fruit? I bought it this morning.

4 <u>Indirect object pronouns</u> are also normally placed in front of the verb, except **loro**, which always comes after the verb.

Gli scrivo una cartolina. I am writing him a postcard.

Ho mandato loro un'e-mail. I have sent them an e-mail.

NB In modern Italian, **loro** is often replaced by **gli**, which comes before the verb.

5 <u>Disjunctive or emphatic pronouns</u> are used after a preposition.

Vengono al concerto con me. They are coming to the concert with me.

Combinazione di pronomi

When two pronouns are used with the same verb, the indirect always comes before the direct, or before **ne** (of it, of them), as in the table below:

Indirect	Indirect + Direct				of it/them
	lo	la	li	le	ne
mi	me lo	me la	me li	me le	me ne
ti	te lo	te la	te li	te le	te ne
gli, le, Le	glielo	gliela	glieli	gliele	gliene
ci	ce lo	ce la	ce li	ce le	ce ne
vi	ve lo	ve la	ve li	ve le	ve ne

e.g. **Te ne compro due.**
I'll buy you two (of them).

NB **gli, le** and **Le** all change to **glie-** when combined with direct object pronouns.
Gli is also used for **loro** here.
Riccardo vuole il mio libro, glielo do subito.
Riccardo wants my book, I'll give it to him immediately.

1 Cosa bisogna fare? Scegli il pronome corretto.

Allora manca il pane, questo **la/lo** devo comprare, la frutta **la/lo** compra mia figlia, poi cosa faccio stasera per la cena, le lasagne **li/le** mangiamo domani sera, gli spaghetti **li/le** mangiamo quasi ogni giorno … mi è venuta un'idea … il pesce, **la/lo** posso comprare quando vado al mercato; c'è ancora qualcosa che devo fare, ah sì i biglietti per il concerto **li/le** devo prenotare e i fiori per la casa **li/le** compro dal fioraio all'angolo. Per quanto riguarda la macchina, mio marito **lo/la** può lavare quando torna dal lavoro e tutti i piatti sporchi **le/li** lava mio figlio quando torna da scuola. Ecco fatto!

2 Copia e completa questo dialogo con il pronome corretto: **mi**, **ti**, **ci**, **vi**.

> **Durante la lezione**
>
> - Ragazzi, … disturbo se vado avanti con la lezione?
> - … scusi professore.
> - Stefano, … aiuti per favore a risolvere questo problema di matematica?
> - Stai zitta adesso, Silvia, perché il professore … guarda di nuovo. … posso aiutare alla fine di questa lezione.
> - Ragazzi, per favore!
> - Allora, Stefano … aspetto davanti alla scuola.
> - D'accordo.

3 Sostituisci le parole sottolineate con i pronomi adatti.

> **Esempio**: Quando mandi <u>il messaggio a Daniela</u>?
> <u>Glielo</u> mando più tardi.

1 Quando mandi <u>la cartolina ai tuoi amici</u>?
… mando domani mattina.

2 Perché non compri <u>questi fiori ai tuoi genitori</u>?
Che buon'idea! … compro subito.

3 Quando fai vedere <u>le foto</u> della nostra riunione <u>a Franco</u>?
… faccio vedere quando le ho guardate io.

4 Hai dato <u>il mio numero di cellulare a Gianpaolo</u>?
Sì, … ho dato stamattina.

5 Hai mandato <u>due messaggi a Daniela</u>, vero?
Sì, hai ragione, … ho mandati due.

6 <u>Quanta carne</u> hai dato <u>al cane</u>?
… ho data poca.

7 Quando <u>mi</u> fai vedere <u>il tuo appartamento</u>?
… faccio vedere stasera.

8 <u>Ti</u> ho comprato <u>la rivista di moda</u>?
No, non … hai ancora comprata.

9 Perché non ci hai spiegato <u>il problema</u>?
Non … ho spiegato perché è troppo complicato.

10 Posso prestare <u>il mio dizionario a Giorgio</u>?
Certo che … puoi prestare.

4 Copia e completa questo dialogo con:
me, **te**, **lui**, **lei**, **noi**, **voi**, **loro**.

- Mamma, questi fiori sono per … Li ho comprati per il tuo onomastico.
- Per …, che bella sorpresa! A proposito, cosa fai stasera? Esci con Giorgio?
- No, stasera non esco con …, perché vado al ristorante con Sandra e Giulia.
- Ma come mai esci con … e non con Giorgio?
- Giorgio vuole andare in discoteca e a … non piace andare in discoteca.
- Perché non può venire al ristorante con …?
- Gli ho chiesto ma non viene con …, perché la settimana scorsa ha litigato con Sandra e adesso Sandra parla sempre male di … e Giorgio non va più d'accordo con …
- Una bella situazione insomma!

grammatica ⚙

I pronomi relativi

che	who, whom, which, that
(preposition) + **cui**	(preposition) + whom, which, whose

A relative pronoun refers back to someone/something that has just been mentioned. 'Which/that, who/whom' expressed in Italian by just one word **che**.

1 **che** is the most common way of expressing who, whom, which, that and is invariable.
Dov'è la rivista che leggevi?
Where is the magazine that you were reading?
Questa è la ragazza che abita di fronte.
This is the girl who lives opposite.

2 **cui** is usually used with a preposition and is invariable. 'To/in which, to/from who(m)' etc. are expressed by the appropriate preposition + **cui**.
Questo è l'ufficio in cui lavoro.
This is the office in which I work.
Remember: After a preposition NEVER use **che**, ALWAYS **cui**.
Ecco il ragazzo di cui ti ho parlato.
Here is the boy about whom I spoke to you.

3 **cui** can also mean 'whose' when placed between the definite article and the noun.
Quella signora, il cui nome non ricordo, è italiana.
The lady, whose name I do not remember, is Italian.

5 Copia e completa queste frasi scegliendo il pronome relativo corretto.

1 Di solito prendo il treno <u>in cui/che</u> parte alle otto.

2 La ragazza <u>che/con cui</u> parla Franco è spagnola.

3 Come si chiama il ragazzo <u>che/a cui</u> hai scritto la lettera?

4 Gli esercizi <u>che/per cui</u> dobbiamo fare per domani sono molto facili.

5 Questo è il negozio <u>che/in cui</u> ho comprato il mio dizionario.

6 Il tavolo <u>su cui/che</u> mangiate è molto sporco.

7 La zia <u>che/da cui</u> ho ricevuto il regalo vive in Canada.

Come ascoltare

aiuto !

Look back at the advice given on page 50.

In Listening examinations you will be expected to understand announcements, short conversations, instructions, short news items and telephone messages.

Tasks set may include: filling in blank forms; marking the place indicated on a map; noting down a number, price or time of day; writing down a message intended for someone else; selecting, from a number of possibilities, the person, place, object or activity described; listening to a weather forecast and answering questions on it; identifying places, amenities, regulations. Some questions may be multiple choice (i.e. you will have to make a choice based on the alternatives offered).

Some material will include reference to past, present and future events.

- You will be expected to identify and extract main points and details and points of view.
- You will need to understand gist and detail.
- You should use context and other clues to interpret meaning, recognise opinions, attitudes and feelings and to draw conclusions.
- A limited number of questions will be set in English.

1 Look at the following table.

What is being tested?

🎧 Ascolta e completa la tabella.

Biglietto	Prezzo	Ora	Binario
andata e ritorno			

You have to fill in the grid. It is obvious that numbers are being tested here: the price, the time and the platform, so you will have to listen carefully for all three numbers. Be careful with the time – the speaker will almost certainly use the 24 hour clock system in this situation. It's always safer to write down what you hear rather than trying to work out the maths and getting the answer wrong! Now listen to the recording and fill in the missing details.

2 Now look at the map below – it's obvious you are going to have to identify where a particular place is. Remind yourself of the directions, write them on the paper if necessary. Try and follow the directions with your finger. Listen carefully!

C'è una banca qui vicino? Dov'è la banca?

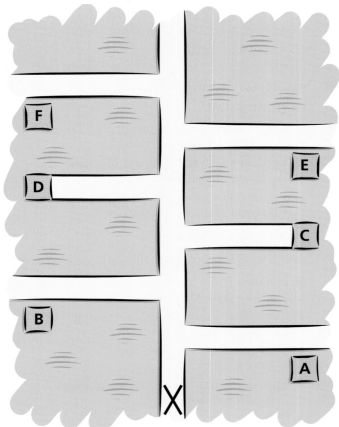

🎧 Ascolta e scrivi la lettera giusta nella casella. ☐

3 Sometimes the questions are in English. Some of these may ask you to say something about the speaker's attitude. Look at the questions then listen carefully.

La vacanza di Paolo

Paolo is telling Annalisa about his recent holiday.

a Give one advantage of this type of holiday.

b Why do you think he might not return next year?

Come parlare

• Improving your speaking skills

aiuto !

Look back at the advice given on page 51.
Depending on specific examination requirements, you may be expected to:

- take part in a role play situation
- make a presentation on something which interests you
- take part in a conversation
- use a wide range of vocabulary and grammatical structures
- discuss present, past and future events
- express and justify personal opinions

1 Role plays

Role play 1

You are phoning a hotel to book a room. Partner B will start the conversation.

Partner A (Candidate's role)
Say you would like a room.
Say the date you are arriving.
Say how many days you are staying.
Ask how much it costs.

Partner B (Teacher's role)
Pronto. Albergo Francesca. Dica.
Sì, certo. Per quale data?
Per quante notti?
Benissimo.
Per una camera singola 100 euro.

Role play 2

You are talking on the phone to an Italian friend and inviting him/her to go to a restaurant to celebrate your birthday.

Partner A (Candidate's role)
Invita l'amico/l'amica al ristorante.
Perché vai. (due dettagli)
Quando vuoi andare. (due dettagli)
!

Partner B (Teacher's role)
Volentieri. È un'occasione speciale?
Quando vuoi andare? (giorno e ora)
Dove ci incontriamo?
Buon'idea!

2 Presentation

Prepare a presentation about **Una vacanza**. Remember to include reference to present, past and future events and full descriptions and opinions!

3 General Conversation

In the last five chapters we have covered the following topics which you may be asked questions on: travel and transport, different types of holiday, accommodation, holiday activities, eating out. Work with a partner, look back over Chapters 6–10 and take it in turns to ask and respond to the following questions:

1 Come preferisci viaggiare? Perché?
2 Descrivi un viaggio che hai fatto. (in pullman/ treno ecc.)
3 Che tipo di vacanza preferisci? Perché?
4 Dove preferisci alloggiare? (albergo, campeggio ecc.)
5 Dove passi di solito le vacanze? (al mare/in montagna)
6 Che cosa ti piace fare quando sei in vacanza?
7 Sei mai stato/a in Italia?
8 Descrivi una vacanza che hai fatto. (Quando/dove/con chi?)
9 Che cosa hai visto?
10 Preferisci andare in vacanza con gli amici o la famiglia? Perché?
11 Che tempo fa oggi?
12 Che tempo faceva ieri?
13 Ti piace il cibo italiano? Perché?
14 Descrivi il tuo piatto preferito.
15 Descrivi l'ultima volta che sei andato/a ad un ristorante.

Come leggere

aiuto !

Look back at the advice given on page 52.

In Reading examinations you will be expected to understand: instructions; public notices and signs; advertisements; extracts from brochures, letters, newspapers, magazines; price lists; menus; cartoons; maps; plans and programmes; tickets; timetables; text messages; imaginative writing; books; faxes; e-mails and web sites.

Tasks set may include: filling in blank forms; marking the place indicated in written instructions on a map; selecting the number, price or time of day requested; selecting the person, place, object or activity described; reading a weather forecast and answering questions based on it; responding to information about places, amenities, regulations. Some questions may be multiple choice. You will be expected to:

- include reference to past, present and future events
- identify and extract main points, details and points of view
- understand gist and detail
- recognize opinions, attitudes and feelings and draw conclusions
- answer a limited number of questions in English

2 Trovi questa pubblicità.

Al Centro Giovani dell'albergo si può
- navigare in Internet, giocare, suonare, parlare,
- ascoltare la musica, fare una partita a ping-pong,
- giocare al computer, leggere, informarsi su qualcosa che interessa,
- fare un corso di chitarra o di canto o semplicemente farsi nuovi amici.

Quali attività si possono fare al Centro Giovani?

Scrivi le lettere giuste nelle caselle. | a | | |

1 Trovi questa pubblicità su Internet.

Albergo Bella Vista

Periodo Inverno

Prima colazione al buffet inclusa

Singola con bagno/doccia 90 euro

Doppia con bagno/doccia 125 euro

Offerta speciale – Dal 9 gennaio al 29 marzo, per un soggiorno minimo di 3 notti offriamo: 1 notte addizionale gratuita.

Bambini: 0–3 anni gratis, da 4 a 10 anni SCONTO DEL 30%

3° e 4° LETTO AGGIUNTO: Sconto del 20% valido in tutti i periodi. Si richiede numero carta di credito per la conferma definitiva delle camere prenotate.

(Clicca) per prenotare.

1 Quanto costa una camera singola?

2 Se pago per tre notti a partire dal 10 gennaio, quante notti posso rimanere?

3 Ho un bambino di 6 anni. Quant'è la riduzione?

4 Cosa devo dare per confermare la prenotazione?

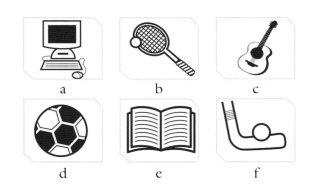

a   b   c

d   e   f

3 You notice this advertisement for a phone card.

La carta telefonica prepagata permette di effettuare dall'Italia chiamate nazionali, internazionali e verso cellulari in Italia e all'estero da qualsiasi telefono fisso, sia pubblico o privato, e da qualsiasi telefono cellulare. La carta telefonica è disponibile in tagli da 5 e 10 euro. Le tariffe sono valide tutti i giorni della settimana e sono molto convenienti nel caso di lunghe chiamate. Ad esempio, con una carta da 5 euro è possibile telefonare in Svizzera da un telefono fisso per 81 minuti, negli Stati Uniti per 76 minuti e in Australia per 77 minuti. Servizio di assistenza attivo dal lunedì al venerdì dalle 8,30 alle 20 ed il sabato dalle 8,30 alle 17,30.

Answer in English:

a Name two advantages of this type of phone card.

b Why is the card particularly good if you want to make long calls?

c How long could you stay on the line to Switzerland if you paid €5?

d On which day of the week could you not get assistance?

Come scrivere

• Improving your writing skills

aiuto !

Look back at the advice given on page 53.
Examiners like to ensure candidates are able to write:

- words or phrases
- full sentences

You will need to:

- write about present, past or future events
- use a wide range of vocabulary and grammatical structures
- give full descriptions
- express opinions

Tasks could include:

- a short list or a form to complete
- sentences to complete with a verb in the correct form
- a message, postcard, e-mail, text for a poster
- a letter, formal or informal
- an article or imaginative piece of writing

• **Expand on your answers as much as possible**

1 Write two sentences about these two subjects. Then try adding descriptions and opinions to your sentences.

- un viaggio che hai fatto
- monumenti storici che hai visto

2 Your friend in Italy e-mails you the following questions:

- Dove preferisci passare le vacanze?
- Come preferisci viaggiare?
- Dove ti piace alloggiare?
- Che cosa ti piace fare quando sei in vacanza?
- Dove vai quest'anno in vacanza?

Answer the questions **in Italian** and write a sentence each time saying:

- Where you prefer to spend your holidays.
- How you prefer to travel.
- Where you prefer to stay.
- What you like to do on holiday.
- Where you are going on holiday this year.

3 Your Italian friend recently witnessed a theft and asks you whether you have ever witnessed one.

Ciao! Ieri sera in Piazza Risorgimento, un ladro ha rubato la borsa a una persona che lavora con me.
Dimmi, tu hai mai visto un furto? Dov'eri, che cosa facevi, com'era il ladro e cos'ha rubato?
Tu hai fatto qualcosa? Hai dovuto parlare con la polizia? Come ti senti adesso?
Tanti cari saluti

Francesca

Scrivi una lettera **in italiano** a Francesca per descrivere un furto. Spiega:

- dov'eri esattamente
- che cosa facevi
- com'era il ladro
- cos'ha rubato
- cos'hai fatto
- come ti senti adesso

4 You have been asked to describe a recent visit to an Italian restaurant with some friends.

Scrivi un articolo dando le seguenti informazioni:

- Perché siete andati al ristorante.
- Chi c'era con te al ristorante.
- Cosa hai mangiato e bevuto e se ti è piaciuto il cibo.
- Se hai intenzione di ritornare al ristorante e perché.

Progetto 2

aiuto !

If you have chosen to do Coursework in the Examination, the tasks set are usually not as restrictive as they are in the Writing tests.

You may wish to write:
- a formal/informal letter
- a report of an interview
- a factual account
- a description of a day or an activity
- a diary entry

- an e-mail
- a leaflet
- a web-site advertisement
- an essay

You should:
- plan your Coursework carefully
- refer to present, past and future events

- give full descriptions
- express opinions

Andiamo in Italia!

Imagine your Italian class is planning a holiday to Italy.

- Why are you all going to Italy?
- Who is going?
- Where are you going?
- Why have you all chosen this place?

- How are you going to travel?
- Why have you chosen this method of travel?
- Where are you going to stay? Why?

You should include:
- A letter or e-mail asking for information about the area.
- A letter or e-mail booking accommodation and a booking form.

1   Adapt a text!

Start with Italian! Look at this booking form:

Modulo di prenotazione	
Nome	Giuseppina
Cognome	Toselli
Indirizzo	via Torino, 7, 12016 Cuneo
Telefono	171 383707
E-mail	toselli@toselli.it
Mese di arrivo	febbraio
Giorno di arrivo	28
Mese di partenza	marzo
Giorno di partenza	3
Numero di persone	2
Tipo di stanza	doppia con servizi
Tipo di servizio	pensione completa

Clicca   per prenotare online

Now copy out the form and fill it in with your own details.

2 Use the Italian you already know!

Rather than starting with what you want to say in English, start with what you know in Italian!

A. Look at this e-mail asking for information:

Nuovo Messaggio
Ho intenzione di venire in Italia l'estate prossima. Vorrei dei depliant di Verona e del Lago di Garda ed anche degli indirizzi di alberghi, pensioni e campeggi.
Spero di visitare la regione nel mese di agosto.
Distinti saluti
Mr Martin Shaw

B. Now look at this e-mail, asking for details about accommodation:

Nuovo Messaggio
Vorrei venire in Italia con la mia famiglia nel mese di agosto. Un amico mi ha consigliato di passare 15 giorni al lago di Garda, perché il panorama è magnifico.
Desidero prenotare una camera doppia con doccia ed una camera singola con doccia per due settimane dal primo agosto al 15 agosto.
Prima di confermare la prenotazione vorrei sapere i vostri prezzi per mezza pensione e se questi comprendono servizio e tasse.
Rimanendo in attesa di una vostra cortese risposta, invio i miei più distinti saluti.
Mr Martin Shaw

You can use some of the expressions in the e-mails, the **espressioni utili** and Chapters 6–10!

espressioni utili "

Siamo un gruppo di …	We are a group of …
Impariamo l'italiano.	We are learning Italian.
Desideriamo sapere di più su …	We would like to know more about …
Vi chiedo gentilmente di …	I would ask you to …
Vorrei delle informazioni su …	I would like some information on …
Vorrei prenotare …	I would like to reserve …
Vorrei pagare con carta di credito.	I would like to pay by credit card.
Desidero confermare la prenotazione di …	I would like to confirm the booking of …
Spero di arrivare …	I hope to arrive …

Choose a region or town in Italy and do some research on the area, so that you are able to give reasons why you want to go there:

Esempi: Perché ci sono molti monumenti antichi e mi piace la storia.

Perché c'è una bella spiaggia e mi piace rilassarmi sulla spiaggia.

Perché è in montagna e mi piace sciare d'inverno.

Explain what sort of accommodation you have chosen and why:

Esempi: Andiamo in albergo perché è più comodo e c'è l'aria condizionata.

The following websites give information in Italian and English about accommodation in Italy:

www.italyhotel.com   www.hotelroomsplus.com   www.apturismo.com.

11.1 I sacramenti religiosi

- *Learn about religious family celebrations in Italy*
- *Describe important family celebrations*

1a Leggi queste informazioni sui sacramenti religiosi in Italia.

L'Italia è un Paese cattolico e si festeggiano questi sacramenti religiosi:

Il Battesimo è il momento in cui il nome è dato al bambino. Al battesimo, oltre a mamma, papà, padrino e madrina, vengono i nonni, gli zii, i cugini e gli amici del cuore. Gli invitati offrono un regalo al bambino. Una volta si trattava di catenine e oggetti religiosi, ma oggi si regalano piuttosto vestiti o soldi. Dopo la cerimonia tutti vanno a mangiare a casa dei genitori o al ristorante. Il menù: antipasto, due primi, un secondo, vari contorni, torta e spumante!

La Prima Comunione è spesso celebrata a Pasqua, quando il bambino è nella quarta elementare.

La Cresima è amministrata dopo un corso preparatorio che dura tre anni: inizia con la quinta elementare e finisce con la seconda media.

Il matrimonio è celebrato in chiesa o in municipio. Il rito religioso è officiato dal prete. Il rito civile è officiato dal sindaco o da un ufficiale di stato civile.

1b Correggi queste affermazioni false.

1. Al battesimo vengono solo i genitori.
2. Gli invitati portano un regalo per la madre.
3. Oggi si regalano oggetti religiosi.
4. Dopo la cerimonia si mangia in chiesa.
5. Gli invitati mangiano soltanto un primo ed un secondo.
6. La Prima Comunione è spesso celebrata a Natale.
7. Il corso preparatorio per la Cresima dura un anno.
8. Il matrimonio in municipio è officiato dal prete.

2a ◯ Ascolta Alessandra che descrive le bomboniere agli alunni inglesi.

i pupazzini	soft toys
i coriandoli	confetti
i confetti	sugared almonds

2b Scegli la risposta giusta.

1. Le bomboniere sono apparse alla fine del: 1400/1450/1500/1550.
2. Sono usate per ringraziare: gli sposi/gli amici/i religiosi/i genitori.
3. Per battesimi i regali sono spesso: orsetti/oggetti religiosi/d'argento/in cristallo.
4. Per la prima comunione i confetti sono: gialli/rosa/azzurri/bianchi.
5. I confetti vengono distribuiti: dai parenti/dagli sposi/dal padre della sposa/dal padre dello sposo.

3 ◯ Ascolta Alessandra che descrive un tipico buffet per una prima comunione.

Trova le sei cose che menziona.

Scegli tra:

acqua minerale spaghetti gelato
risotto spumante trota
arrosto limonata torta senza liquore
prosciutto salmone verdure

4a Leggi quest'esempio di partecipazione classica per il matrimonio religioso.

> Alfredo Neri e Lucia Neri Merlini
> partecipano il matrimonio
> della figlia Giulia con
> Luca
> il 20 settembre, ore 11
> Chiesa di S. Marco, Prato
> via Dante 5, Prato
> Luca e Giulia riceveranno parenti e amici dopo la ceremonia
> all'Hotel Maya, via Carducci 7, Prato

> Enrico Risi e Anna Risi Bianchi
> partecipano il matrimonio
> del figlio Luca con
> Giulia
> via Tasso 12, Prato

> Luca e Giulia
> dopo la ceremomia
> saranno lieti di salutare
> parenti e amici nella nuova casa
> in via Como 13, Prato

4b Rispondi alle domande in italiano.

A Come si chiama …
1 la sposa?
2 lo sposo?
3 la madre della sposa?
4 il padre dello sposo?

B Il matrimonio ha luogo …
1 in che data?
2 a che ora?
3 in quale chiesa?
4 in quale città?

5 🎧 Ascolta Daniela e Elena che parlano di un matrimonio. Scegli la risposta corretta.

1 Giulia è la madre/sorella/cugina/nipote di Elena.
2 L'abito da sposa è di color bianco/rosa/avorio/blu chiaro.
3 La fede simboleggia il controllo/la donna/l'uomo/l'amore.
4 La fede di Giulia è in platino/in oro bianco/in oro giallo/in argento.
5 Giulia vuole portare la collana della mamma/nonna/zia/cugina.

| *la fede* | wedding ring |

6 🎧 Ascolta Daniela e Elena che continuano a parlare di matrimoni.
Queste affermazioni sono V (vere) o F (false)? Correggi le affermazioni false.

1 A Giulia piacciono i fiori.
2 Giulia ha scelto fiori d'arancio per il suo bouquet.
3 Dopo la cerimonia gli invitati gettano i confetti sugli sposi.
4 Pranzano a casa della sposa.
5 Giulia consegna le bomboniere dopo il pranzo.

7 👥 Tocca a voi! Scrivete le vostre risposte a queste domande, poi domandate e rispondete a turno.

Sei mai stato/a a un matrimonio? Quando esattamente?
Dov'era il matrimonio?
Conoscevi bene lo sposo e la sposa? Chi erano?
Come erano vestiti?
Descrivi la cerimonia e le tue reazioni.

o

Se non sei stato/a a un matrimonio, descrivi una festa che hai celebrato a casa tua. Come l'hai festeggiata?
Chi è venuto alla festa? Come erano vestiti?
Descrivi le tue reazioni.

- *Learn about traditions associated with Christmas and Easter*
- *Learn about how Italians celebrate Christmas and Easter*
- *Use different words to express 'some'*

espressioni utili 66

Buon Natale!

Buon Anno!/ Felice Anno Nuovo!

24 dicembre	Vigilia di Natale
25 dicembre	Natale
26 dicembre	Santo Stefano
1° gennaio	Capodanno
6 gennaio	Epifania

1 Ascolta! Daniela parla al telefono. Scegli la parola/l'espressione giusta.

1 Gianpaolo scrive un articolo sul Natale/sulle feste/ sulla Befana/sul Capodanno.

2 Gianpaolo chiede a Daniela di descrivere Pasqua/Natale/S. Valentino/Carnevale.

3 Daniela deve scrivere, 30/300/350/500 parole.

2 Ascolta Daniela ed Elena. **Chi parla di queste cose?** albero di Natale; Befana; dolci; frutta; Messa; panettone; presepe.

Scrivi Daniela, Elena o Daniela e Elena.

Esempio: albero di Natale – Daniela e Elena

3a Leggi l'articolo che Daniela ha scritto per Gianpaolo.

L'Italia è un Paese cattolico e molti bambini scrivono messaggi a Gesù Bambino che secondo la tradizione porta i regali ai bambini buoni. In anni recenti anche Babbo Natale è arrivato dall'America ed è diventato un personaggio importante per bambini.

Il presepe è un'usanza tipica del periodo natalizio. Riproduce, con delle statuine, la scena della nascita di Gesù Cristo. San Francesco d'Assisi ha preparato il primo presepe umano nel 1223.

Capodanno è la notte tra il trentun dicembre e il primo gennaio. Spesso gli italiani vanno ad una festa speciale: il veglione. A mezzanotte brindano con lo spumante.

La Befana (da 'Epifania') è una vecchia che porta giocattoli, cioccolatini e caramelle ai bambini buoni e carbone ai bambini cattivi la notte tra il 5 e il 6 gennaio.

Appare nei cieli a cavallo della sua scopa. Passa sopra i tetti e scende dai camini. Poi riempie le calze lasciate appese dai bambini. I bambini lasciano per la Befana un piatto con il cibo – un mandarino o un'arancia e un bicchiere di vino. La Befana porta una gonna scura ed ampia, un grembiule con le tasche, uno scialle, un fazzoletto o un cappello in testa, un paio di ciabatte consunte:

'La Befana vien di notte

con le scarpe tutte rotte

col cappello alla romana

viva viva la Befana!'

3b **Scrivete le vostre risposte a queste domande, poi domandate e rispondete a turno.**

1 Chi ha preparato il primo presepe umano?

2 Quando è Capodanno?

3 Come si festeggia la notte del Capodanno in Italia?

4 Quando si vede la Befana?

5 Cosa lasciano i bambini per la Befana?

6 Descrivi la Befana.

7 Come festeggi il periodo di Natale nel tuo Paese?

espressioni utili 66

la quaresima	Lent
il mercoledì delle Ceneri	Ash Wednesday
la domenica delle Palme	Palm Sunday
Pasqua	Easter
il lunedì dell'Angelo	Easter Monday
Venerdì Santo	Good Friday
la Settimana Santa	Holy Week

4a Leggi! Daniela ha scritto 80 parole su Pasqua per Gianpaolo.

Pasqua è preceduta da un periodo di penitenza e astinenza, detto quaresima, della durata di 40 giorni, che va dal mercoledì delle Ceneri al Sabato Santo (sabato prima di Pasqua). La domenica delle Palme c'è una processione con rami d'ulivo.

Durante la Settimana Santa i preti benedicono le case e si vedono processioni, riti religiosi e tradizioni folcloristiche. Si mangia l'agnello pasquale e vengono distribuiti dolci a forma di colomba e uova di cioccolato. La colomba è simbolo della pace.

4b Che cosa …

1 è la quaresima?
2 si benedice a Pasqua?
3 si mangia a Pasqua?
4 si distribuisce a Pasqua?
5 simboleggia la colomba?

grammatica ⚙

'Some'

'Some' in Italian can be expressed by the combination of **di** + definite article **del/della** etc. **del pane** 'some bread', **dei parenti** 'some relatives',(➤ page 223) **alcuni** (m.pl.) / **alcune** (f.pl.) or **qualche**. Note however that **alcuni/alcune** are only ever used with a plural noun and **qualche** with a singular noun e.g. **alcuni parenti** BUT **qualche parente** (both mean 'some relatives').

5a 'Natale con i tuoi, Pasqua con chi vuoi' è un proverbio italiano. Molti italiani passano il 25 dicembre in famiglia, ma Pasqua con amici.

Leggi come queste persone passano Pasqua.

Amici Chat

◆ Ciao, sono Giulietta e festeggio la Pasqua in Liguria da mia zia. Di solito la mattina andiamo in chiesa, apriamo le uova e a pranzo mia zia cucina la torta al prosciutto, che si fa con la pasta, delle fettine di mozzarella, il prosciutto e poi il formaggio. E tu? Come festeggi la Pasqua?

◆ Ciao, sono Lorenzo. Nella mia famiglia si celebrano le tradizionali feste, cioè Natale e Pasqua. Queste feste le adoro molto perché vedo dei parenti che non vedo dalla Pasqua precedente. Inoltre mio zio Martino porta sempre qualche gioco fantastico! Quest'anno però tutti i miei parenti sono all'estero e non possiamo festeggiare la Pasqua, come abbiamo sempre fatto. Che peccato!

◆ Ciao, sono Massimo. Di solito la Pasqua la festeggiamo a casa mia, mentre il Natale lo festeggiamo a casa di mia zia e mio zio. In queste feste cucinano un po' tutti i miei parenti, soprattutto mia nonna. Il menù è come primo tortellini, come secondo molti tipi di carne, poi c'è il dolce, la frutta e per gli adulti il caffè. La cosa che, però, mi dispiace è che alcuni miei parenti vanno via alle tre del pomeriggio e non stanno lì con noi a mangiare la pizza al taglio a cena. Buonissima!

5b Rispondi G (Giulietta), L (Lorenzo) o M (Massimo). Chi …

1 festeggia Pasqua dalla zia?
2 mangia la pizza la sera?
3 ha uno zio che porta giochi a Pasqua?
4 va in chiesa?
5 non può festeggiare con parenti quest'anno?
6 festeggia Natale dagli zii?

6a ✎ Riscrivi queste frasi con **alcuni** o **alcune**.

1 Ho ricevuto dei regali.
2 Ha scritto delle lettere.
3 Abbiamo incontrato degli amici.

6b ✎ Riscrivi le stesse frasi, usando **qualche**.

Ricorda! Il sostantivo dopo **qualche** dev'essere al singolare. **Esempio: dei** libri ma **qualche** libro.

- *Learn about other national and regional festivals*
- *Form superlatives*
- *Use exclamations*

1a Leggi! Nelle regioni e città d'Italia si celebrano feste nazionali e regionali.

- **Il Carnevale** può cominciare il 1° gennaio, il 17 gennaio o il 2 febbraio e dura fino al mercoledì delle Ceneri. Venezia è famosa per il Carnevale. Tutti si mettono costumi eleganti e vanno in giro per le strade in maschera.

- Il 14 di febbraio è **San Valentino**, la festa degli innamorati. Che bello!
- L'8 marzo è la **Festa della donna** quando si celebra la liberazione della donna nei confronti dell'uomo. Le donne ricevono mazzetti di mimose, un fiore delicato, ma allo stesso tempo forte – come la donna!
- Si festeggia la **Festa del papà** il 19 marzo (l'onomastico di San Giuseppe, lo sposo della Vergine Maria).

- Il 25 aprile è la **Festa della Liberazione** – l'anniversario della Liberazione d'Italia nel 1945. Ci sono parate militari e si vede la bandiera italiana su tutti gli edifici pubblici.
- Il 1° maggio è la **Festa del Lavoro**. I lavoratori sfilano spesso per le strade e scendono in piazza.
- Il 12 maggio è la **Festa della mamma** e figli di tutte le età portano fiori, dolci, e piccoli regali alle loro mamme. Come sono bravi!

- Il 15 agosto è **Ferragosto**, la festa di mezza estate. Tutti i negozi e gli uffici sono chiusi e molti italiani vanno in vacanza al mare o in montagna.

1b In quale giorno …

1 si va in vacanza?
2 si dimostra l'amore?
3 si dà la mimosa alle signore?
4 si fanno parate militari?
5 si scende in piazza?
6 si portano regali alle madri?
7 si portano le maschere?

2 🎧 Ascolta Daniela e Elena che parlano delle feste. Correggi queste affermazioni false.

1 Costa poco mandare i fiori dall'Australia.
2 Elena festeggia la Festa della mamma ma non quella del papà.
3 Quando c'è festa Elena mangia solo la pasta.
4 Quando c'è festa Elena cucina.
5 Elena ha parenti in Finlandia.
6 Il nipote di Elena ha tredici anni.
7 Assunta è la zia più simpatica.

grammatica ⚙

Il superlativo

To say 'the most …' you use the correct definite article **il, la, i,** or **le + più** + the adjective:

Esempio: Francesca è **la più** simpatica di tutte le mie zie.
To say 'the least' just replace **più** with **meno**.

Esempio: Assunta è **la meno** simpatica di tutte le mie zie.
When adjectives come after the noun there is no article in front of **più/meno**.

È veramente la zia **più** noiosa della Toscana!

Ricorda! 'in' after a superlative is **di** (or **di** + def. art.).

To say that something is 'very …':

- add **-issimo/a/i/e** to the adjective minus its final vowel e.g. bello › **bellissimo**

Want to know more? → page 117/212.

3 👥 Scrivete le vostre risposte a queste domande, poi a turno domandate e rispondete.

Sei mai stato/a a un Carnevale? Se sì, dove? In che periodo dell'anno? Descrivi quello che è successo.
Cosa pensi dei Carnevali? Cosa pensi delle feste di San Valentino, della mamma e del papà?
Festeggi queste occasioni nel tuo Paese? Se sì, in che modo?

4a ∩ Ascolta! L'onomastico di Alessandra.

Quante di queste persone si chiamavano Alessandro?

	Numero	Persone
Esempio	3	Re di Macedonia
a		Imperatore romano
b		Papi
c		Santi
d		Re di Scozia

4b Quando è l'onomastico di Alessandra?

5 Trova l'onomastico di Daniela (13.04), Marco (1.8), e Gianpaolo (11.10) sull'Internet!

espressioni utili "

Here are some common types of exclamations.

Che bella sorpresa! <u>What</u> a lovely surprise!

Che barba! <u>What</u> a bore!

Note that the indefinite article (**un/una/uno**) is omitted.

Che bello! <u>How</u> nice!

Che buono! How delicious!

Come sei bravo! How good you are!

Come sei gentile! How kind you are!

'How' + verb is expressed by **come** + verb, not by **che**.

Note the different word order in Italian and English.

6 Che o come? Scegli l'esclamazione giusta.

1 Come/che brutta notizia!
2 Come/che buon'idea!
3 Come/che sono simpatici!
4 Che/come giornata!

Io sono Angelo ed ho origini siciliane. Ogni anno, vado a trovare il nonno che è rimasto in quella bell'isola. Partecipiamo quindi alle feste patronali che si svolgono in quel periodo. Una di queste è San Sebastiano. Si festeggia andando in piazza, portando la statua del patrono in processione per le vie del paese, facendo fiere con varie cose: cibo, vestiti, oggetti antichi. E tu? Fai feste speciali? Cosa mangi?

7a Leggi questo articolo sulle feste regionali.

L'Italia è uno dei Paesi più belli del mondo. Ogni città o paese ha il suo **Santo Patrono**, che protegge i suoi abitanti ed il suo territorio. Ci sono delle feste bellissime dove si organizzano, oltre ai riti religiosi, anche gare, giochi, tornei: Feste del Santo Patrono, Feste storiche come il Palio di Siena, lo Scoppio del Carro a Pasqua a Firenze, la Regata storica sul Canal Grande a Venezia, la Festa di Santa Rosalia a Palermo, la Festa di San Gennaro a Napoli ecc.

Il **Palio di Siena** è la più famosa corsa di cavalli d'Italia. Il 2 luglio ed il 16 agosto, le 'contrade' della città si scontrano in una corsa di cavalli montati da fantini (cavalieri). Ogni cavallo rappresenta una 'contrada' della città. Ci sono diciassette contrade in tutto, ma solo dieci sono sorteggiate per la corsa annuale. Corrono nella bellissima Piazza del Campo. Il cavallo e il fantino devono allenarsi molto prima della corsa. Il premio è soltanto un drappo di seta, ma il Palio ha un'importanza enorme a Siena.

7b Indica se le affermazioni sono V (vere), F (false) o ? (se non sono indicate).

1 L'Italia è un Paese bruttissimo.
2 Un Santo Patrono protegge ogni città.
3 Il Palio di Siena è una festa religiosa.
4 Il Palio di Siena è una corsa famosissima.
5 Un fantino è un cavaliere.
6 I cavalli sono tutti bianchi.
7 Ogni contrada è rappresentata da diciassette cavalli.
8 I turisti devono allenarsi molto prima della corsa.

8 ✏ Leggi la lettera qui accanto.

Scrivi una lettera ad Angelo in italiano. Rispondi a tutte le seguenti domande:

• Quali sono le feste che festeggi nel tuo Paese/nella tua città?
• Cosa fai per festeggiarle?
• Che cosa si cucina di speciale?
• Descrivi una festa che hai festeggiato.
• Cosa hai mangiato/bevuto?

12.1 Che cos'hai?

- *Parts of the body* • *Ask how someone is*
- *Say where you have a pain* • *Describe an accident*
- *Make an apointment with the doctor, dentist or optician*

1a 🎧 Ascolta Alessandra che insegna i nomi delle parti del corpo alla sua classe.

Abbina le parole alle parti del corpo.

Esempio: 1 – e

  1 bocca
  2 braccio
  3 caviglia
  4 collo
  5 denti
  6 dito
  7 gamba
  8 ginocchio
  9 gola
  10 mano
  11 naso
  12 occhio
  13 orecchio
  14 piede
  15 schiena
  16 spalla
  17 stomaco/pancia
  18 testa

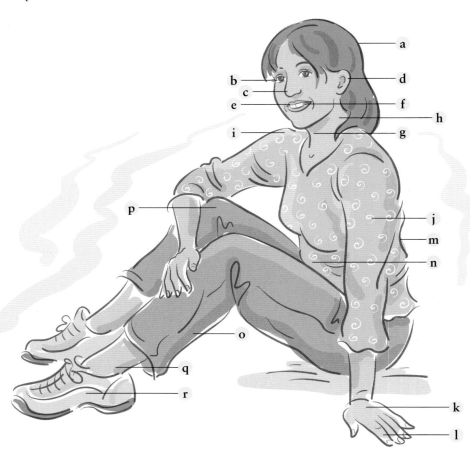

1b ✎ Scrivi le parole dell'esercizio precedente
con l'articolo determinativo appropriato.

Esempio: <u>la</u> bocca

2 Cosa bisogna fare? Abbina il problema al consiglio.

Esempio: 1 – E

  1 Ho mal di denti.
  2 Ho mal di pancia.
  3 Ho mal di testa.
  4 Mi sono rotto il naso.
  5 Mi fanno male gli occhi.
  6 Mi sento stanco.

  A Prendi un'aspirina.
  B Vai all'ospedale.
  C Vai a letto.
  D Vai dall'ottico.
  E Non mangiare troppe caramelle.
  F Non bere bibite fredde.

---

grammatica ⚙

I sostantivi

Some nouns that refer to parts of the body are masculine in the singular and feminine in the plural: **il braccio > le braccia; il dito > le dita; il ginocchio > le ginocchia; l'orecchio > le orecchie**. Note that **mano** is feminine: **la mano > le mani**.

3 🎧 Ascolta la conversazione e indica dove le fa male. Scrivi A, B, C, o D.

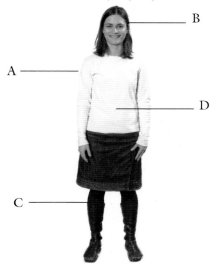

5 🎧 Ascolta le cinque conversazioni e per ogni persona scrivi il problema e il consiglio.

Esempio: <u>Problema</u>: (gli) fanno male gli occhi; <u>consiglio</u>: non usare troppo il computer.

6 🎧 Ascolta Angela, la mamma di Daniela, che prende un appuntamento dal dentista.

Nota le espressioni sottolineate.

Segretaria:	Buongiorno. Dica.
Angela:	Sono Angela D'Amico e <u>vorrei prendere un appuntamento dal dentista</u>, per favore.
Segretaria:	<u>Quando vuole venire?</u>
Angela:	Vorrei venire <u>oggi se possibile</u>. <u>È urgente</u>. Ho un dente che mi fa molto male.
Segretaria:	<u>Mi dispiace</u> ma oggi non è possibile. <u>Può venire</u> domani mattina alle nove?
Angela:	Sì, va bene, <u>il più presto possibile</u>.
Segretaria:	<u>Qual è il suo nome?</u>
Angela:	D'Amico. D'A M I C O.
Segretaria:	Grazie. ArrivederLa.

4 👥 Tocca a voi! Inventate dei dialoghi usando le espressioni utili.

A turno domandate e rispondete.

espressioni utili 🍴

Come stai?	Sto (molto) male.
	Non mi sento (molto) bene.
Che cos'hai?	Ho mal di testa/gola/denti.
	Ho il raffreddore.
	Ho la febbre/la tosse.
	Mi fa male il braccio/la gamba.
	Mi fanno male gli occhi.
	Mi sono tagliato/a il dito.
	Mi sono rotto/a il braccio.
	Mi sono storto/a la caviglia.
Vai	dal medico/dall'ottico/all'ospedale/ alla farmacia/a casa/a letto/ a riposarti un po'.
Prendi	un'aspirina.
	uno sciroppo per la tosse.
Metti	una pomata.

7 👥 Tocca a voi! Volete prendere un appuntamento.

A turno domandate e rispondete.

1 Antonella Ranieri: vuole un appuntamento con l'ottico; urgente; oggi pomeriggio? dopo le 15.

2 Alessandro Vieri: vuole un appuntamento con il dottore; la mattina se possibile; non prima delle 10; martedì o mercoledì?

3 Veronica Feltrinelli: vuole un appuntamento con il dentista; urgente (va in vacanza sabato); giovedì pomeriggio; verso le 16.

4 Flavio Rabagliati: vuole un appuntamento con il dottore; non è urgente; un giovedì sera se possibile; dopo le 18.

8 🎧 Ascolta tre persone che parlano di incidenti. Copia e completa la tabella.

Ferita	Quando?	Dove?	Come?
1 Si è fatta male al ginocchio.			Ha tamponato una macchina.

9 👥 Tocca a voi! Descrivete un incidente. Spiegate cosa, dove, quando e come è successo.

- *Talk about diet and exercise to keep fit*
- *Talk about eating habits*
- *Use the future tense*

1a Leggi questa e-mail di Alessandra.

> **HELLO**
>
> Ciao Daniela
>
> Una buona notizia! Ad ottobre ho una settimana di vacanza e tornerò a Firenze. Ieri sera ho navigato in Internet e ho trovato un volo per Pisa ad un prezzo molto economico. L'ho prenotato subito. Ho prenotato anche l'albergo. Partirò dall'aeroporto di Gatwick lunedì mattina e sarò a Pisa a mezzogiorno. Da lì prenderò il treno per Firenze. Quando arriverò all'albergo ti telefonerò. Possiamo fare una bella passeggiata fino al piazzale Michelangelo. Mi ricordo sempre della riunione di due mesi fa. Come vola il tempo! A proposito mio figlio andrà dai miei genitori a Pisa così sarò più libera! Non vedo l'ora di rivederti.
>
> Ciao a presto, Alessandra

2a 🎧 Ascolta cosa fanno per tenersi in forma.

Abbina i disegni alla persona giusta (Alessandra o Daniela).

Esempio: Alessandra – b

1b Correggi queste affermazioni false.

1 Alessandra ha dieci giorni di vacanza ad ottobre.
2 Il costo del volo è molto caro.
3 Ha prenotato solo il volo.
4 Prenderà l'aereo fino a Firenze.
5 Alessandra non vuole camminare a Firenze.
6 Ha dimenticato la riunione.

2b 🎧 Ascolta di nuovo il primo dialogo e scegli la risposta giusta.

1 A colazione Alessandra di solito
   a mangia poco.   **b** non mangia niente.
   c mangia molto.
2 Fa uno spuntino
   a verso le dieci.   **b** verso le dodici.   **c** verso le undici.
3 Generalmente va a scuola
   a a piedi.   **b** in macchina.   **c** in autobus.
4 Il pranzo che mangia a scuola è
   a poco sano.   **b** molto leggero.   **c** molto sano.

2c 🎧 Ascolta di nuovo il secondo dialogo e completa le frasi.

1 A colazione Daniela beve …
2 A scuola beve …
3 Mangia un hamburger una volta …
4 Generalmente va a scuola …
5 Ogni giorno corre …

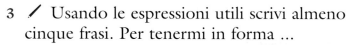

3 ✎ Usando le espressioni utili scrivi almeno cinque frasi. Per tenermi in forma …

Esempi: Mangio molta frutta ogni giorno. Non vado mai a letto molto tardi.

> ### espressioni utili "
>
> **Per tenermi in forma …**
> Sto attento/a alla dieta.
> Mangio (molta) frutta/verdura.
> Bevo molta acqua.
> Non fumo (più)/ho smesso di fumare.
> Non bevo alcolici.
> Cerco di evitare i cibi troppo grassi.
> (Poi) Faccio sport (footing/aerobica).
> Vado in bicicletta/in piscina/in palestra.
> Non vado a letto (molto/troppo) tardi.
>
> **Ogni quanto?**
> Ogni giorno/sabato/settimana.
> Una volta/due volte alla settimana/al mese.
> Ogni tanto / spesso / al fine settimana.
> Non … mai (➞ page 220)

4 👥 Intervista quattro compagni di classe e prendi nota delle loro risposte.

Quanta acqua bevi al giorno?

Quanta e quale frutta mangi ogni giorno?

Mangi molti cibi grassi? Quali?

Ti piace il fast food? Quale? Ogni quanto lo mangi?

Fai spuntini durante il giorno? Quanti? Quando? Cosa mangi?

Fai sport? Quali sport?

Quante volte alla settimana/al mese?

A che ora vai a letto generalmente? E al fine settimana?

5 Qual è la persona meno sana, secondo te?

Dagli/Dalle qualche consiglio.
Esempio: Non <u>devi</u> bere troppa birra.

6 🎧 Ascolta 'Che vita diversa!' Indica le affermazioni vere e correggi quelle false.

1 Alessandra farà colazione a scuola.
2 Berrà un tè con limone.
3 Andrà sempre a scuola in bicicletta.
4 Continuerà a bere caffè a scuola.
5 Fumerà quindici sigarette al giorno.
6 Andrà alla classe di aerobica una volta alla settimana.
7 Andrà a nuotare.
8 Non andrà a dormire tardi.

7 ✎ Scrivi una lista dei tuoi propositi per il futuro.

Esempio: Mangerò più verdura.

> ### grammatica ⚙
>
> **Il futuro**
> You use the future tense to express what 'will happen'. To form the future of regular -are, -ere, -ire verbs remove the 'e' of the infinitive ending. For verbs in -are change the 'a' of the infinitive ending to 'e' (fare is an exception). You then add the appropriate future ending to the stem of the verb. Note the accent on the io/lui/lei forms. Andare drops the 'a' of the infinitive ending and bere doubles the 'r'. Essere is the only verb whose future stem is irregular. For more on the future ➞ pages 116/217.
>
> | tornare | tornerò | andare | andrò |
> |---|---|---|---|
> | prendere | prenderò | fare | farò |
> | finire | finirò | bere | berrò |
> | | | essere | sarò |
>
> | **The future endings** | | | | | |
> |---|---|---|---|---|---|
> | io | tu | lui/lei | noi | voi | loro |
> | -ò | -ai | -à | -emo | -ete | -anno |

8 ✎ Metti al futuro i verbi tra parentesi.

1 Io … domani sera. (arrivare)
2 Tu … a casa? (essere)
3 Mia sorella … l'autobus delle nove. (prendere)
4 Noi … alle dieci. (partire)
5 Voi … la camera in albergo? (prenotare)
6 I nostri amici … dai loro nonni. (dormire)

- *Talk about different fitness activities*
- *Use a combination of perfect, imperfect and present tenses*
- *Use negative expressions*

1a 🎧 Ascolta le attività della famiglia di Gianpaolo. Abbina l'attività alla persona o alle persone. Attenzione! A volte più di una persona fa o faceva la stessa attività.

Chiara	Annamaria	Gianpaolo	Gianpaolo e Annamaria

grammatica ⚙

1 **The imperfect** refers to what you 'used to do'.

Una volta camminavo ogni giorno. Once I used to walk every day.

Write these sentences in the imperfect.

  a Quando io … (essere) più giovane mi … (piacere) tanto fare il footing.

  b Fino a due mesi fa mia sorella … (andare) in palestra due volte alla settimana.

  c I miei amici … (fare) molto sport quando … (essere) a scuola.

2 To express when you 'started' or 'stopped' doing something use **the perfect tense** (➤ page 68/215) of **cominciare** (**a**) or **smettere** (**di**).

  Ho cominciato a giocare a tennis due mesi fa. I started playing tennis two months ago.

  Ho smesso di giocare a calcio all'età di quindici anni. I stopped playing football at the age of 15.

  d Write down a few examples of when you started and when you stopped doing a fitness activity.

3 Remember **the negative expressions** (➤ page 20): **non vado mai; non leggo più** etc?

  e Write down some activities you never or no longer do.

  Esempi: Non faccio mai il judo. Non gioco più a calcio.

1b 🎧 Ascolta di nuovo la conversazione. Indica le affermazioni vere e correggi quelle false.

  1 Chiara va ad allenarsi in piscina.

  2 Annamaria, la mamma di Chiara, vuole dimagrire.

  3 In passato Annamaria faceva attività sportive.

  4 Camminare è un ottimo esercizo solo quando si è giovani.

  5 Bisogna camminare almeno due volte alla settimana.

  6 Chiara cammina molto al fine settimana.

  7 Quando lavora Gianpaolo sta in piedi.

  8 Annamaria farà vedere della pubblicità a suo marito.

2a ✏ Scrivi almeno cinque frasi come negli esempi.

Una volta / In passato	Ora
Andavo in piscina tre volte alla settimana.	Non vado più in piscina. / Vado solo una volta alla settimana.

2b ✏ Scrivi la ragione per cui facevi/fai una certa attività o perché hai smesso di farla.

Esempi: Giocavo a calcio perché volevo mantenermi in forma.

Ho smesso di giocare a tennis perché mi faceva male il gomito.

Non vado più alla classe di aerobica perché sono troppo occupato/a con i miei studi.

2c 👥 Tocca a voi! Domandate e rispondete a turno.

Cosa facevi in passato per tenerti in forma e cosa fai ora?

3a Leggi questa pubblicità.

Una vita migliore!

State seduti tutto il giorno davanti al vostro computer? Vi preoccupate per il vostro fisico, la vostra salute? Volete fare qualcosa per mantenervi in forma? Se siete in ufficio o a casa potete sempre fare degli esercizi di stretching. Sono semplicissimi e non richiedono molto tempo. Basta fare un piccolo sforzo per trarne il massimo vantaggio. Possiamo assicurarvi che vi sentirete molto meglio. Per i migliori risultati ripetete gli esercizi più volte durante il giorno. Per ulteriori informazioni sugli esercizi che si possono fare mandate un'e-mail a: *fannullone@stretching.it*

3b Scegli la risposta giusta.

1 Questa pubblicità si rivolge a persone che
   a si tengono sempre in forma.   b fanno poco esercizio.
   c non fanno esercizio.   d fanno esercizio in ufficio.

2 Gli esercizi suggeriti sono molto
   a complicati.   b facili.
   c faticosi.   d pericolosi.

3 Per fare questi esercizi ci vuole
   a un giorno intero.   b più di un'ora.
   c troppo tempo.   d poco tempo.

4 È consigliabile fare questi esercizi
   a più di una volta al giorno.   b una volta al giorno.
   c alla presenza di un medico.   d due volte al mese.

4a Leggi questa pubblicità.

Mantenetevi in forma ballando!

Non vi sentite più in forma? Volete rimettere e mantenere in forma i muscoli delle gambe, la schiena, la pancia …? Perché non venite alle nostre classi di ballo ogni martedì e venerdì sera alle ore 20.00? I nostri esperti vi consiglieranno i balli da fare. Certi come il samba fanno miracoli per la pancia, altri come quelli latinoamericani sono ideali per le gambe. Potete divertirvi e mantenervi in forma allo stesso tempo.

Non aspettate! Per una vita migliore contattate subito: *alfredoastaire @chachacha.it*

4b Rispondi alle domande.

1 Quali parti del corpo sono menzionate?

2 Quando si tengono esattamente le classi di ballo?

3 Qual è la tua opinione su questa pubblicità? Giustifica la tua risposta.

5 ∩ Ascolta Maria e Gianfranco che parlano dei loro ricordi della gioventù.

Indica chi faceva queste attività. Scrivi Maria, Gianfranco o N (= nessuno).

Esempio: il calcio – N

1 la pallacanestro   3 il judo   5 l'atletica   7 il pattinaggio sul ghiaccio
2 l'equitazione   4 la pallavolo   6 l'alpinismo   8 lo yoga

6 Scrivi una risposta alla lettera di Federica. Non dimenticare di rispondere a tutte le domande!

Cari amici,

Ringrazio tutti voi che avete risposto l'anno scorso alla nostra richiesta di informazioni sulla dieta e sulle attività che fate per tenervi in forma. Vi chiediamo scusa se vi disturbiamo un'altra volta ma per finire il nostro progetto vorremmo sapere:

• quali attività sportive facevate in passato per tenervi in forma;

• se avete smesso di fare certe attività e perché;

• se avete cominciato a fare attività differenti e perché;

• se la vostra dieta in passato era diversa da quella che è attualmente.

Rispondete subito per favore. Vi ringrazio in anticipo.

Federica.

13.1 Che tipo di lavoro?

- *Talk about jobs to do*
- *Discuss advantages and disadvantages of jobs*
- *Give opinions on jobs or work experience*

grammatica ⚙

Maschile o femminile?

Most jobs have a masculine and a feminine form, except if they end in **-ista** or **-ante**.

-o › -a	-e › -a	m o f	Nota
commesso/a	cameriere/a	**-ista**	un/un'interprete
impiegato/a	infermiere/a	autista	un meccanico (uomo o donna)
(di banca)	parrucchiere/a	camionista	una guida (turistica/alpina)
cuoco/a	**-ore › rice**	dentista	un/una lavapiatti
maestro/a	attore/attrice	farmacista	un/una babysitter
operaio/a	direttore/direttrice	**-ante**	un prete (è maschile!)
poliziotto/a	pittore/pittrice	commerciante	
casalingo/a	scrittore/scrittrice	insegnante	
segretario/a	traduttore/traduttrice	negoziante	
veterinario/a	**-ore › oressa**		
	dottore/dottoressa		
	professore/professoressa		

1 Che lavoro fa?
Abbina il disegno con la professione giusta.

a b c
d e f
g h i

2a 🎧 **Ascolta! Che lavoro fanno queste persone?**

1 Antonio è …
2 Michele è …
3 Maria è …
4 Antonella è …
5 Sandra è …

espressioni utili ❝

Sono	studente/studentessa; professore/professoressa.
Mio padre è	impiegato di banca/infermiere/dentista/disoccupato.
Mia madre è	dottoressa/operaia/disoccupata/casalinga.
Lavoro/lavora	in un albergo/una banca/una fabbrica/un ufficio.
	per una società che si chiama …
Il lavoro è	interessante/divertente/noioso/stressante/faticoso.

(Non) mi/gli/le piace il lavoro.

Le ore lavorative sono lunghe/corte, comincio alle … finisco alle …
L'orario è flessibile. Comincia alle … finisce alle … ❝

2b Abbina la persona con il luogo dove lavora.

1 Antonio A lavora in una scuola secondaria.
2 Michele B lavora in un ufficio.
3 Maria   C lavora in un'autorimessa.
4 Antonella D lavora in un ospedale.
5 Sandra   E lavora in una chiesa.

3 🎧 Ascolta cinque italiani che parlano del loro lavoro. Copia e completa la tabella.

	Nome	Lavoro	☺	☹	Opinione
1	Alessandro	dottore	☺		interessante
2	Giulia				
3	Gianluca				
4	Annamaria				
5	Isabella				

4a Leggi queste e-mail.

Gianpaolo e Alessandra descrivono i vantaggi e gli svantaggi del loro lavoro.

Nuovo Messaggio

HELLO

Mi piace lavorare con i giovani e le vacanze estive qui in Inghilterra sono lunghe (anche se non sono così lunghe come in Italia). Non è un lavoro noioso e non devo lavorare il sabato. Però devo lavorare spesso a casa la sera (preparando le lezioni o correggendo i compiti ecc.). Questo è un vero svantaggio. Alessandra

Nuovo Messaggio

SALUTI

Mi piace tantissimo il mio lavoro. Viaggio spesso e mi piace visitare altri Paesi del mondo dove ci sono degli italiani. Però il mio lavoro ha anche degli svantaggi – per esempio le ore lavorative sono lunghe. Gianpaolo

4b Spiega un vantaggio e uno svantaggio dei lavori di Gianpaolo e di Alessandra.

5 Tocca a voi! A turno domandate e rispondete.

- Che lavoro fa tuo padre/tua madre/tuo fratello/ tua sorella/il tuo/la tua migliore amico/a?
- Cosa pensa del suo lavoro?

Esempio: Mio padre è … Lavora per/in…
Gli piace il lavoro, perché …

6a Leggi questi messaggi. Gianni ed Elena descrivono il lavoro che hanno fatto durante le vacanze.

Amici Chat

◆ Ragazzi, sto scrivendo un articolo sul lavoro temporaneo, soprattutto il lavoro che fanno i giovani d'estate. Che tipo di lavoro avete fatto durante le vacanze estive? Gianpaolo

◆ Ciao Gianpaolo, sono Gianni. L'anno scorso durante l'estate qui in Australia ho lavorato in una pizzeria come cameriere. Ho dovuto servire i clienti. Mi pagavano bene ma il lavoro era faticoso! Mi piaceva soprattutto incontrare i turisti che venivano da tanti Paesi diversi. Mi divertivo ad indovinare quale lingua parlavano. Alcuni erano molto simpatici, altri erano piuttosto antipatici!

◆ Ciao, sono Elena. Io ho lavorato nei mesi estivi nel canile comunale. Molti cani sono stati abbandonati dai padroni in partenza per le vacanze. Abbiamo trovato una ventina di cani randagi e non è stato possibile restituirli ai proprietari. Purtroppo il mio lavoro mi ha portato ogni giorno a contatto con la sofferenza degli animali. È un lavoro duro, e non riesco a capire perché gli animali indifesi e affettuosi devono soffrire! Le ore lavorative erano lunghe ma mi piaceva molto il lavoro perché adoro gli animali.

6b ✏ Descrivi i lavori che Gianni ed Elena hanno fatto.

Esempio: Gianni ha lavorato in una pizzeria …

aiuto !

Nota: to say 'approximately' + a number use **circa** + the number or add **-ina** to certain numbers: e.g. **circa dieci/ una decina, circa venti /una ventina.**

How would you say: about forty, about sixty, about seventy?

7 Tocca a voi! A turno domandate e rispondete.

Dove hai lavorato?	Ho lavorato in …
Che tipo di lavoro hai fatto?	Ho lavorato come …
Quali giorni della settimana?	… dal … al …
Quante ore al giorno?	… dalle … alle … (ore).
Com'era il lavoro?	(Non) mi è piaciuto perché era …
Ti hanno pagato bene?	Mi hanno pagato bene/male.
Quanto all'ora/alla settimana?	Guadagnavo …
Descrivi un collega.	… era …
Andavi sempre d'accordo con i colleghi?	(Non) andavo d'accordo con … perché …

- *Understand job advertisements*
- *Describe your ideal job*
- *Use the conditional*

1a Leggi queste offerte di lavoro.

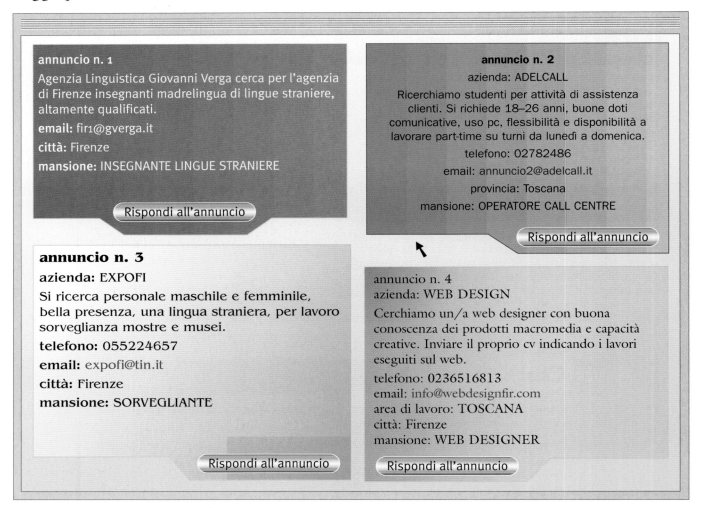

annuncio n. 1

Agenzia Linguistica Giovanni Verga cerca per l'agenzia di Firenze insegnanti madrelingua di lingue straniere, altamente qualificati.

email: fir1@gverga.it
città: Firenze
mansione: INSEGNANTE LINGUE STRANIERE

Rispondi all'annuncio

annuncio n. 2
azienda: ADELCALL
Ricerchiamo studenti per attività di assistenza clienti. Si richiede 18–26 anni, buone doti comunicative, uso pc, flessibilità e disponibilità a lavorare part-time su turni da lunedì a domenica.
telefono: 02782486
email: annuncio2@adelcall.it
provincia: Toscana
mansione: OPERATORE CALL CENTRE

Rispondi all'annuncio

annuncio n. 3
azienda: EXPOFI
Si ricerca personale maschile e femminile, bella presenza, una lingua straniera, per lavoro sorveglianza mostre e musei.
telefono: 055224657
email: expofi@tin.it
città: Firenze
mansione: SORVEGLIANTE

Rispondi all'annuncio

annuncio n. 4
azienda: WEB DESIGN
Cerchiamo un/a web designer con buona conoscenza dei prodotti macromedia e capacità creative. Inviare il proprio cv indicando i lavori eseguiti sul web.
telefono: 0236516813
email: info@webdesignfir.com
area di lavoro: TOSCANA
città: Firenze
mansione: WEB DESIGNER

Rispondi all'annuncio

1b Abbina la persona con il lavoro adatto.

1 A Gianna piace parlare con la gente ma non vuole lavorare a tempo pieno. Sa usare il computer.

2 Mario sta per laurearsi in francese ed inglese.

3 Aldo ha fatto un corso di informatica ed ha già creato il suo sito web.

1c ⌒ Ascolta Daniela che sta leggendo queste offerte di lavoro. Scegli la risposta giusta.

1 Daniela sta — studiando/lavorando/surfando su Internet/viaggiando.
2 Daniela vorrebbe lavorare in — una banca/un call centre/una scuola/un museo.
3 Daniela vorrebbe — sognare/viaggiare/andare in banca/parlare russo.

1d Quale di questi quattro lavori preferiresti? Perché?

2 🎧 Ascolta Daniela e Elena che parlano del loro lavoro ideale.

Correggi queste affermazioni false.

1 Elena vorrebbe lavorare con i computer.
2 Elena vorrebbe diventare giornalista.
3 Elena ha 3 cani e 2 gatti.
4 Elena lavora ogni venerdì nel canile.
5 Daniela vorrebbe lavorare nel canile.
6 Daniela vorrebbe studiare scienze all'università.
7 Daniela vorrebbe diventare autista.
8 A Daniela piacerebbe tanto visitare altri amici.
9 Elena preferirebbe rimanere in Australia con i suoi cani e gatti.
10 Daniela decide di scrivere a Gianni e Luca.

grammatica ⚙

Il condizionale

The conditional is used to express what you <u>would</u> do. It is formed in exactly the same way as the future tense but the endings are different: **-ei, -esti, -ebbe, -emmo, -este, -ebbero**

COMPRARE	VENDERE	FINIRE
comprer**ei**	vender**ei**	finir**ei**
comprer**esti**	vender**esti**	finir**esti**
comprer**ebbe**	vender**ebbe**	finir**ebbe**
comprer**emmo**	vender**emmo**	finir**emmo**
comprer**este**	vender**este**	finir**este**
comprer**ebbero**	vender**ebbero**	finir**ebbero**

Ricorda! Any verb which is irregular in the future tense will also be irregular in the conditional tense e.g. **essere: sarei, saresti, sarebbe, saremmo, sareste, sarebbero.**

The uses:
• The conditional is used to express a wish:

Vorrei lavorare con gli animali.
I would like to work with animals.

Mi piacerebbe tanto viaggiare.
I would really like to travel.

Sarebbe bello uscire stasera.
It would be nice to go out this evening.

• It is also used to give advice.

Dovresti andare in Australia!
You should go to Australia!

3 ✏ Copia e completa l'e-mail.

Attenzione! Ci sono più parole che spazi.

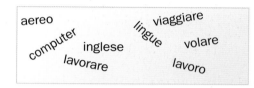

Nuovo Messaggio

AMICI

Ciao amici! Vorrei studiare ...... e letteratura all'università, ma prima mi piacerebbe tanto ......, soprattutto in Paesi dove si parla ...... per praticare un po' la lingua. Purtroppo non ho abbastanza soldi per stare in albergo. Vi prego di darmi qualche consiglio! Dovrei ...... prima in Italia e poi viaggiare come turista, oppure sarebbe anche possibile trovare un ...... all'estero? Ciao Daniela.

> aereo
> viaggiare
> computer
> lingue
> inglese
> volare
> lavorare
> lavoro

4 Quale sarebbe il tuo lavoro ideale?

Descrivi il lavoro e perché ti piacerebbe tanto fare questo lavoro.

5 Completa queste frasi con la forma corretta del condizionale.

1 Io (volere) studiare il francese all'università.
2 Mi (piacere) tanto andare all'estero.
3 Tu (dovere) studiare di più!
4 (essere) anche possibile andare in Canada.
5 Ad Elena (piacere) lavorare con gli animali.

Vorrei lavorare con gli animali

- *Make a job application*
- *Write a CV*
- *Learn about interview techniques*

1a Leggi queste richieste di lavoro.

Leo:	Mi offro per: lavapiatti – impiegato – operatore call center – segretario – inserimento dati
Dario:	Mi offro per: interprete – fiere, congressi, manifestazioni culturali
Maria:	Mi offro per: cameriera
Letizia:	Mi offro per: addetta alla reception in un hotel
Angela:	Mi offro per: guida turistica
Antonio:	Mi offro per: traduzioni italiano – tedesco – francese – inglese

1b Chi vorrebbe …

1 lavorare in un ristorante?
2 lavorare come traduttore?
3 lavare i piatti?
4 fare l'interprete?
5 lavorare in un albergo?

Scrivi **Leo, Dario, Maria, Letizia, Angela** o **Antonio**.

2a Gianni cerca un lavoro in Italia. Leggi il curriculum di Gianni.

Gianni:	Mi offro per: impiegato amministrativo, economista-apprendista

Curriculum Vitae

Nome e Cognome:	Gianni Marchesini
Età:	24
Luogo di nascita:	Melbourne
Indirizzo:	Lonsdale Street 34
Citta:	Melbourne
Codice Postale:	3053
Stato/Paese:	Victoria, Australia
Stato civile:	Celibe
Nazionalità:	australiano
Numero di telefono:	61 (03) 8660 1600
Email:	gmarchesini@tip.au
Studi:	Laurea in economia e commercio indirizzo aziendale presso The University of Melbourne
Conoscenze informatiche:	Ottima conoscenza di Internet e del pacchetto Office
Conoscenze linguistiche:	Ottima conoscenza dell'inglese scritto e parlato
Disponibile a viaggi o trasferimenti:	Sì
Esperienze di lavoro precedenti o in atto:	Dal 2.12 impegnato in uno stage aziendale presso la società di consulenza Accent con scadenza luglio
Corsi di specializzazione o di formazione:	Partecipazione al 'business course' presso la società di consulenza Anderson & Company

2b Rispondi alle domande.

1 Quanti anni ha Gianni?
2 Dove abita esattamente?
3 Come si può contattare Gianni?
4 Quale titolo di studio ha ottenuto?
5 Secondo te, Gianni sarebbe un buon candidato per un lavoro? Spiega perché.

3 ✓ Tocca a voi!

Guardate di nuovo gli annunci e scrivete:

1 un piccolo annuncio
2 un c.v. corto

Curriculum Vitae

Nome e Cognome:
Età:
Luogo di nascita:
Indirizzo:
Citta:
Codice Postale:
Stato/Paese:
Stato civile:
Nazionalità:
Numero di telefono:
E-mail:
Studi:
Conoscenze informatiche:
Conoscenze linguistiche:

4a Leggi questa domanda d'impiego.

Sig. G. Adalberti
AMA Assicurazioni
Via Gramsci 26
50126 Firenze
Italia
Melbourne, 1° dicembre

Oggetto: Domanda d'impiego

Egregio Signor Adalberti,

Ho letto con grande interesse sul Corriere della Sera del 29 novembre che AMA Assicurazioni assume per l'estate un addetto alle vendite. Mi chiamo Gianni Marchesini e mi piacerebbe tanto lavorare presso AMA Assicurazioni.

Di madrelingua italiana ho anche un'ottima conoscenza della lingua inglese, perché vivo in Australia. Al momento sto facendo uno stage aziendale in una ditta di consulenza aziendale. Però vorrei migliorare la mia conoscenza dell'italiano e delle nuove tecnologie in Italia.

Potrei garantire ai clienti un ottimo servizio di consulenza; lavoro volentieri in un team e desidero vivere in Italia. Questi sono i motivi principali che mi spingono a presentare questa domanda d'impiego.

Per ulteriori informazioni dettagliate mando in allegato un curriculum vitae con fotocopie di referenze e certificati. Resto volentieri a Sua disposizione per un colloquio personale. Sarei disponibile dal primo di agosto.

In attesa di una Sua gradita risposta, colgo l'occasione per porgerLe i miei migliori saluti.

Gianni Marchesini

All: Curriculum vitae con foto
       Fotocopie di referenze e certificati

4b ✎ Scrivi se queste affermazioni sono V(vere), F (false) o ? (se non sono indicate).

Correggi le affermazioni false.

1   AMA Assicurazioni cerca un addetto alle vendite.
2   Questo posto non interessa molto a Gianni.
3   A Gianni piacerebbe lavorare con la mamma.
4   Gianni è di madrelingua inglese.
5   Gianni vorrebbe lavorare con altre persone.
6   Gianni allega il suo curriculum vitae.

5a 🎧 Ascolta Gianpaolo e Gianni.

Parlano del colloquio di assunzione (Parte I). Scegli la risposta giusta.

1   Prima del colloquio Gianni deve prepararsi bene/fare una prova scritta/lavorare.
2   Giani deve studiare cosa fa la ditta/l'inglese/ le preoccupazioni dell'azienda.
3   Gianni deve sapere i difetti/gli obiettivi/i termini dell'azienda.

5b 🎧 Ascolta il secondo dialogo tra Gianpaolo e Gianni (Parte II) e abbina le frasi.

1   Un colloquio di assunzione è una prova
2   Prima del colloquio ci si può preparare
3   L'immagine che darai di te è
4   I datori di lavoro cercano
5   Bisogna anche essere disposto

A   molto importante.
B   a lavorare in équipe!
C   l'entusiasmo e l'onestà.
D   a due: il candidato e il selezionatore.
E   a rispondere bene alle domande.

6 ✎ Scegli uno dei lavori a pagina 112 e scrivi una domanda d'impiego.

Spiega:
- cosa hai fatto finora (lavori/studi?)
- quali lingue conosci
- perché sei il candidato migliore
- quando potrai cominciare a lavorare

Chiedi ulteriori informazioni: l'orario, la paga, giorni di vacanza ecc.

7 👥 Tocca a voi! Preparate le domande per un colloquio di assunzione.

A turno domandate e rispondete.

Grammatica 5

- *The future tense*
- *The conditional*
- *The superlative*

grammatica ⚙

Il futuro

The future tense of regular **-ere** and **-ire** verbs is formed by removing the final 'e' of the infinitive and adding the appropriate ending. Regular **-are** verbs change the 'a' of the infinitive to 'e': **parlar > parler**.

The future endings are: **-ò, -ai, -à, -emo, -ete, -anno**

Note the grave accent on the first and third person singular.

parlare	vendere	finire
parlerò	venderò	finirò
parlerai	venerai	finirai
parlerà	venderà	finirà
parleremo	venderemo	finiremo
parlerete	venderete	finirete
parleranno	venderanno	finiranno

NB:

1 Verbs in **-care** and **-gare** insert an 'h' throughout: **cercare > cercherò**, etc.; **pagare > pagherò**, etc.

2 Verbs in **-giare** and most verbs in **-ciare** drop the 'i': **viaggiare > viaggerò; cominciare > comincerò**

These verbs have the same endings but a different stem:

andare	andrò	rimanere	rimarrò
avere	avrò	sapere	saprò
bere	berrò	stare	starò
cadere	cadrò	tenere	terrò
dare	darò	vedere	vedrò
dovere	dovrò	venire	verrò
fare	farò	vivere	vivrò
potere	potrò	volere	vorrò

The only verb that has a completely irregular stem is **essere**: **sarò, sarai, sarà, saremo, sarete, saranno**

You use the future tense:

a to indicate what will happen at some future point in time

I miei parenti arriveranno domani. My relatives will arrive/are arriving tomorrow.

b to express probability

Questa giacca sarà troppo grande per te. This jacket is (probably) too big for you.

c after **quando** even if the present tense is used in English

Quando <u>andremo</u> in Italia staremo da amici. When we <u>go</u> to Italy we shall stay with friends.

---

1 Copia e completa le frasi con la forma corretta del futuro.

1 Domani mattina io partir … di casa alle otto.

2 A che ora arriver … l'autobus?

3 Tu prender … il treno, vero?

4 Massimo e Michela verr … in macchina.

5 Voi non sar … in ritardo, spero?

6 (Noi) ci incontrer … alla stazione?

> Time expressions used with the future tense:
>
> **domani** (tomorrow); **dopodomani** (the day after tomorrow); **la settimana prossima** (next week);
>
> **l'anno prossimo** (next year); **fra qualche giorno/settimana/ mese** (in a few days/weeks/months time);
>
> **fra dieci anni** (in ten years time)

2 Scegli la forma corretta del futuro.

Io mi alzarò/**alzerò** alle sette come al solito. A colazione mangierò/mangerò cereali e berò/berrò un succo di frutta. La mia amica mi verrà/venirà a prendere con la macchina e mi derà/darà un passaggio fino al centro. Con il traffico ci vorà/vorrà un'ora per arrivare in città. Una volta in città io andrò/anderò in banca, pagerò/ pagherò la bolletta del telefono, comprarò/comprerò qualcosa per la cena ma non avrò/averò tempo di fare tutto.

3 Aggiungi un'espressione appropriata.

Esempio: Andremo in Egitto.

       L'anno prossimo ➤ andremo in Egitto.

1 Avrò i risultati dei miei esami.

2 Mia sorella compirà diciotto anni.

3 Daniela e Marco si sposeranno!

4 Tu comincerai a lavorare.

grammatica ⚙

Il condizionale

The conditional uses the stem of the future but these endings: **-ei**, **-esti**. **-ebbe**, **-emmo**, **-este**, **-ebbero**

Use the conditional:

a to be polite
Vorrei un chilo di pere. I would like a kilo of pears.

b to express a wish
Mi piacerebbe andare a Roma.
I would like to go to Rome.

c to give advice
Dovresti imparare il condizionale.
You should learn the conditional.

4 Copia e completa la tabella.

	parlare	vendere	avere	essere
io		venderei		
tu				
lui/lei	parlerebbe			
noi				saremmo
voi				
loro			avrebbero	

grammatica ⚙

Superlativo

To say the 'most/least' use **il, la, i,** or **le + più/meno +** the adjective:

Franco è il più alto della classe.
Franco is the tallest in the class.

Silvia è la meno abbronzata. Silvia is the least suntanned.

When adjectives come after the noun there is no article in front of **più/meno**.

È la regione più ricca d'Italia. It's the richest region in Italy.

NB 'in' after a superlative is **di** (or **di** + definite article).

To say that something is 'very': add **-issimo/a/i/e** to the adjective minus its final vowel e.g. caldo › cald**issimo**.

Some adjectives have regular and irregular forms:

	comparativo	superlativo	'very'
buono	più buono/ migliore	il più buono/ il migliore	buonissimo/ ottimo
cattivo	più cattivo/ peggiore	il più cattivo/ il peggiore	cattivissimo/ pessimo
grande	più grande/ maggiore	il più grande/ il maggiore	grandissimo/ massimo
piccolo	più piccolo/ minore	il più piccolo/ il minore	piccolissimo/ minimo

On some occasions you can use either form:

Il formaggio è buonissimo/ottimo. The cheese is very good.

Want to know more? ➞ page 212.

5a Copia e completa le frasi con la forma corretta del condizionale.

Esempio: Se io avessi tanti soldi … (If I had lots of money …) Prima di tutto **sarei** (essere) felicissimo.

1 (Fare) subito il giro del mondo.
2 Al mio ritorno mi (comprare) una Ferrari.
3 (Dedicare) più tempo ai miei passatempi preferiti.
4 (Andare) ogni giorno in palestra.
5 (Mangiare) sempre cose buone.
6 A cena (bere) sempre champagne.
7 Infine (dare) dei soldi alla gente più povera.

5b Cosa faresti tu in una situazione simile?

6 Vuoi essere cortese. Scegli la forma corretta.

1 Voglio/Vorrei un'andata e ritorno per Milano.
2 Signora, ti dispiace/Le dispiacerebbe chiudere il finestrino?
3 Mi potrebbe/può mandare una lista degli alberghi?
4 Signore, deve/dovrebbe avere più pazienza.

7 Completa le frasi con la forma corretta del superlativo, scelta dal riquadro.

Nella mia classe Giorgio è … (1m e 87), Maria è senz'altro …, Marta e Sofia sono …, Pierino è … (ha problemi in tutte le materie), Massimo è … perché passa tutto il suo tempo libero a studiare, Roberto e Stefania sono … perché non fanno mai niente.

> il più diligente   il meno bravo   i più pigri
> la più bella   il più alto   le più intelligenti

ricorda 💡

Most adjectives ending in **-co** or **-go** add an h in the plural to keep the 'hard' sound, but if a vowel precedes the **-co**, the masculine plural usually ends in **-ci**.

Esempio: simpatico, simpatica › simpatici, simpatiche

8 Completa le frasi con la forma corretta dell'aggettivo, come nell'esempio.

Il viaggio in aereo era **lunghissimo** (lungo); la camera in albergo era … (comodo), la spiaggia era … (bello) ma l'acqua era … (sporco); i nostri compagni erano … (simpatico); il cibo nel ristorante dell'albergo era … (buono) e i camerieri erano … (gentile). Durante il nostro soggiorno abbiamo fatto due gite … (interessante).

Lettura 3

1a Leggi questo articolo.

La nascita del bambino

Novant'anni fa, la nascita del bambino avveniva in casa perché non c'erano reparti maternità negli ospedali. Ogni famiglia voleva 'figli maschi', perché i maschi potevano aiutare la famiglia nei campi.

Il colore celeste era per il sesso maschile, quello rosa invece per il sesso femminile.

1b Rispondi alle domande.

1 Perché i bambini nascevano in casa 90 anni fa?

2 Perché i genitori volevano 'figli maschi'?

3 Quale colore contrassegnava una bambina?

3a Leggi queste lettere.

Ecco una breve descrizione della mia Prima Comunione. Avevo 11 anni ed ero proprio contenta. L'incontro del lunedì per la preparazione alla Prima Comunione era un momento piacevole e divertente grazie alle signore simpatiche che ci hanno aiutato. Caterina

Ciao amici! Mi chiamo Fabrizio e ho 13 anni. Ho festeggiato la mia Cresima il 23 febbraio. Ero molto emozionato quando ho fatto la Cresima. Ho scelto il nome 'Paolo'. Il vescovo che mi ha cresimato si chiamava anche lui Paolo – Paolo Bertolini.

4a Leggi questa e-mail.

Nuovo Messaggio

Ultimamente ho partecipato ad un matrimonio siciliano che è ancora basato su vecchie tradizioni: i due fidanzati non possono essere lasciati soli prima del matrimonio, l'uomo deve acquistare la casa e i mobili mentre la donna deve pensare a tutta la biancheria, pentole, posate e tutto quello che serve per una casa. Un'altra usanza è che alcuni giorni prima del matrimonio c'è la giornata del 'Ricevimento', durante la quale tutti i parenti della sposa e dello sposo sono invitati a vedere tutta la biancheria che la sposa porta in dote. Ciao Assuntina

la dote	dowry

2a Leggi questo biglietto d'invito.

Ciao, sono Fabio e oggi, 18 aprile,

è una giornata molto speciale.

Mi aspettano tutti nella chiesa di Santa Caterina

perché è il giorno del mio battesimo!

2b Rispondi alle domande.

1 Qual è l'importanza del 18 aprile per Fabio?

2 Dove si tiene la cerimonia?

3b Rispondi **Fabrizio**, **Caterina** o **il vescovo**.

Chi …

1 ha fatto la Cresima?

2 si chiamava Paolo Bertolini?

3 ha fatto un corso di preparazione ogni lunedì?

4 ha scelto un altro nome?

4b Rispondi alle domande.

1 Quali persone non devono essere lasciate sole prima del matrimonio?

2 Che cosa deve comprare lo sposo?

3 A che cosa deve pensare la donna?

4 Spiega cosa succede durante un 'Ricevimento'.

5a Leggi questi messaggi sulla pasta.

Amici **Chat**

◆ A Natale la mamma cucina i ravioli con carne di manzo, di secondo mangiamo l'agnello o pollo arrosto.

◆ A Natale mia nonna prepara gli struffoli. Sono dolci fatti di farina, lievito, uova, liquore, zucchero, e sale. La pasta va tagliata a pezzettini e immersa in una pentola con dentro il miele.

◆ A Capodanno mia mamma prepara i frizzuli. Sono un tipo di pasta fatta con farina, uova fresche e acqua, che si può mangiare con sugo o con formaggio.

5b Quale pasta …

1 … contiene alcol?

2 … viene mangiata con formaggio?

3 … contiene la carne?

4 … ha più ingredienti?

Scrivi **R** (ravioli), **S** (struffoli) o **F** (frizzuli).

6a Leggi questi messaggi sulla dieta e la forma.

Amici **Chat**

◆ <u>Una volta</u> dopo il lavoro <u>andavo</u> ogni sera a camminare per almeno trenta minuti ma adesso quando torno a casa sono troppo stanco e <u>non faccio più niente</u>. **Giorgio**

◆ <u>Fino a due mesi fa</u> andavo in palestra <u>due o tre volte alla settimana</u> ma in questo momento con tutto il lavoro che devo fare a scuola <u>non vado più</u>. **Luisa**

◆ All'età di 15 anni non facevo mai nessuno sport però ora gioco a tennis e a pallavolo, vado in piscina almeno una volta alla settimana e mi sento molto meglio. **Filippo**

◆ Nel futuro <u>io non cederò mai alla tentazione di</u> una fetta di torta al cioccolato. Prima di andare in palestra <u>mangerò</u> la frutta, e <u>berrò</u> una tazza di caffè oppure di tè. In palestra, berrò l'acqua. La palestra <u>non</u> <u>basterà</u>, <u>bisognerà</u> anche <u>seguire una dieta corretta</u>! Dopo l'allenamento, mangerò una dieta ricca di frutta, verdura, proteine animali (carne, pesce, uova, latte) e vegetali (soia, piselli, ceci, lenticchie, fagioli). Assolutamente off-limits per me – l'alcol! **Sandra**

6b Chi …

1 … ha abbandonato l'attività sportiva per motivi scolastici?

2 … non praticava sport quando era giovane?

3 … farà più attenzione a quello che mangia e beve?

4 … non ha più voglia di fare moto?

Rispondi **Giorgio**, **Luisa**, **Filippo** o **Sandra**.

6c Usa le frasi sottolineate per scrivere sulle tue attività sportive e sulla dieta.

7 Leggi questo articolo sull'ufficio del futuro.

• telelavoro a casa o telelavoro puro; si lavora a casa propria.

• telelavoro alternante: è una forma mista tra lavoro d'ufficio nell'azienda e telelavoro a casa.

• ufficio satellite: questi sono uffici, tipo filiale dell'azienda, dotati di tecnologia d'informazione e comunicazione, e spesso vicino al domicilio dei collaboratori.

• ufficio di vicinanza: si tratta di un ufficio dove lavorano insieme teleworker di diversi prestatori di lavoro.

• telecentro/telecasa: si tratta di istituzioni, dove è possibile un telelavoro in un ufficio ma dove vengono anche offerte iniziative del tempo libero.

Answer in English.

1 What exactly are the differences between these different ways of working?

2 Give reasons to explain what you think of these suggestions for future working practice.

14 Cosa ti piacerebbe fare?

14.1 Inviti ad uscire

- *Make arrangements to go out*
- *Accept and decline invitations*
- *Use verbs followed by an infinitive with or without a preposition*

1 🎧 Ascolta questa conversazione e poi leggila.

Nota le espressioni in neretto.

E: Pronto, Daniela? Sono Elena.

D: Ciao Elena, come va?

E: Molto bene grazie. Senti Daniela, **cosa ne dici di** andare a un concerto domani sera?

D: **Mi dispiace,** domani sera non posso perché ho troppo lavoro da fare per la scuola.

E: **Che peccato!** Sono sicura che sarà molto bello.

D: Vorrei venire ma devo studiare. **Hai qualcosa in programma** sabato sera?

E: Sabato sera. No.

D: Allora **perché non andiamo a** mangiare una pizza?

E: **Che buona idea! A che ora vuoi andare?**

D: Verso le sette?

E: **Un po' presto, facciamo un po' più tardi.**

D: Alle otto allora.

E: D'accordo.

D: **Dove ci vediamo?**

E: Davanti alla pizzeria Margherita.

D: Ciao, a sabato.

2 🎧 Ascolta quattro dialoghi e completa la tabella.

	Invito	Giorno?	Ora?	Dove?
1	andare al mare			in piazza
2				
3				
4				

espressioni utili 66

Invitare qualcuno

Cosa ne dici di andare/venire ...?

Hai voglia di andare ...?

Ti piacerebbe venire ...?

Ti va di andare ...?

Perché non andiamo al cinema ...?

Vuoi andare ...?

Accettare un invito

Che buon'idea!

È un'idea geniale.

Mi pare/mi sembra un'ottima idea.

Sì, volentieri.

Con piacere.

Rifiutare un invito

Che peccato ma domani sera ...

Mi dispiace, ma sono occupato/a ...

Non ho voglia di uscire stasera perché ...

Stasera, è impossibile/non è possibile.

Purtroppo non posso andare/venire ...

Non mi va di uscire domenica pomeriggio.

Ho già qualcosa in programma per giovedì sera.

Mi dispiace, ma ho già altri impegni.

3 🗣 Tocca a voi! A turno domandate e rispondete.

Bisogna decidere: **a**) l'attività (es. andare al cinema) **b**) il giorno **c**) l'ora **d**) dove vi incontrate.
Esempio:

A Senti Cristina, vuoi andare in piscina domani?

B Mi dispiace, ma domani ho già qualcosa in programma.

A Andiamo dopodomani allora.

B Che buon'idea! A che ora vuoi andare?

A Alle due.

B Va bene. Dove ci vediamo?

A A casa mia verso l'una e mezza?

B D'accordo, a giovedì, ciao.

4a Abbina queste frasi ai disegni.

1 Ho già un appuntamento.

2 Devo fare i compiti.

3 Non ho tempo.

4 Non finisco di lavorare prima delle otto.

5 Devo fare la babysitter.

6 Mia nonna viene a trovarci.

7 I miei genitori non mi lasciano uscire.

4b 🎧 Ascolta sette dialoghi. Abbina il disegno al motivo di rifiutare l'invito.

Esempio: b – 1

a

b

c

d

e

f

g

grammatica ⚙

I verbi con o senza preposizioni
Modal verbs (➤ 48/218) are followed by an infinitive without a preposition.
Non possiamo venire alla festa. We can't come to the party.
Other verbs that do not use a preposition before an infinitive include:
amare, bisognare, desiderare, detestare/odiare, piacere, preferire.
Desiderano studiare la storia. They want to study History.
Many verbs are linked to a following infinitive by **a**:

a andare cominciare continuare imparare invitare riuscire venire

Vado a fare delle compere. I am going to do some shopping.

Other verbs are linked by **di**:

di pensare cercare dire decidere smettere finire intenzione (avere) voglia bisogno paura

Ha smesso di piovere.
It has stopped raining.

- *Invite someone to work/go on holiday abroad*
- *Accept and decline invitations*
- *Use the infinitive after prepositions*
- *Use adverbs*

1a Leggi queste e-mail.

Nuovo Messaggio

CIAO 66 99

Ciao Daniela, come stai? Spero che non studi troppo! Mi è venuta un'idea. Cosa ne dici di venire a trovarmi a Melbourne dopo aver finito gli esami? Nel frattempo io avrò finito il mio corso all'università e saremo liberi tutti e due! Invece di andare subito all'università sarebbe bello viaggiare un po' prima, non ti pare? Qui ti posso trovare facilmente un lavoretto in un bar o ristorante. Troverò un lavoro part-time anch'io e quando avremo abbastanza soldi potremo partire in viaggio. Prima ti farò vedere l'Australia e poi attraverseremo tanti altri Paesi durante il viaggio di ritorno in Italia. Pensaci bene. La tua risposta me la puoi dare personalmente quando ci vediamo a Natale. Volevo farti una bella sorpresa ma non ho potuto resistere alla tentazione di darti questa buona notizia. Non vedo l'ora di rivederti. TVB. Marco

Nuovo Messaggio

AMICI 66 99

Che bella notizia! Grazie per l'invito a venire in Australia ma prima di prendere una decisione così importante devo considerare i vantaggi e gli svantaggi perché, a dire la verità, pensavo di andare all'università dopo aver finito la scuola. Comunque, ne parleremo fra qualche settimana. Sono così felice che…TVTB, Daniela

1b Indica se queste affermazioni sono V (vere), F (false) o ? (se non sono indicate).

1 Marco invita Daniela ad andare in Australia.
2 Daniela deve ancora dare gli esami.
3 Gli esami sono a luglio.
4 Daniela ha intenzione di andare all'università.
5 Daniela avrà difficoltà a trovare lavoro a Melbourne.
6 Partiranno in viaggio dopo aver guadagnato dei soldi.
7 Dopo aver girato per l'Australia andranno subito in Italia.
8 Daniela non è ancora sicura se vuole accettare l'invito.

2 👥 Tocca a voi! A turno domandate e rispondete.

Cosa ti piacerebbe fare dopo aver finito la scuola?

Preferiresti trovare un lavoro o andare all'università? Perché?

Ti piacerebbe partire in viaggio? Se sì, dove andresti?

grammatica ⚙

L'infinito dopo le preposizioni

After a preposition e.g. **prima di** 'before', **invece di** 'instead of', **senza** 'without' you must use the <u>infinitive</u>.

Invece di andare all'università sarebbe bello viaggiare.
Instead of going to university it would be nice to travel.

Prima di uscire ho fatto colazione. Before going out I had breakfast.

After a preposition ALWAYS USE THE INFINITIVE IN ITALIAN, not the gerund.

Note that after **dopo** you must use the perfect infinitive = **dopo** + **avere** or **essere** + past participle (for which verbs use **avere** or **essere** → page 216).

Dopo aver(e) finito la scuola ho intenzione di andare all'università.
After finishing (= after having finished) school I intend to go to university.

Dopo essere arrivata a casa, mia sorella è andata subito a letto.
After arriving (= after having arrived) home, my sister went straight to bed.

For more information → page 216.

3 🎧 Ascolta Gianpaolo che parla al telefono con Daniela. Scegli la risposta giusta.

1 Gianpaolo è appena tornato

a) dalle vacanze. b) da Sesto Fiorentino. c) da una riunione. d) dal ristorante.

2 Telefona a Daniela

a) dal posto di lavoro. b) da Ottawa. c) da casa. d) da una cabina telefonica.

3 Daniela esce

a) ogni sera. b) spesso il sabato. c) sempre la domenica. d) ogni tanto il sabato.

4 Gianpaolo preferisce

a) mandare una lettera. b) telefonare. c) mandare un'e-mail. d) mandare un fax.

5 Gianpaolo invita a Toronto

a) solo Daniela. b) la famiglia di Daniela. c) solo Marco. d) Daniela e Marco.

4 🎧 Ascolta la conversazione fra Alessandra e Daniela e rispondi alle domande.

1 Chi ha contattato Alessandra e perché?

2 Quando vuole venire?

3 Quale problema avrà Alessandra e perché?

4 A chi chiederà aiuto?

5 Perché Daniela rifiuta l'invito di Alessandra?

6 Quando ha saputo questa notizia Daniela?

5a Leggi questa e-mail del tuo corrispondente Enrico:

> **Nuovo Messaggio**
>
> Perché non vieni a trovarmi in Italia quest'estate? Ti posso far vedere la mia città e dopo, se vuoi, possiamo andare al mare per qualche settimana con i miei genitori. Ti va l'idea? Rispondimi subito. Enrico

5b Rispondi all'e-mail di Enrico.

- Accetta l'invito.
- Spiega quando vorresti venire e per quanto tempo.
- Chiedi se sarà possibile trovare un lavoro.
- Spiega le tue precedenti esperienze di lavoro.
- Invita l'amico a venire a trovarti nel tuo Paese.

6 Completa queste frasi con la forma corretta dell'avverbio.

Esempio: *Sfortunatamente* non posso venire. (sfortunato)

1 … mi alzo alle otto. (generale)

2 Questo esercizio è … difficile. (particolare)

3 L'insegnante ha spiegato la regola molto … (semplice)

4 Camminavano … (rapido)

7 Aggettivo o avverbio? Scegli la forma corretta.

1 Oggi sto molto buono/bene.

2 Questo formaggio è buono/bene.

3 Vedo molto male/cattivo.

4 Questo ragazzo è cattivo/male.

grammatica ⚙

Avverbi

Most adverbs are formed by adding **-mente** to the feminine singular of the adjective.

lento › lenta › lentamente 'slowly'

Adjectives ending in **-e** just add **-mente**.

veloce › velocemente 'quickly'

Adjectives ending in **-le** and **-re** drop the final **e** before adding **-mente**.

normale › normalmente 'normally'
regolare › regolarmente 'regularly'

Two irregular adverbs that need to be learnt separately are:

bene 'well' (adverb) ‹ **buono** 'good' (adjective)

male 'badly' (adverb) ‹ **cattivo** 'bad' (adjective)

- *Describe your favourite kind of film/book*
- *Talk about different kinds of films/books*
- *Express opinions*

1 Abbina ogni persona all'immagine del film preferito. Attenzione! Ci sono due immagini in più.

Amici Chat

Daniela: Quando ero piccola leggevo sempre le favole e mi ricordo che la prima volta che i miei genitori mi hanno portato al cinema ho visto Cenerentola e poco dopo Biancaneve e i sette nani. Adoro questi film e a casa abbiamo tanti DVD dei vecchi film di Walt Disney.

Alessandra: Non vado spesso al cinema ma a me piacciono soprattutto i film divertenti, comici. Detesto quelli dell'orrore o di guerra.

Marco: Siccome sono un tipo sentimentale, mi piace andare a vedere film che trattano di una storia d'amore. Purtroppo a volte succede una tragedia e la fine del film è triste ma la vita è un po' così.

Gianpaolo: Io preferisco i film che sono ambientati in un certo periodo storico. Mi è sempre piaciuta la storia. Quando ero giovane andavo a vedere film di azione o di fantascienza, probabilmente perché leggevo tanti libri di questo genere, ma adesso non mi interessano più anche se gli effetti speciali sono a volte spettacolari.

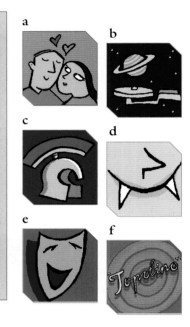

a b c d e f

espressioni utili "

Mi piacciono (soprattutto)	i	film d'azione	film western
Amo		film comici / storici	film di guerra
Non mi piacciono (per niente)		film di fantascienza	film dell'orrore
Odio/detesto		film di spionaggio	film polizieschi
		film d'amore	cartoni animati

2 ∩ Ascolta quattro persone che parlano dei film. Quale tipo di film piace/non piace a queste persone?

	☺	☹
Giuliano	*film storici*	*film dell'orrore*
Michela		
Giorgio		
Luisa		

Bergamo @VVENIMENTI

CONCERTI | TEATRO | CINEMA | MOSTRE | SPORT

Gli incantesimi della letteratura popolare

1° Festival della narrativa "rosa" San Pellegrino Terme 18-19-20 marzo 2004

espressioni utili 66

Il film/libro tratta di	un/a ragazzo/a giovane che incontra …	
	un uomo che decide di emigrare …	
	una donna che abita …	
Il film/libro è ambientato	in città	nel 1985.
	in campagna	negli anni 90.
	a Roma	nel diciannovesimo secolo.
	in Grecia	nel futuro.
	in un'isola mediterranea	
	nello spazio	

Il film/libro era bello/violento/triste/comico/tragico/commovente/favoloso/noioso.

Gli attori (non) erano bravi/eccellenti/perfetti.

I personaggi principali del libro erano interessanti/noiosi/poco credibili/simpatici/antipatici.

La trama era interessante/complicata/semplice.

Gli effetti speciali erano fantastici/eccellenti/interessanti/incredibili/mediocri.

3 🎧 **Ascolta queste persone.**

Chi …

1 … ha visto un film divertente?
2 … è stato contento degli effetti speciali?
3 … ha dormito durante il film?
4 … ha visto un film tragico?
5 … ha avuto difficoltà a seguire la trama del film?
6 … ha visto un film di guerra?
7 … si è annoiato durante il film?
8 … ha visto un film che è durato quasi tre ore?

Scrivi **Marcella**, **Filippo**, **Ernestina**, **Alberto**, **Marina** o **nessuno**.

4a **Leggi questa pubblicità.**

**Prossimamente sullo schermo
solo al cinema Odeon
l'ultimo film di MATRIX
Per la prima visione in autunno
prenotazioni obbligatorie**

4b **Leggi questo dialogo.**

A Sei stato/a al cinema in questi giorni?
B Sì, ci sono andato/a sabato scorso. Il film era in prima visione.
A Che film hai visto?
B Ho visto Matrix Regeneration.
A Ti è piaciuto?
B Sì, era bellissimo, pieno di azione, poi gli attori erano bravi e gli effetti speciali erano fantastici.
A Di che cosa si trattava?
B È troppo complicato per spiegare, devi andare a vederlo.
A Preferisco comprare il DVD quando esce e guardarlo a casa.
B Secondo me, è meglio guardarlo al cinema.

5 👥 **Tocca a voi!** Usando il dialogo come modello parlate di un film o un libro.

6 ✏ **Scrivi un articolo per una rivista su un film che hai visto o un libro che hai letto.**

Includi questi punti:

• Il tipo di film/libro.
• Di che cosa trattava.
• Dove era ambientato.
• Come erano gli attori/i personaggi.
• La tua opinione sul film/libro (tragico/effetti speciali ecc.).

15.1 Un giro dei negozi

- *Talk about shops*
- *Talk about advantages of small shops or supermarkets*

1a Abbina i prodotti con le immagini.

Esempio: 1– l

1 un foglio di carta	**5** un gelato	**9** una torta
2 mezzo chilo di pomodori	**6** un libro	**10** il pesce
3 le compresse d'aspirina	**7** la carne	**11** il profumo
4 una collana	**8** il pane	**12** le sigarette

a  b  c  d 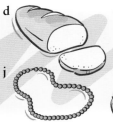 e  f

g h i j k l

1b Abbina le immagini con il negozio.

Esempio: a – 17

1. il negozio di generi alimentari
2. il panificio
3. la macelleria
4. la pescheria
5. la salumeria
6. la pasticceria
7. la libreria*
8. la cartoleria
9. la profumeria
10. la gelateria
11. la tabaccheria
12. la farmacia
13. elettrodomestici
14. il negozio di mobili
15. il fioraio
16. il negozio di abbigliamento (da uomo, da donna e da bambini)
17. il fruttivendolo
18. la gioielleria

1c Abbina il negozio con i prodotti che vende.

Esempio: A – 14

A. armadi, tavoli, sedie, divani, poltrone

B. cosmetici, profumi, creme, saponette

C. forni, frigoriferi, lavapiatti, aspirapolvere

D. dolci, torte e caramelle

E. fiori

F. salumi, formaggi, salsicce

G. gelati

H. pesce

I. orologi, collane, gioielli

J. carne

K. sigarette, sale, cartoline, francobolli, biglietti d'autobus

L. libri

M. medicine, vitamine, compresse di aspirina, sciroppo per la tosse

N. pane fresco, grissini, biscotti.

O. penne, carta da scrivere, quaderni, pastelli, cartoline, agende

P. frutta e verdura

Q. pasta, riso, zucchero, caffè e altri

R. vestiti, camicie, pantaloni

ricorda 💡

*Ricorda! Si prendono in prestito i libri dalla **biblioteca**.
il panificio = la panetteria = il fornaio

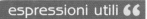

espressioni utili

In tabaccheria

Mi fa vedere delle cartoline (illustrate), per favore?

Vorrei due francobolli per l'Inghilterra/il Canada.

Un pacchetto di sale/sigarette, per favore.

All'edicola

Avete riviste straniere/inglesi/francesi?

Quanto costa questo giornale/questa rivista?

In banca

Vorrei cambiare questi soldi/dollari/ queste sterline in euro.

Mi può aiutare a compilare questo modulo?

All'ufficio postale

Devo spedire questa lettera in Australia, che francobolli devo mettere?

Quanto mi costa spedire questo pacco a Toronto?

Vorrei inviare una raccomandata con ricevuta di ritorno.

Al supermercato

Mi scusi, cerco dei bicchieri, dove sono?

Dov'è il reparto casalinghi?

Avete delle pentole più grandi/piccole?

Sto cercando dei cucchiai, mi può indicare dove posso trovarli?

Avrei bisogno di una radio, quale mi consiglia?

Vorrei spendere un po' di meno.

4 Leggi gli orari dei negozi a Firenze e rispondi alle domande in inglese.

> **Orari dei negozi a Firenze**
> **Estate 9–13 - 16–20**
> **Inverno 9–13 - 15.30–19.30**
> **Chiusi lunedì mattina**
> Alcuni negozi del centro sono aperti ininterrottamente dalle 9.30/10 alle 20.
> I negozi alimentari e supermercati sono chiusi il mercoledì pomeriggio (inverno) e/o il sabato pomeriggio (estate)

Answer in English:

1 When are shops open in winter?

2 On which morning are most shops shut?

3 When are the supermarkets closed in winter?

2 👥 Tocca a voi! Decidete dove dovete andare, poi a turno domandate e rispondete.

Volete:

1 cambiare 20 sterline.

2 comprare un giornale inglese.

3 6 cartoline, 3 francobolli per l'Australia.

4 spedire un pacco all'estero.

5 una pentola grande.

3 🎧 Ascolta Daniela che parla con Gianpaolo.

Completa le frasi.

1 Daniela deve scrivere un articolo sui problemi dei bambini/piccoli negozi/grandi magazzini.

2 Daniela scriverà l'articolo con l'aiuto di Gianpaolo/Elena/Marco.

3 La prossima riunione sarà più grande/meno grande/in Australia.

4 D'estate Elena rimane in Italia/va in Australia/va in Inghilterra.

> *Dove preferisci fare la spesa e perché?*

> *Preferisco il supermercato*

> *Mi piacciono i negozi del quartiere*

5 Tocca a te! Dove preferisci fare la spesa e perché?

6 🎧 Ascolta Daniela e Marco.

Indica se queste affermazioni sono vere o false e correggi quelle false.

1 Secondo Marco, gli italiani fanno spesso la spesa nei negozi del quartiere.

2 A Daniela piace guardare le vetrine dei negozi.

3 Pochi italiani vanno al mercato per comprare la frutta fresca.

4 Al mercato si vende solo abbigliamento da uomo.

5 I piccoli negozi si trovano in periferia.

6 Il consumatore trova nel supermercato tutto ciò che vuole.

7 I piccoli negozi di paese hanno eliminato i grandi magazzini.

- *Shop for clothes*
- *Describe items of clothing*
- *Make a complaint*
- *Use pronouns*

1 Cosa portano queste persone?

Esempio: Luigi porta un giubbotto nero.

Carmela

Luigi

la maglia

il giubbotto

i jeans

i calzini

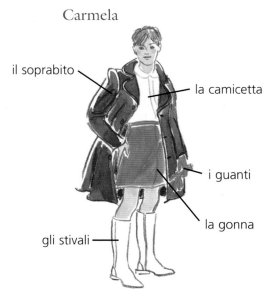

il soprabito

la camicetta

i guanti

la gonna

gli stivali

Andrea

Rossana

la cravatta

la camicia

i pantaloni

il cappotto

le scarpe

il cappello

la cintura

l'impermeabile (m)

i collant (inv)

i tacchi

espressioni utili 66

Quale misura?/Quale taglia porta?/Quale numero (di scarpe) porta?

Sto cercando/Vorrei comprare un paio di jeans.

Quanto costa?/Quant'è?

Avete qualcosa in offerta speciale?

Mi fa un piccolo sconto?

Posso pagare in contanti/con il bancomat?

Accettate carte di credito?

I pronomi sono utili!

Dove sono i camerini? Posso provarlo/la/li/le?

Elena, mi passi il vestito nero? Certo, te lo passo subito.

La prendo. Me la può incartare?

Ti/le ho dato le scarpe? Sì me le hai/ha date.

Mi ha dato lo scontrino? Sì, gliel'ho dato.

Mi fa vedere qualche altra cosa/una giacca verde. Certo, gliela faccio vedere subito.

Ce l'avete in blu scuro? No, mi dispiace non ce ne abbiamo in blu.

Marco, mi hai dato i soldi? Sì, te li ho dati.

2 🎧 Ascolta e leggi il dialogo. Marco compra una camicia.

Abbina le immagini con le frasi.

Commessa: Buongiorno, signore, desidera?

Marco: Cerco una camicia. (1)

Commessa: Quale misura?

Marco: Il 40. (2)

Commessa: Questa camicia verde è molto bella.

Marco: Non mi piace il verde. (3) L'avete in blu chiaro? (4)

Commessa: Purtroppo no, l'abbiamo solo in verde, viola e blu scuro.

Marco: Posso provare allora quella in blu scuro? (5)

Commessa: Certo, ecco, signore.

Marco: Dove sono i camerini? (6)

Commessa: I camerini sono qui a destra.
(… *più tardi*)

Marco: Mi piace la camicia. (7) La prendo. (8) Quant'è? (9)

Commessa: Ecco a Lei, signore. 30 euro. Bisogna pagare alla cassa.

3 🎧 Ascolta Marco e Daniela al negozio di abbigliamento.

1 Cosa vuole provare Daniela?
2 Quale taglia prende?
3 Quanto costava?

4 👥 Tocca a voi! Immaginate di voler comprare dei vestiti. A turno domandate e rispondete.

5 🎧 Ascolta Daniela che riporta i jeans scuciti.

1 Quando ha comprato i jeans?
2 Cosa desidera Daniela?
3 Quale problema c'è?
4 Cosa decide Daniela alla fine?

6 👥 Tocca a voi! Immaginate i dialoghi al negozio di abbigliamento.

1 La giacca è troppo stretta.
2 I pantaloni sono troppo corti.
3 Il cappotto è scucito.

grammatica ⚙

Aggettivi dimostrativi

Questo/quello mean 'this/that': **questa camicia/quelle scarpe. Quello** before a noun changes like **'il, lo'** etc,
→ page 133.

Queste scarpe mi piacciono; quel vestito nero non mi piace. (adjectives)

Questo and **quello** can also stand alone. In this case **quello** is regular: **quello/a/i/e.**

Queste (= scarpe) **mi piacciono; quello nero** (= vestito) **non mi piace.** (pronouns)

espressioni utili 66

Inoltrare un reclamo

Questa maglietta è scucita/troppo larga/corta.

Questi pantaloni sono troppo stretti.

Potrebbe cambiarmelo/la/li/le?

- *Shop for food*
- *Shop on line*
- *Ask for quantities*
- *Recognize signs and notices in shops*

1 Scrivete una lista di cibi e bevande sotto le categorie nella tabella.

Le immagini vi aiuteranno!

Frutta e verdura	Carne/pesce	Pane/dolci	Latteria	Bevande
la mela	il salame	i biscotti	il formaggio	il succo di frutta

2 Rispondi alle domande scegliendo la parola giusta dal riquadro.

Esempio: Chi vende salumi? Il salumiere vende salumi.

1 Chi vende pesce?
2 Chi vende dolci?
3 Chi vende mele e arance?
4 Chi vende pane?
5 Chi vende manzo e maiale?

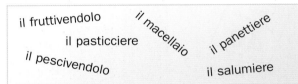

il fruttivendolo il macellaio
il pasticciere il panettiere
il pescivendolo il salumiere

espressioni utili ❝❝

Al supermercato

Scusi, ha una moneta per il carrello?
C'è l'ascensore/la scala mobile?
Dov'è il reparto macelleria/abbigliamento?
Mi scusi, dove posso trovare il latte?
Può darmi un etto di carne di vitello?
Mi dia un chilo di pane.
Mi dia un etto di prosciutto crudo/cotto.
Mi dia tre etti di formaggio fresco.
Vorrei un litro di latte.
Quanto costano le uova? Me ne dia una dozzina.

3 ✐ Scrivi! Dove compro questi prodotti?

Esempio: Ho bisogno di mezzo chilo di arance e un chilo di uva. Dove **le** compro? **Le** compri dal fruttivendolo/ in un negozio di generi alimentari.

1 Ho bisogno di cinque panini. Dove li compro?
2 Ho bisogno del pesce e di un chilo di gamberetti. Dove li compro?
3 Ho bisogno di tre etti di prosciutto. Dove li compro?
4 Ho bisogno di una bistecca di vitello. Dove la compro?
5 Ho bisogno di una torta e delle paste. Dove le compro?
6 Ho bisogno di un chilo di zucchero e un pacco di tè. Dove li compro?
7 Ho bisogno di un gelato alla fragola. Dove lo compro?

4a Leggi i cartelli.

A CHIUSO PER TURNO	E	SALDI DI FINE STAGIONE
B CHIUSO PER FERIE	F	ENTRATA LIBERA
C OFFERTA SPECIALE	G	ENTRATA
D PREZZI FISSI	H	USCITA

4b Abbina la frase al cartello giusto.

1 Andiamo a vedere. Non ci costa niente.
2 Quella lì è la porta per uscire.
3 Ci sono sempre vendite alla fine dell'estate.
4 È chiuso quel negozio. I proprietari sono andati in vacanza.
5 Nella libreria di fronte se compri due libri te ne danno un altro gratis.
6 Il bar è chiuso oggi. Chiude un giorno alla settimana.
7 Quella lì è la porta per entrare.
8 Qui non ci danno uno sconto!

5 🎧 Ascolta e leggi questi dialoghi.

5a Dal fruttivendolo.

Commesso: Buongiorno, signora. <u>Che prende</u> stamattina?

Signora: <u>Vorrei</u> sei di queste arance e <u>un chilo di</u> mele.

Commesso: Ecco a Lei, signora.

Signora: Com'è la lattuga?

Commesso: Freschissima, signora.

Signora: Va bene, <u>la prendo</u>. Quant'è?

Commesso: 4 euro, signora.

5b Al negozio di generi alimentari.

Commesso: Buongiorno, signora. <u>Desidera?</u>

Signora: Vorrei un chilo di zucchero.

Commesso: <u>Mi dispiace</u>, signora, per il momento lo zucchero <u>non c'è</u>. Potrebbe ritornare?

Signora: Ma, sono stanca da morire stasera. Sono appena tornata dal lavoro e non voglio uscire una volta tornata a casa.

Commesso: Sa che facciamo anche <u>il servizio a domicilio adesso</u>?

Signora: No, non lo sapevo. Benissimo – <u>me lo può portare stasera</u>?

Commesso: Certo, signora, quando chiudo il negozio facciamo il servizio a domicilio.

Signora: Grazie. Allora un chilo di pasta.

Commesso: Penne o rigatoni?

Signora: Rigatoni, per favore. Poi un pacco di caffè e <u>una scatola di</u> formaggini per la bambina.

Commesso: Ecco a lei. Nient'altro, signora?

Signora: No. Ah … <u>ho dimenticato</u> – il riso!

6 👥 Tocca a voi! Inventate dei dialoghi dal macellaio/panettiere/pasticciere/pescivendolo/salumiere.

7 ✏️ Scrivi un'e-mail in cui spieghi quando/dove/ogni quanto fai la spesa.
Spiega se preferisci i negozi del quartiere o i supermercati.

8a Leggi questa e-mail che descrive come fare la spesa su Internet.

> Nuovo Messaggio
>
> **AMICI**))) 〝
>
> Ciao, Alessandra sono Daniela. Oggi io e la mia mamma abbiamo provato le consegne a domicilio!! Prima di tutto mi sono iscritta al sito. Ho dovuto inserire i miei dati personali: nome, cognome, indirizzo, piano dell'abitazione e nome sul citofono, telefono. Sono entrata nel sito e ho cominciato a fare la spesa! I prezzi sono esattamente gli stessi del supermercato e ci sono anche le stesse offerte promozionali. Ci sono inoltre le foto dei prodotti! Ho comprato molte cose: il pane, tre etti di prosciutto cotto, 10 litri di acqua minerale e sei bottiglie di Coca Cola ecc. Esattamente alle 20.30 mi ha suonato il ragazzo. Ho pagato con il bancomat e mi è toccato solo mettere via la spesa! Non ho dovuto nemmeno fare la coda! Il costo di consegna varia secondo l'ora in cui viene consegnata la spesa; per esempio il costo è più alto dalle 20.00 alle 22.00! Si può pagare alla ricezione della merce con carta di credito.
>
> È stata un'esperienza veramente positiva! Però, non penso che farò spesso la spesa in questo modo perché preferisco spendere i soldi della consegna in un altro modo, ma era la curiosità di provare a fare la spesa su questo sito! È davvero una cosa comoda per una persona che è costretta a stare in casa perché è malata o per gli anziani che non possono portare pesi – sempre se riescono a navigare in Internet!!

8b Indica se queste affermazioni sono V (vere), o F (false).

Correggi le affermazioni false.

1. Alessandra ha provato le consegne a domicilio.
2. I prezzi sono diversi da quelli del supermercato.
3. Le offerte promozionali sono uguali a quelle del supermercato.
4. Si possono vedere le foto dei prodotti.
5. Daniela ha comprato 10 bottiglie di Coca Cola.
6. Il costo della consegna è meno caro fra le 20.00 e le 22.00
7. Secondo Daniela la consegna a casa non è una buon'idea.
8. Il costo della consegna varia secondo l'ora in cui viene consegnata la spesa.
9. Daniela non farà spesso la spesa in questo modo.
10. È ideale per le persone che hanno difficoltà ad uscire.

Grammatica 6

- Verbs followed by prepositions • Adverbs
- Prepositions followed by the infinitive
- Demonstrative adjectives/pronouns

grammatica ⚙

L'infinito dopo le preposizioni (➤ page 218)

Some verbs are followed by an infinitive without a preposition, others require **a** or **di** before the infinitive. Here are some examples of each:

<u>Verb + infinitive:</u>

amare, bisognare, desiderare, detestare, dispiacere, dovere, odiare, osare, piacere, potere, preferire, sapere, volere

Ti dispiace chiudere la porta? Do you mind closing the door?

La mia amica non sa nuotare.
My friend can't (= doesn't know how to) swim.

<u>Verb + **a/ad** + infinitive</u>
(**ad** + infinitive beginning with a vowel)

abituarsi, aiutare, andare, cominciare, continuare, divertirsi, imparare, invitare, riuscire, venire

Mi sono abituato/a ad alzarmi presto.
I have got used to getting up early.

<u>Verb + **di** + infinitive</u>

avere bisogno, avere intenzione, avere paura, avere vergogna, avere voglia, sperare, cercare, decidere, smettere, finire, pensare, scegliere

Non abbiamo finito di mangiare. We haven't finished eating.

---

1 Completa queste frasi con **a**, **di**, **o** – (niente).

1 Mi piace … leggere.
2 Non ho voglia … leggere adesso.
3 Abbiamo deciso … prendere il treno.
4 Abbiamo paura … viaggiare in aereo.
5 Aiuto spesso mio fratello … fare i suoi compiti.
6 L'unica cosa che odio … fare è la matematica.
7 Non vogliono … fare campeggio.
8 Mia sorella desidera … imparare … guidare.

2 Copia e completa queste frasi con: **prima di**, **invece di** o **senza**.

1 … comprare un paio di pantaloni mio fratello ha comprato una giacca.
2 Antonio è uscito dalla classe … chiedere permesso all'insegnante.
3 … pagare hanno controllato attentamente il conto.

3 Riscrivi queste frasi, usando **dopo + avere/essere** + participio passato.

Esempio: Enrico ha finito di leggere il giornale e poi ha cenato. **Dopo aver finito** di leggere il giornale Enrico ha cenato.

1 Silvana è tornata a casa e poi ha cominciato a studiare.
2 Ho lavato i piatti, poi ho messo in ordine il soggiorno.
3 Si sono sposati in chiesa e sono partiti subito in viaggio di nozze.

grammatica ⚙

Prima di / invece di / senza / dopo (➤ pages 216, 218)

These frequently used prepositions are also followed by the infinitive.

Sono usciti senza dire niente.
They went out without saying anything.

Leggi la lettera prima di rispondere.
Read the letter before responding.

Invece di mangiare a casa andiamo al ristorante.
Instead of eating at home let's go to the restaurant.

After **dopo** you must use the perfect infinitive:
dopo + essere/avere + past participle.

Dopo aver(e) telefonato a mio cugino sono uscito/a.
After ringing my cousin I went out.

Dopo essere entrata in camera Silvia ha acceso la televisione. After entering her bedroom Silvia switched on the television.

Dopo essermi alzato/a ho fatto la doccia.
After getting up I had a shower.

Note: you attach the reflexive pronoun to the end of the infinitive **essere** after removing the final 'e'.

grammatica ⚙

Avverbi

Adverbs qualify verbs: they spoke <u>slowly</u>; adjectives: she is <u>very</u> intelligent; adverbs: they walk <u>extremely</u> quickly.

Most adverbs are formed by adding **-mente** to the feminine form of the adjective: **raro › rara › raramente**.

Adjectives in **-e** add **-mente**: **semplice › semplicemente**.

Adjectives in **-le/-re** drop the **-e** and add **-mente**: **incredibile › incredibilmente; particolare › particolarmente**.

Two frequently used irregular adverbs are:

bene 'well' (‹ buono) and **male** 'badly' (‹ cattivo)

Adverbs are INVARIABLE but adjectives AGREE with the noun. Compare **molto/troppo/tanto/poco** used as adjectives* and adverbs**:

> **Ho molti*** (many) **amici. Sono molto**** (very) **simpatici.**
>
> **Abbiamo troppi*** (too much) **compiti.**
> **Sono troppo**** (too) **difficili.**
>
> **Hanno tanti*** (so much) **soldi. Sono tanto**** (so) **ricchi.**
>
> **Lei ha poca*** (very little) **motivazione.**
> **È poco**** (not very) **intelligente.**

4 Forma l'avverbio dall'aggettivo.

1 La mia amica parla … l'inglese. (buono)
2 Ho risposto … alle domande. (facile)
3 L'abbiamo visto …. (recente)
4 Oggi mi sento …. (cattivo)
5 … il treno è arrivato in orario. (fortunato)

5 Completa le frasi, scegliendo tra l'avverbio e l'aggettivo.

1 Ci sono poco/pochi ragazzi nella mia classe.
2 Abbiamo scritto tante/tanto cartoline.
3 Questa camera è molta/molto cara.
4 Ho visto questo film molto/molte volte.
5 Questi DVD sono troppo/troppi cari.

6 Completa queste frasi con una forma appropriata di **questo** o **quello**.

1 … casa di Elena è molto bella. (quello)
2 … scarpe sono troppo strette. (questo)
3 Non mi è piaciuto … film. (quello)
4 … zoo in periferia è chiuso. (quello)
5 Secondo me, … esercizi erano difficili. (quello)
6 … pantaloni che portavi ieri erano troppo corti. (quello)
7 Mio zio non lavora più per … compagnia. (quello)

grammatica ⚙

Aggettivi dimostrativi – questo, quello

questo and **quello** agree in number and gender with the noun they describe: **questi ragazzi** 'these boys', **quelle ragazze** 'those girls'. Note that **quello** is used in the same way as the definite article:

Singular				Plural		
il	lo	l'	la	i	gli	le
quel	quello	quell'	quella	quei	quegli	quelle

Pronomi dimostrativi

Compare:

1 **Questa giacca è cara, quella giacca in vetrina è meno cara.** This jacket is expensive, that jacket in the window is less expensive.

2 **Questa è cara, quella in vetrina è meno cara.** This one is expensive, that one in the window is less expensive.

In 1. **questa/quella** are adjectives. In 2. they are pronouns, but they still agree with the noun they refer to. The pronoun **quello** is formed like other adjectives in **-o**: **quello/quella/quelli/quelle**.

Quello is also used to express possession, where English would use 's or 'the one/the ones'.

Ti piace la mia macchina? – Sì, ma preferisco quella di Luisa. Do you like my car? – Yes, but I prefer Luisa's.

7 Completa queste frasi con una forma appropriata di **questo** o **quello**.

Esempio: Quale vino prendiamo, … o …? Quale vino prendiamo, **questo** o **quello**?

1 Quali scarpe vuoi comprare, … o …?
2 Quale film andiamo a vedere, … o …?
3 Quali programmi preferisci guardare, … o …?
4 Quale partita andiamo a vedere, … o …?

8 Completa queste frasi con una forma appropriata di **quello**.

1 Il mio appartamento è più grande di … di mia sorella.
2 Questi esercizi sono più difficili di … che abbiamo fatto ieri.
3 Questa spiaggia è più pulita di … davanti al nostro albergo.
4 Le tue amiche sono meno simpatiche di … di Daniela.

Come ascoltare

• Improving your listening skills

aiuto !

1 Look back at the advice given on page 50.

2 In this Exam practice section you will listen to items relating to shopping and jobs.

3 When in Italy or during examinations you will often have to identify numbers. In examinations numbers are often tested by means of a table. Sometimes you are given some numbers and you have to insert the missing ones.

4 When listening to a native speaker and during Listening examinations you should not jump to conclusions too quickly. You might need to select the right answer from a number of possibilities.

5 Sometimes you may have to select the right answer from a number of possibilities given on an examination paper.

Copy out the grid, listen to **Lo shopping online**, then fill in the missing numbers. Here all you need to do is listen carefully to the numbers and the associated word – in this case the country.

1 ∩ Quale percentuale di utenti ci sono in questi Paesi?

Italia	30%
Germania	
Regno Unito	40%
Svezia	

Listen to **Al negozio di scarpe** and look at the following questions.

2 ∩ Una signora compra degli stivali.

1 Che numero compra?

2 Di che colore sono gli stivali che compra?

Look at the questions, then listen carefully to Gianpaolo and Daniela.

3 ∩ Daniela parla con Gianpaolo. Scegli la risposta giusta.

1 Chi decide sul tipo di fotografie per l'articolo?

A Il fotografo.

B Gianpaolo.

C Il redattore.

D I suoi colleghi.

2 Gianpaolo scrive articoli

A vari.

B soprattutto sugli immigrati.

C sul lavoro in Italia.

D noiosi.

3 Ha pensato di diventare giornalista

A quando era molto giovane.

B quando era alla scuola superiore.

C dopo l'incontro con un redattore.

D durante un viaggio in Australia.

4 Prima di diventare giornalista Gianpaolo

A non voleva scrivere articoli.

B era disoccupato.

C non poteva viaggiare all'estero.

D era sfortunato.

Come parlare

• *Improving your speaking skills*

I In role play 1 you do not have to expand on your answers. The visuals act as prompts and a choice of visuals means you have a choice of what to say. You always have to ask at least one question so practise:
Quanto …? A che ora …? Dove …? È vicino/lontano? etc.

1 Dal fruttivendolo

You enter a greengrocer's shop in Italy. Greet the shopkeeper, say which item you would like to buy, state the quantity and ask the price.

Partner A	Partner B
• Sì, signore/signora/signorina?	• ☺
• Cosa desidera?	• Say which item you would like.
• Quante ne vuole?	• State the quantity. 2Kg ½Kg 1Kg
• Ecco signore/signora/signorina.	• Ask the price. ? /€
• Sono 4 euro.	

II For role play 2 you will be required to produce some complete sentences There is one unpredictable element indicated by **!** Try and work out from the context what this unpredictable question might be.

2 A casa

You are at a friend's house in Italy. Your friend will start the conversation.

Partner A	Partner B
• Vuoi andare ad un concerto stasera?	• Say you would like to go to the cinema.
• Che tipo di film vuoi vedere?	• !
• A che ora comincia?	• Say at what time the film starts.
• Va bene e come andiamo al cinema?	• Say how you would prefer to get there.
• D'accordo.	

III Role play 3 is more demanding. There are <u>two</u> unpredictable elements and your role is presented in bullet points **in Italian**. A question mark indicates that you have to ask for information.

3 While on holiday in Italy you see this advertisement for work as a part-time waiter. You are interested and telephone the restaurant.

Ristorante Amalfi Cercasi camerieri part-time	Partner A	Partner B
	Pronto! Ristorante Amalfi.	• *Perché chiami*
	• Sì, cerchiamo camerieri part-time. Ma chi è Lei esattamente?	• *?*
	• Ho capito. Complimenti perché parla bene l'italiano.	• *Orario?*
	• Dipende, ma probabilmente avremo bisogno di qualcuno per tre o quattro sere alla settimana.	• *La paga?*
	• Dipende dall'esperienza. Che esperienza ha Lei di questo tipo di lavoro?	• *?*
	• Secondo me, è meglio che venga al ristorante per un colloquio.	

Come leggere

I In **La spesa a Firenze** 5 'key' areas where you will find the answers are underlined. Sometimes you can 'lift' an answer directly from the text. Sometimes you will need to adapt the words in the text in order to answer the question set e.g. in number 1 you will have to make '**grandi magazzini**' singular in order to say what '**Upim**' is. Occasionally there are a number of possible answers and you are required to provide just a couple of details, e.g. in questions 3 and 4.

1 La spesa a Firenze.

A Firenze ci sono dei grandi magazzini come Upim e Oviesse, supermercati come Coop e negozi di tutti i tipi. In piazza Dalmazia e dintorni c'è un mercato all'aperto tutte le mattine, due supermercati alimentari, vari grandi magazzini con abbigliamento, tv, hifi, elettrodomestici, ecc.

Ai 'Gigli' c'è un supermercato grandissimo, negozi di vestiti da uomo e da donna e tanti altri. Ci sono anche ristoranti come il McDonald's (dove si mangiano patate fritte con ketchup!), ma anche ristoranti normali. A Firenze fa molto caldo d'estate ma l'edificio dei Gigli è grande e climatizzato!

Rispondi alle domande in italiano.

1 Cos'è Upim?
2 Quando c'è il mercato all'aperto?
3 Che cosa si compra in un 'grande magazzino'? (2 dettagli)
4 Cosa trovi 'Ai Gigli'? (2 dettagli)
5 Perché non avrai tanto caldo nei Gigli?

II In **Faccio la spesa … online** you are asked to identify if the statements are true, false or are not mentioned in the text. Synonyms of words in the text are often used in the statements, so if both statements mean the same – the answer is 'Vero'. For the '?' items, some of the words in the statement may well be in the text, but the 'extra' information is not and therefore the answer is '?'.

2 Faccio la spesa … online.

Il traffico è bloccato? C'è uno sciopero dei mezzi pubblici? Siete troppo occupati? La spesa virtuale è la soluzione giusta! È un'ottima idea per evitare il traffico. Fare la spesa online vuole dire ricevere gli acquisti direttamente alla porta di casa. Bisogna solo cliccare!

Però acquistare online non significa risparmiare: deve essere ben chiaro a tutti. I supermercati virtuali, anche se si impegnano a mantenere allineati i prezzi alla media, costano leggermente di più. Al conto, infatti, bisogna aggiungere il costo della consegna a domicilio (da un minimo di 6€ a un massimo di 12€).

Indica se queste affermazioni sono **V**(vere), **F**(false) o **?** (se non sono indicate). Correggi quelle false.

1 Se il traffico è bloccato è una buona idea fare la spesa online.
2 È caro usare i mezzi pubblici.
3 Se fai la spesa virtuale, gli acquisti sono consegnati a casa tua.
4 Fare la spesa online significa fare economia.
5 I supermercati online sono un po' meno cari.
6 La consegna a domicilio è gratuita.

III **Quali sono gli aspetti positivi/negativi del suo lavoro?** is a more difficult text, but you are only required to give 2 details in English about this person's work.

3 Quali sono gli aspetti positivi del suo lavoro?

Mi piace tantissimo l'aspetto multiculturale del mio lavoro, e anche la promozione della causa umanitaria perché vorrei ridurre la fame nel mondo. Ogni giorno, ogni aspetto del mio lavoro è motivo di entusiasmo e arricchimento professionale.

E ci sono aspetti negativi?

Direi di no – mi piace ogni momento del mio lavoro. Lavoro con persone fantastiche che vengono dagli angoli più lontani del mondo!

Answer the question in English.

Does this person like his/her job? Yes/No. Give two reasons to justify your answer.

Come scrivere

• Improving your writing skills

I For question 1 you only need to write words, not articles (**il**/**la**/**un**/**uno** etc.). Make sure you write 5 <u>different</u> jobs/places of work and <u>do not</u> use the example.

1a Write a list **in Italian** of <u>five</u> different jobs.

Esempio: insegnante

II Question 2 tests the third person singular of verbs and nouns based on visual prompts. You need to revise the present tense of regular (**-are**/**-ere**/**-ire**) verbs and common irregular verbs e.g. **andare**, **fare**, **bere**.

1b Write a list **in Italian** of <u>five</u> different places of work.

Esempio: ufficio

III For question 3 the questions are in Italian and English. Answer ALL the questions, write complete sentences and use link words to expand on your replies e.g. **normalmente, di solito, a volte**.

---

2 What do these people do to keep fit and healthy?

Complete the sentences using the pictures to help you.

Esempio: Alessandra (MANGIARE) molta
Alessandra **mangia** molta **insalata**.

1 Andrea (GIOCARE) a

2 Luisa (ANDARE) in

3 Silvia (BERE) molta

4 Luigi (PREFERIRE) camminare che prendere l'

5 Chiara (FARE) spesso

3 You have received an e-mail from your Italian friend Giacomo who wants to know how you spend the Christmas holidays.

> **Nuovo Messaggio**
>
> Ciao, vorrei sapere quanti giorni di vacanza hai a Natale? Come passi il periodo natalizio? Cosa pensi dello scambio di regali? Rispondi per favore a queste domande.
> A presto
> Giacomo

Write an e-mail of about **30** words **in Italian** to Giacomo and include the following details:

• How many days holiday you have at Christmas.
• How you spend the Christmas period.
• What you think about the giving and receiving of presents.

IV For question 4 you have to write much more and use the present, past and future tenses appropriately. You also need to express your reactions/opinions. Remember to answer all the bullet points. You should make a short plan before you start to write. Try and leave some time to check over your Italian.

---

4 **Un incidente**.

While on holiday in Italy you have an accident. You write a letter to your Italian friend to explain what happened and say what effect, if any, it will have on the rest of your holiday.

Write a letter of about **150** words **in Italian** covering all the points mentioned below.

• Dove e quando è successo
• Descrizione dell'incidente
• L'effetto che avrà sulla vacanza
• Le tue reazioni

Progetto 3

Divertiamoci!

You have been asked to prepare a project about shopping and leisure facilities in a town of your choice. You can present the project as you wish e.g. a mixture of articles and visuals (e.g. 'What's on page')

You should include information about:

- Leisure facilities (e.g. sports centres, theatres, cinemas etc.)
- Shopping facilities (e.g. number and types of shops, opening times etc.)
- Current attractions (e.g. review of a film, play or concert)
- An account of a special occasion (e.g. a trip to a leisure or shopping facility)
- Future developments (e.g. new attractions/shopping centres)

aiuto !

Adapt a text!

- Before you write anything look back over Chapters 11 – 15 and the notes you have made.
- Do not start with what you want to say in English.
- Make a plan in Italian of headings or a spider diagram showing the key words and expressions you want to use.
- Use the Italian you know or adapt an Italian text from this textbook or from the Internet. This does not mean copy a passage word for word – that's plagiarism! It means use the expressions you have learned wisely. Select 'useful expressions' which you like or which you feel you could use again and incorporate them in your writing! This page gives you some advice on how to do this.

'A Roma ci sono molti monumenti storici'

Here is how you might "adapt a text" about leisure or shopping facilities. Can you use any of these expressions?

A Tempo libero

This text describes a young person's view of his town:

La città offre <u>molte opportunità di svago per</u> i giovani che, <u>al fine settimana</u>, cenano spesso in una delle tante pizzerie o ristoranti tipici del posto. Dopo cena, di solito dopo le ventidue, <u>vanno</u> nei vari locali (pub, birrerie, disco-bar) <u>a bere qualcosa con gli amici</u>. <u>Molto spesso la serata</u> continua in discoteca dove rimangono fino alle quattro del mattino. Poi per quelli che non tornano a casa sono aperte delle 'cornetterie' <u>fino alle prime luci dell'alba</u>. Per gli appassionati della musica dal vivo ci sono dei locali che organizzano, durante la settimana, <u>serate speciali</u> con gruppi musicali emergenti.

cornetteria – un tipo di pasticceria dove si vendono cornetti

B La spesa

This text describes the advantages of a hypermarket.

Vi consiglio di fare la spesa all'ipermercato <u>per diversi motivi</u>: <u>anzitutto</u> la qualità è garantita, <u>grazie ai</u> numerosi e rigidi controlli effettuati sulla merce; la freschezza è assicurata e <u>non mi è mai capitato di</u> trovare un prodotto scaduto sullo scaffale. Il vantaggio dell'ipermercato <u>sta nel fatto che</u> l'assortimento è enorme. C'è <u>l'imbarazzo della scelta</u>! Inoltre, si può beneficiare di offerte speciali e risparmiare qualche soldino! È spesso possibile anche partecipare ad una raccolta punti. (Si richiede una quantità di punti per ricevere articoli gratuiti.)

1. Now make your own sentences about what entertainment there is for young people in the town you have chosen, using the expressions which have been underlined.

2. For each of the sentences, think of a way to 'develop' what you have said e.g. A Roma ci sono molte <u>opportunità di svago</u> per i turisti … perché è una città stupenda …

3. Now try to justify that development e.g. … perché è una città stupenda … piena di monumenti storici/ chiese/teatri/cinema/ristoranti … dove è possibile passare giornate intere … ecc.

Scrivere o parlare?

Whether you are preparing for a Coursework assignment or a Writing test, the work you do will almost certainly also be helpful as revision for a Speaking test or for a trip to Italy!

Try answering these questions on Leisure and Shopping in 3 phases:

1 – give a simple answer;

2 – develop this answer further;

3 – justify the development.

Tempo libero

C'è un centro sportivo nel tuo paese/nella tua città? Se sì, dove si trova? Cosa ne pensi? Se no, dove si trova il centro sportivo più vicino?

Com'è il centro sportivo? Che cosa si può fare lì come attività sportive?

Qual è l'orario di apertura e chiusura?

Secondo te, i centri sportivi sono importanti? Giustifica la tua risposta.

Quali altre opportunità di svago offre il tuo paese/la tua città?

Vai spesso al cinema? Perché sì/perché no?

Qual è l'ultimo film che hai visto? Cosa ne hai pensato?

Qual è il più bel film che abbia mai visto? Racconta brevemente la trama di questo film.

Quanto costa andare al cinema nella tua zona?

Cosa pensi del cinema 'multisala'? Giustifica la tua risposta.

Preferisci andare al cinema o a teatro? Perché?

Esempio:

1 – Sì, c'è un centro sportivo nella mia città. ▼

2 – Si trova a due chilometri da casa mia. ▼

3 – Vado spesso al centro sportivo perché ha una piscina e mi piace molto nuotare.

La spesa

Quali negozi ci sono nel tuo paese/nella tua città?

Qual è l'orario di apertura e chiusura di questi negozi?

Nella tua zona ci sono negozi che rimangono aperti fino a tardi? Quali e fino a che ora? Cosa ne pensi?

Quale negozio preferisci? Perché? Cosa compri in questo negozio?

Di solito, chi fa la spesa nella tua famiglia? Quando/ quante volte alla settimana?

A te piace fare la spesa? Perché sì/perché no?

Quando è il periodo dei saldi nel tuo Paese? Perché (non) ti piacciono i saldi?

Quando è l'ultima volta che hai fatto la spesa? Che cosa hai comprato?

Quali sono i vantaggi e/o gli svantaggi di fare la spesa in un grande supermercato o in un piccolo negozio del quartiere?

Nella tua città ideale quali negozi ci sarebbero? Quali negozi non vorresti vedere?

Secondo te, è una buon'idea creare centri commerciali fuori della città? Perché sì/perché no?

Esempio:

1 – C'è un supermercato. ▼

2 – C'è un supermercato abbastanza grande. ▼

3 – Mi piace perché rimane aperto fino alle dieci di sera e ci sono sempre offerte speciali.

To improve both your writing and speaking skills you should try to develop your answers and express and justify your opinions whenever possible. Try to learn and use a variety of linking words/expressions. Here are some examples:

a volte	sometimes	**ogni tanto**	now and again
anche	also, too	**perché**	because
di solito	usually	**per di più**	furthermore
dunque	so, therefore	**per esempio**	for example
e poi	and then	**perciò**	therefore
inoltre	besides	**però**	however
ma	but	**purtroppo**	unfortunately
mentre	while	**quando**	when

To express opinions:

secondo me/a mio parere	in my opinion
mi sembra importante	it seems important to me

16 Che tipo è?

16.1 Carattere e rapporti

- *Describe personal qualities*
- *Use adjectives ending in* **-a**
- *Describe relationships with others*

1 Come sono di carattere?
Abbina ogni frase alla persona giusta.

Esempio: 1 – c

1 È divertente. Ride e scherza sempre.
2 È molto impegnato. Lavora tanto.
3 È generosa. Lavora con cani trovatelli.
4 È molto intelligente. Sa parlare quattro lingue.
5 Ama fare sport. È molto sportivo.

Hello! Ciao! ¡Hola! Bonjour!

grammatica ⚙

Aggettivi

Remember how adjectives ending in -o and -e change their endings? (➤ page 15).

M. Sing.	M. Pl.	F. Sing.	F. Pl.
-o	-i	-a	-e
-e	-i	-e	-i

Esempi: curioso, curiosi, curiosa, curiose, inglese, inglesi

Adjectives ending in -a do not change in the feminine singular:

Esempio: un ragazzo/una ragazza egoista – a selfish boy/girl.

However they do change in the plural. The masculine and feminine plural endings are **-i** and **-e**.

Esempi: ragazzi egoisti – selfish boys;
ragazze egoiste – selfish girls.

espressioni utili 66

Sono	molto abbastanza un po'	paziente estroverso/a simpatico/a disordinato/a	geloso/a possessivo/a tranquillo/a sicuro/a di me
Non sono per niente Non sono affatto	superstizioso/a	chiacchierone/a(*)	

(*) Note: adjectives ending in **-one** become **-ona** in the feminine singular. The plural endings are **-oni** (m. pl.) and **-one** (f. pl.).

2 🎧 Ascolta e scegli l'aggettivo che descrive meglio ogni persona.

pigro	curioso	testardo	onesto
egoista	tirchio	perfezionista	ordinato
ottimista	generoso	pessimista	viziato
ambizioso	socievole	sensibile	

1 Stefano è … 2 Germana è … 3 Sonia è …
4 Marinella è … 5 Roberto è … 6 Filippo è …

3 ✏ Descrivi il tuo carattere.
Puoi usare le espressioni utili e gli aggettivi dell'esercizio precedente.

Esempio: Sono molto simpatico/a, abbastanza geloso/a e un po' superstizioso/a. Però, non sono per niente paziente.

ricorda 💡

Molto/troppo/tanto do not change when used with an adjective. **La mia amica è molto simpatica.** (➤ page 213)

4a 👥 Vuoi trovare il tuo/la tua partner ideale.

Intervista 5 compagni di classe e prendi nota delle loro qualità e dei loro difetti. Chiedigli inoltre cosa fanno nel loro tempo libero.

4b 👥 Ecco i risultati del mio sondaggio!
In coppia spiegate chi avete scelto e perché.

Esempio: Il mio/la mia partner ideale è …. perché è molto onesto/a, socievole e ambizioso/a come me. Poi mi piace perché non è affatto possessivo/a o egoista. Inoltre abbiamo interessi simili: ama fare sport, gli/le piace andare al cinema, leggere …

5 ✎ **Guardate queste persone.**
Cercate di immaginare come sono di carattere, la loro età, la professione e i loro interessi. Scrivete le descrizioni.

Esempio: Secondo me, quest'uomo è molto impegnato, intelligente e ambizioso. Non mi sembra un tipo ordinato però … Ha circa cinquant'anni, forse è un uomo d'affari. Nel tempo libero gli piace ascoltare la musica classica, andare a teatro …

6 🗪 **Tocca a voi! Scrivete le vostre risposte a queste domande, poi domandate e rispondete a turno.**

- Con chi (amici/membri della famiglia) andate d'accordo? Perché?
- Con chi (amici/membri della famiglia) non andate d'accordo? Perché?

Esempi:
<u>Vado d'accordo con</u> il mio fratello maggiore perché mi aiuta sempre quando ho problemi con i miei compiti. È molto paziente e simpatico.

<u>Non vado d'accordo con</u> Stefania, una mia compagna di classe, perché è troppo egoista. Pensa solo a se stessa, mai agli altri. È anche molto vanitosa perché durante le lezioni si guarda sempre nello specchietto. Questo mi <u>dà ai nervi</u>.

7 🎧 **Ascolta Daniela che parla della famiglia e degli amici.**
Indica le persone con cui va d'accordo.

a suo fratello (Stefano)
b sua madre (Angela)
c la sua nonna (Mariassunta)
d suo padre (Donato)
e Elena
f la sua compagna di classe (Carla)
g Marco
h la gatta (Topsi)

- *Describe and talk about family problems*
- *Describe and talk about problems at school or at work*

1 ◯ Ascolta i genitori che si arrabbiano con i figli.
Indica il disegno che corrisponde a quello che dicono.

2a Leggi questi messaggi.

Amici Chat

◆ <u>I miei genitori si arrabbiano con me</u> quando passo troppo tempo a mandare messaggi SMS e a telefonare ai miei amici invece di studiare. Ma non sono così diverso da altri giovani della mia età. Ogni sera vado in camera mia e navigo in Internet e chatto con i miei amici. Quando i miei ricevono la bolletta del telefono sono furiosi. 'Siamo noi che la paghiamo non tu'. Pazienza! **Silvano**

◆ I miei genitori non mi permettono mai di uscire durante la settimana. Anche al fine settimana <u>devo essere a casa per le undici</u>. Non vale la pena andare in discoteca perché molti giovani non ci vanno prima delle dieci. Non è giusto perché ormai ho diciotto anni. Dicono che è pericoloso per una ragazza stare fuori da sola fino a tardi. Gli spiego che non sono sola ma non mi ascoltano mai. **Manuela**

◆ Purtroppo litigo sempre con i miei genitori perché non ho nessuna voglia di andare avanti con i miei studi dopo quest'anno. Secondo loro dovrei andare all'università. A che cosa serve andare all'università quando ci sono già tanti laureati che hanno difficoltà a trovare lavoro? Io non sono così ambizioso come loro. **Emanuele**

◆ Appena torna a casa dal lavoro la mia sorella maggiore si mette a guardare le telenovele e <u>non mi lascia mai</u> guardare programmi più seri tipo documentari sulla natura o sui problemi attuali della nostra società o magari un bel film. Il problema è che anche mia madre si interessa solo alle telenovele. Mio padre invece è contento di leggere il suo giornale e dopo si addormenta. **Sabrina**

2b Rispondi alle domande. Scrivi **Silvano**, **Manuela**, **Emanuele** o **Sabrina**.

Chi …

1 deve tornare a casa abbastanza presto?

2 non ha l'occasione di guardare i suoi programmi preferiti?

3 non contribuisce al costo delle telefonate?

4 preferirebbe cercare lavoro invece di continuare a studiare?

5 usa molto il computer?

2c ✎ Scrivi almeno cinque cose che non devi fare usando delle espressioni sottolineate dell'esercizio 2a.

Esempi:

I miei genitori non mi permettono di uscire ogni sera.

Non devo guardare film violenti alla televisione.

Mio fratello/mia sorella non mi lascia mai usare il suo telefonino.

I miei genitori si arrabbiano con me quando lascio i miei vestiti per terra.

2d 👥 Tocca a voi! Parlate a turno delle cose che non dovete fare e esprimete un'opinione.

Esempi:

A: Non devo fare i miei compiti con la televisione accesa. Secondo me, non è giusto.

B: Sono perfettamente d'accordo. / Non sono d'accordo.

> **ricorda** 💡
>
> Use the infinitive without a preposition after **dovere** and **lasciare**. After **permettere** use **di** + infinitive (→ page 219).

3 🎧 Ascolta la conversazione fra Daniela ed Elena.

Scegli la risposta giusta.

1 Oggi Daniela
  (a) è malata.   (b) sta bene.
  (c) è infelice.   (d) è molto contenta.

2 I genitori saranno più contenti se Daniela
  (a) va in vacanza con loro.   (b) sta a casa.
  (c) va in Australia.   (d) studia durante le vacanze.

3 I genitori di Daniela sono
  (a) possessivi.   (b) avventurosi.
  (c) ottimisti.   (d) superstiziosi.

4 Probabilmente Daniela andrà all'università
  (a) fra qualche anno.   (b) fra un anno.
  (c) subito.   (d) in Australia.

5 Per i genitori il luogo dove vanno in vacanza è
  (a) affollato.   (b) rumoroso.
  (c) vicino al mare.   (d) ideale.

4 Leggi queste opinioni. Cosa ne pensi? Sei d'accordo? Puoi aggiungere altri commenti?

I miei migliori amici	**I miei genitori non**	**Gli insegnanti**

• ascoltano i miei problemi • mi prestano i loro DVD • hanno il senso dell'umorismo • mi aiutano a fare i compiti • hanno gli stessi gusti • hanno gli stessi interessi	• mi danno abbastanza soldi da spendere • mi lasciano andare in vacanza da solo/a • mi permettono di uscire ogni sera • mi lasciano guardare la TV fino a tardi	• non ci lasciano usare il cellulare in classe • non ci permettono di parlare dei nostri problemi • non ci chiedono il nostro parere • sono molto impazienti • ci incoraggiano sempre • ci aiutano se abbiamo difficoltà

5 👥 Tocca a voi! Domandate e rispondete a turno.

Con chi vai d'accordo nella tua famiglia? Perché?

Con chi non vai d'accordo? Perché?

Racconta il litigio più recente.

Perché vai d'accordo con i tuoi migliori amici?

Hai amici/colleghi con cui hai dei conflitti? Perché?

- *Find out about recent developments in Italy*
- *Discuss future marriage and family plans*
- *Read and write about personal problems*
- *Learn the difference between* **conoscere, sapere, potere**

1a ⌂ Ascolta la conversazione tra Daniela e Elena.

Copia e completa le frasi.

1 Daniela vuole sposarsi all'età di … o … anni.
2 Dopo aver finito gli studi vorrebbe …
3 Le piacerebbe avere … figli.
4 Molte ragazze oggi si sposano a … anni.
5 Elena invece desidera sposarsi quando ha …
6 Secondo Daniela, Elena sarà troppo …
7 Elena non vuole avere …

1b ⌂ Ascolta Marco e Gianni che parlano di matrimonio.

Indica se queste affermazioni sono V (vere), F (false) o ? (se non sono indicate).

1 Gianni intende sposarsi.
2 Vuole avere due figli.
3 Marco si sposerà fra alcuni anni.
4 Secondo Gianni, l'età ideale per sposarsi è 62 anni.
5 Anche Marco pensa che questa sia l'età giusta.
6 Marco desidera viaggiare prima di sposarsi.
7 A Marco piacerebbe avere più di due figli.

2a Leggi questo articolo.

La famiglia italiana in crisi?

A Oggi in Italia si parla di una famiglia in crisi perché ci sono meno nascite che in qualsiasi altro Paese del mondo. La famiglia italiana quindi sta diventando più piccola. Nel 1970 il numero medio di figli per donna era 2,42. Trent'anni più tardi era sceso all'1,2. In confronto al passato una più alta percentuale di ragazze continua a studiare e una volta laureate desiderano farsi una carriera piuttosto che sposarsi subito.

B In passato le ragazze si sposavano molto giovani ed era il ruolo del marito di lavorare e mantenere la famiglia. La moglie invece stava a casa, faceva le faccende domestiche e si occupava dei figli. Le famiglie erano più numerose, soprattutto nel sud.

C Ora è abbastanza comune vedere ragazze di trent'anni senza figli né marito che rimangono a vivere con i propri genitori. In più ci sono tantissimi 'ragazzi' che hanno più di trent'anni che vivono con i genitori. Sono i famosi 'mammoni'. È più comodo e molto meno caro rimanere con i genitori.

D Al giorno d'oggi vediamo diverse situazioni: coppie sposate senza figli o con un solo figlio, famiglie monogenitoriali, giovani che preferiscono convivere piuttosto che sposarsi. La convivenza infatti ha portato alla diminuzione del numero dei matrimoni. Sono aumentati anche i numeri delle separazioni e dei divorzi. Se non fosse per gli immigrati la popolazione continuerebbe a diminuire.

2b Indica il paragrafo al quale si riferiscono le frasi 1–6.

Esempio: L'Italia ha bisogno di immigrati – D

1 I figli che rimangono con i genitori per motivi economici.
2 La diminuzione delle nascite.
3 Il ruolo della donna sposata.
4 L'importanza degli studi.
5 La zona dell'Italia che aveva famiglie più grandi.
6 Coppie che scelgono di vivere insieme senza sposarsi.

3 👥👥 Tocca a voi! Domandate e rispondete a turno.

- Hai intenzione di sposarti? Se sì, a che età? Se no, perché?
- Vuoi avere bambini? Se sì, quanti? Se no, perché?
- Secondo te, qual è l'età ideale per sposarsi? Giustifica la tua risposta.
- Come sarà il tuo futuro sposo/la tua futura sposa? Descrivilo/la.

4a Leggi queste lettere.

La posta del cuore

Sono un ragazzo di 14 anni e <u>mi sono innamorato di</u> una ragazza che ho conosciuto 6 mesi fa. Frequenta la stessa scuola ma non è nella mia classe. <u>Evidentemente ci vediamo ogni giorno</u> a scuola e <u>ci sentiamo sul cellulare</u> due o tre volte ogni sera. I miei genitori non erano molto contenti quando è arrivata a casa una bolletta di 350 euro. Adesso mi hanno tolto il cellulare e mi hanno detto di usare il telefono di casa ma non voglio che loro ascoltino le nostre conversazioni. <u>Sono disperato</u> perché non mi lasciano nemmeno uscire durante la settimana. **Sandro**

Ho 18 anni e <u>sono molto infelice e depressa a causa della scuola</u>. <u>Ultimamente</u> ho avuto dei brutti voti e <u>non riesco a</u> concentrarmi. Penso che sia dovuto al fatto che <u>non vado più d'accordo con</u> il mio ragazzo. Siamo insieme da tre anni, troppo tempo forse perché adesso <u>non facciamo altro che litigare</u> e generalmente per cose stupide. <u>Non so cosa fare</u>. <u>Gli voglio bene</u> ma lui comincia già a guardare altre ragazze. <u>Sono gelosa, mi arrabbio con lui</u> e divento ancora più depressa. Cosa posso fare? C'è una via d'uscita? **Elisa**

Cari amici,

Due settimane fa <u>ho conosciuto una ragazza in chat</u>. Mi sembra molto simpatica e vorrei incontrarla di persona. Le ho mandato un centinaio di messaggi ma non mi risponde. <u>Le ho mandato</u> la mia foto e <u>le ho chiesto di mandarmi</u> la sua, ma niente. Non vuole rispondermi più. Cosa devo fare? Avete qualche consiglio da darmi? Sono disperato! **Antonio**

Ho 5 anni e <u>ho un grosso problema</u>. <u>Ho preso una cotta per</u> il gatto del mio vicino. Lo incontro ogni mattina e sera quando vado a fare una passeggiata nei campi dietro a casa mia. I miei <u>padroni si sono resi conto che</u> esco più del solito ma non gli ho ancora detto che mi sono innamorata. Purtroppo ho visto questo gatto con altre femmine. <u>Sono troppo timida per invitarlo a cena</u>. <u>Pensavo di dargli</u> il mio numero di cellulare ma finora <u>mi è mancato il coraggio</u>. Domani mattina andrò a chiedere qualche consiglio a Elena, l'amica di Daniela, perché è molto simpatica e vuole diventare veterinaria. **Topsi**

4b Rispondi **Sandro**, **Elisa**, **Antonio**, o **Topsi**.

Chi …

1 aspetta una risposta ai suoi messaggi?
2 ha difficoltà con gli studi?
3 non osa mettersi in contatto con l'amico?
4 non vede la sua ragazza durante le lezioni?
5 andrà a parlare con qualcuno del suo problema?
6 non ha ancora incontrato la ragazza?
7 passava molto tempo a telefonare alla sua ragazza?
8 non ha scritto quanti anni ha?

grammatica ⚙

'to be able' – potere or **sapere?**

potere implies <u>asking permission</u>: **Posso aprire la finestra?** – Can I open the window? It can also imply <u>possibility</u>: **Cosa posso fare?** – What can I do?

sapere implies <u>knowing how to</u>: **So suonare la chitarra** – I know how to play the guitar. It can also imply <u>being capable of</u>: **Non so cosa fare** – I don't know what to do.

'to know' – sapere or **conoscere?**

sapere means <u>to know a fact</u>: **Non so se è in casa.** – I don't know if he is at home.

conoscere means <u>to be acquainted with</u> a person or a place: **Conosco quella ragazza da 6 mesi.** – I've known that girl for 6 months. It can also mean to meet someone: **L'ho conosciuta 6 mesi fa.** – I met her 6 months ago.

5 Scegli il verbo giusto.

1 Non **conosco/so** dove abitano.
2 **Conosciamo/sappiamo** bene questa famiglia.
3 Non **sa/può** nuotare. Non ha mai imparato.
4 Mia sorella non **sa/può** portare la valigia. È troppo pesante.

6 ✎ Scrivi una lettera alla posta del cuore in cui racconti un tuo problema.
Rileggi le lettere dell'esercizio 4a e utilizza o adatta le espressioni sottolineate.

17 Il nostro ambiente

17.1 Tipi di inquinamento

- *Types of pollution*
- *Effects of pollution on the environment*
- *Use the pluperfect tense*

1a Leggi questa e-mail di Gianpaolo.

SALUTI ""

Ieri sera io e Annamaria tornavamo a casa dal nostro ristorante preferito Casa Romana, dove eravamo andati a cenare con degli amici, quando mi sono accorto di non avere il cellulare. L'avevo dimenticato in ufficio! Quindi sono passato per l'ufficio per riprenderlo. L'avevo appena ripreso in mano quando mi ha chiamato il redattore del giornale. Quella stessa sera aveva visto alla televisione un programma sull'inquinamento in Italia. Gli aveva fatto una tale impressione che voleva un articolo sui problemi dell'ambiente! Allora aiutatemi, ragazzi, mi farebbe piacere sapere cosa pensate voi, cosa vuol dire per voi l'inquinamento ma mi raccomando, non ho bisogno di niente di troppo complicato!

1b Scegli la risposta giusta.

1 Gianpaolo ha mangiato: a casa/in ufficio/al ristorante/al bar.

2 Ha lasciato il cellulare: in macchina/nel ristorante/a casa/in ufficio.

3 Il suo redattore aveva: mangiato con loro/guardato una trasmissione televisiva/ visto un programma comico/scritto un articolo interessante.

4 Vuole scrivere un articolo   semplice/complicato/scioccante/commovente.

2 Abbina la parola/l'espressione italiana alla sua equivalente in inglese.
Usa le strategie che avete imparato nell'Introduzione (➤ pages 6 – 7) **Esempio**: 1 – e.

1	l'inquinamento		**a**	deforestation
2	inquinare		**b**	exhaust fumes
3	l'industria chimica		**c**	biodegradable
4	l'effetto serra		**d**	boiler
5	il buco dell'ozono		**e**	pollution
6	la deforestazione		**f**	rubbish
7	un problema ambientale		**g**	greenhouse effect
8	una raffineria		**h**	insecticide
9	i gas di scarico		**i**	chemical industry
10	una petroliera		**j**	to pollute
11	una caldaia		**k**	fertiliser
12	biodegradabile		**l**	a refinery
13	un fertilizzante		**m**	oil tanker
14	un insetticida		**n**	hole in the ozone layer
15	i rifiuti		**o**	environmental problem

3 🎧 Ascolta Gianpaolo e Marco che parlano dell'inquinamento.

Quali sono i sei tipi di inquinamento che menzionano?

Scegli tra:
il petrolio/il fertilizzante/l'industria chimica/i rifiuti/ l'insetticida/i processi industriali di produzione/ i gas di scarico/la caldaia di casa/le macchine/le raffinerie.

4 🎧 Ascolta Daniela che parla del consumo giornaliero di acqua.

Copia la tabella e riempila.

1 Percentuale dell'acqua raccolta nei mari e negli oceani.	
2 Periodo in cui il consumo di acqua è aumentato tre volte.	
3 Numero di persone che vivono senza acqua potabile.	
4 Il consumo giornaliero di acqua per persona nel 1000 a.C.	
5 Il consumo giornaliero di acqua per persona nel 1800 d.C.	

a.C. = B.C.   d.C. = A.D.

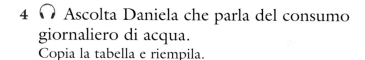

l'inquinamento dell'aria
l'inquinamento dell'acqua
Tipi di inquinamento
l'effetto serra
la deforestazione
il buco dell'ozono

5a Leggi questo articolo.

Effetto serra

'L'effetto serra' significa un aumento della temperatura globale causato dalla presenza nell'atmosfera di alcuni 'gas serra', specialmente l'anidride carbonica (CO_2) ed il metano. L'aumento di CO_2 è dovuto all'uso dei combustibili fossili: petrolio, carbone, metano.

Il 'buco' dell'ozono

L'ozono è uno strato di gas che si trova nell'atmosfera a 15 – 50 km dalla superficie terrestre. Questo gas ha l'importante funzione di filtrare la parte più pericolosa della luce solare: le radiazioni ultraviolette. I principali responsabili dei buchi sono i chlorofluoro carburi (CFC) o freon, usati per i frigoriferi o per le bombolette spray.

Deforestazione

Le foreste sono indispensabili alla vita della Terra, perché producono ossigeno. Ogni anno scompaiono 200.000 kmq di foresta, un territorio paragonabile alla Gran Bretagna. Il disboscamento più massiccio è stato subito dalle foreste tropicali.

5b Scrivi E (Effetto serra), B (Buco dell'ozono), o D (Deforestazione).

Quale problema è causato …

1 dal petrolio?
2 dal disboscamento?
3 dalla presenza di 'gas serra'?
4 da prodotti usati in casa?

6 Riscrivi le frasi con la forma corretta del trapassato prossimo.

Esempio: Hanno mangiato fuori.
Avevano mangiato fuori.

1 Le autorità hanno chiuso al traffico il centro storico.
2 L'aereo è arrivato in orario.
3 Ci siamo alzati presto.
4 L'ho dimenticato in ufficio.

grammatica ⚙

Il trapassato prossimo

Gianpaolo used the pluperfect tense in his e-mail: **Ieri sera eravamo andati …** The pluperfect tells you what <u>had</u> already happened.

L'avevo appena ripreso in mano quando mi ha chiamato il redattore. I had just picked it up when the editor called. (The first action happened <u>before</u> the second)

To form the pluperfect tense use the imperfect of **avere** or **essere** + past participle. For which verbs take **avere/essere**, rules of agreement etc ➤ page 216.

- *Discuss some environmental issues*
- *Talk about ways of improving the environment*
- *Use impersonal verbs*

> ***Se vogliamo salvare la natura, dobbiamo riusare ogni cosa:***
> ***carta, bottiglie, cartoni, tappi, sacchetti, bottoni!***

1 Che cosa possiamo riciclare? Abbina la parola/l'espressione al disegno.

Esempio: 4 – a

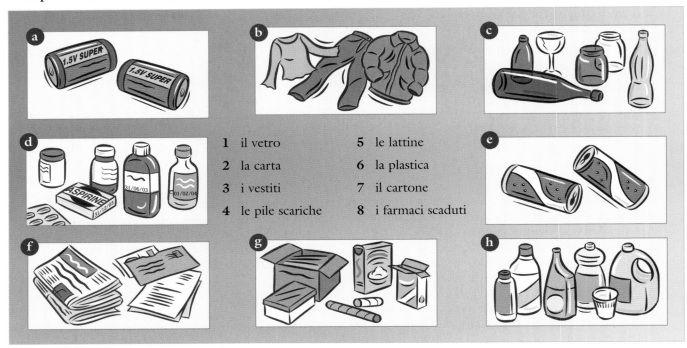

1 il vetro	5 le lattine
2 la carta	6 la plastica
3 i vestiti	7 il cartone
4 le pile scariche	8 i farmaci scaduti

2 ✏ Scrivi un elenco degli altri rifiuti/materiali che possiamo riciclare.
Usa il dizionario se necessario.

3 👥 Tocca a voi! Scrivete le vostre risposte a queste domande,
poi domandate e rispondete a turno.

- Cosa porti tu nei contenitori? Ogni quanto?
- Cosa fanno altri membri della tua famiglia?

Esempi: Una volta alla settimana porto i vecchi giornali nell'apposito contenitore ma non porto mai i farmaci scaduti.

Ogni fine settimana, la domenica di solito, i miei genitori portano le bottiglie di vetro nell'apposito contenitore ma mettono le bottiglie di plastica nei rifiuti domestici.

4 🎧 Ascolta Daniela, Gianpaolo ed Alessandra.
Copia la tabella e segna con ✓ cosa portano nei contenitori.

	vetro	carta	vestiti	pile	lattine	plastica	cartone	farmaci
Daniela								✓
Gianpaolo								
Alessandra								

5a Guarda queste foto di contenitori per la raccolta differenziata.

a
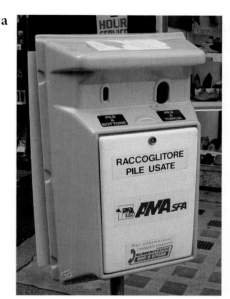

b

c

d

e

5b Leggi i commenti.

Scegli l'apposito contenitore.

Esempio: 1 – d

1 Non prendo più queste pastiglie per il mal di testa.

2 Questi pantaloni sono passati di moda.

3 Quanto vino avete bevuto! Cosa faccio con tutte queste bottiglie vuote?

4 Questo walkman non funziona più. Vai a comprare delle pile e butta via queste.

5 Mamma, ho preparato le patate e le carote. Cosa faccio con le bucce?

grammatica ⚙

Verbi impersonali

Impersonal verbs differ from other verbs in that the subject is not a person 'I, you' etc. but 'it'.

Bisogna (bisognare) riciclare i nostri rifiuti. It is necessary to recycle our rubbish. Thus **è** meaning 'it is' + adjective is an impersonal construction. **È essenziale/importante/necessario** ... It is essential/important/necessary ...

6 🎧 Ascolta 7 persone e leggi queste frasi a–g.

Quale frase corrisponde meglio a quello che dice ogni persona?

Esempio: a – 2

a Bisogna riciclare i nostri rifiuti.

b È essenziale risparmiare l'acqua di casa.

c Bisogna usare di più i mezzi pubblici.

d È importante riusare i sacchetti di plastica.

e È necessario risparmiare elettricità.

f Bisogna mettere queste pubblicità nel bidone dei rifiuti.

g È importante scegliere prodotti con confezioni biodegradabili o riciclabili.

7 👥 Tocca a voi! Domandate e rispondete a turno.

• Nella tua città ci sono i contenitori per la raccolta differenziata? Se sì, per quali rifiuti?

• Di che colore sono i bidoni?

• Dove si trovano esattamente?

• Quali altri bidoni vorresti avere nella tua città/ nel tuo paese? Perché?

• Secondo te, i tuoi compagni di scuola/i tuoi colleghi di lavoro sono dei veri ambientalisti? Se sì, cosa fanno? Se no, perché?

- *Describe your local area*
- *Discuss environmental problems in your area*
- *Use the relative pronoun* **quello che**
- *Use the passive*

1a 🎧 Ascolta Daniela che parla della zona in cui abita. Copia queste frasi e correggile.

1 A Firenze ci sono pochi turisti.
2 L'industria causa molto inquinamento.
3 Le macchine sono parcheggiate davanti al Duomo.
4 Non ci sono zone pedonali.
5 Sesto è più grande di Firenze.

1b 🎧 Ascolta Alessandra e completa le frasi.

1 Le piace abitare in … perché è più …
2 Dove abita l'aria è … mentre in città è … a causa del …
3 Le dispiace vedere i … sui muri.

1c 🎧 Ascolta Gianpaolo e rispondi alle domande.

1 Come descrive la città di Toronto? Menziona due punti.
2 Quali sono i problemi di cui parla?
3 Quali sono i vantaggi di abitare a Toronto? Menziona tre punti.

PEDONI

grammatica ⚙

Pronomi relativi

Quello che 'what' is a relative pronoun and is often used at the start of a sentence in expressions such as **quello che mi piace/detesto** … what I like/hate …
Remember! It is not a question form so do not confuse **quello che** with **che cosa/cosa**.

Quello che deteso sono i gas di scarico delle macchine.
<u>What</u> I hate are the car exhaust fumes.

Che cosa non ti piace? <u>What</u> don't you like?

3 Completa queste frasi con **quello che** o **che cosa**.

1 … facciamo stasera?
2 … dici è molto interessante.

espressioni utili 👊

Ci sono	troppe macchine.	
C'è	troppo traffico/rumore/inquinamento.	
Non ci sono abbastanza	piste ciclabili.	
	zone pedonali.	
	parcheggi.	
	spazi per lasciare le biciclette.	
	parchi.	
Quello che mi piace di più	è la tranquillità/il clima.	
Quello che detesto	è il rumore/l'inquinamento.	
	sono i graffiti/	
	i rifiuti per terra/sui marciapiedi.	

grammatica ⚙

Il passivo

Compare these two sentences:

Le macchine inquinano l'aria. Cars pollute the air. (active)

L'aria è inquinata dalle macchine.
The air is polluted by the cars. (passive)

Usually you make a sentence passive by changing around the subject (**le macchine**) and the object (**l'aria**). The use of the passive gives more emphasis to **le macchine**. The passive can be used in all tenses and it is frequently used in newspaper articles on crime, accidents etc.

To form the passive, use the appropriate tense of **essere** + past participle of the relevant verb.

La nostra salute è minacciata dall'inquinamento.
Our health is threatened by pollution.

La nostra salute è stata minacciata dall'inquinamento.
Our health has been threatened by pollution.

2 ✏ Riscrivi queste frasi, usando il passivo.

1 Le autorità hanno chiuso il centro storico.
2 L'effetto serra minaccia la nostra terra.

4a 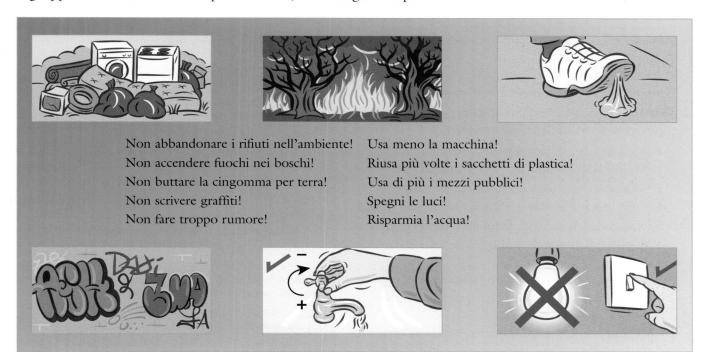 Tocca a voi! Usate le espressioni utili per parlare dei vantaggi e degli svantaggi della zona in cui abitate.

4b Vuoi migliorare il paese o la città in cui abiti. Scrivi delle frasi.

Esempio: Bisogna chiudere al traffico il centro storico.

È importante …   Bisogna …

È necessario …   È essenziale …

Sarebbe una buon'idea …

5 Cosa possiamo fare per salvare il nostro pianeta?

A gruppi scrivete un manifesto pubblicitario, come negli esempi.

Non abbandonare i rifiuti nell'ambiente!
Non accendere fuochi nei boschi!
Non buttare la cingomma per terra!
Non scrivere graffiti!
Non fare troppo rumore!

Usa meno la macchina!
Riusa più volte i sacchetti di plastica!
Usa di più i mezzi pubblici!
Spegni le luci!
Risparmia l'acqua!

6 Un progetto sull'ambiente.

Rispondi all'e-mail di Stefano.

> **Nuovo Messaggio**
>
> La mia classe sta facendo un progetto sull'ambiente, anche la tua, vero, perché la tua insegnante Alessandra ha contattato la nostra classe qualche giorno fa. Ecco alcune domande per cominciare:
> - quali sono i problemi più gravi nella zona in cui vivi – traffico, rifiuti?
> - quali sono le cause di questi problemi?
> - secondo te, cosa bisogna fare per proteggere il nostro ambiente?
> - che cosa ha fatto la tua classe?
> - che cosa farà in futuro per migliorare la situazione?
>
> Non vedo l'ora di ricevere le risposte a tutte le mie domande.
> Ti ringrazio. Un saluto. Stefano.

Grammatica 7

- Adjectives ending in -a
- quello che
- The passive
- conoscere, potere, sapere
- The pluperfect tense
- Impersonal verbs

grammatica ⚙

Aggettivi in -a

In addition to the adjectives in **-o** and **-e** (➤ page 211) Italian also has a number of adjectives in **-a**. These adjectives have the following endings:

Masc. and Fem. Sing.	Masc. Pl.	Fem. Pl.
-a	-i	-e

l'uomo/la donna egoista the selfish man/woman
gli uomini egoisti the selfish men
le donne egoiste the selfish women

2 Conoscere, potere o sapere?

Riscrivi le frasi con il verbo corretto.

1 Scusi signore, **sa/conosce** dov'è la stazione?
2 Mi sono rotto il braccio. Non **so/posso** scrivere.
3 **Sapete/Potete** venire alla partita domenica?
4 Vuole guidare lei? Meglio di no, non **sa/può** guidare.
5 Non **conosciamo/sappiamo** dove vanno in vacanza.
6 Se arrivano in ritardo **sanno/possono** prendere un tassì.
7 I miei amici non **conoscono/sanno** questa regione.
8 Non vado a lavorare in Spagna perché non **posso/so** parlare spagnolo.
9 **Ho saputo/conosciuto** questa ragazza all'università.
10 **Puoi/Sai** dirmi che ore sono?

grammatica ⚙

Il trapassato prossimo

The pluperfect tells you what <u>had</u> already happened before another action in the past.

Quando sono arrivato a casa i miei amici erano già usciti.
When I arrived home my friends had already gone out. (*first* the friends left *then* I arrived)

To form the pluperfect, you use the imperfect of **avere** or **essere** + past participle.

io	avevo parlato	ero arrivato/a
tu	avevi parlato	eri arrivato/a
lui/lei	aveva parlato	era arrivato/a
noi	avevamo parlato	eravamo arrivati/e
voi	avevate parlato	eravate arrivati/e
loro	avevano parlato	erano arrivati/e

1 Copia e completa le frasi con la forma corretta dell'aggettivo.

1 Gli studenti sono … (entusiasta).
2 È una persona … (ottimista).
3 Gianni e sua sorella sono troppo … (pessimista).
4 Le mie amiche sono … (ambientalista).
5 Questo ragazzo non è … (egoista).

grammatica ⚙

It is important to have a clear understanding of these three verbs to be able to use them correctly.

- **Conoscere** is a regular verb and means 'to know/be acquainted with' a person, a place or something.
  Conosco questa signora. I know this lady.
  Conosciamo bene la città/il ristorante.
  We know the town/restaurant well.
  Conosci questa canzone? Do you know this song?
- **Potere** 'be able/can' is an irregular verb (➤ page 225) most frequently used:
  - to ask permission: **Posso aiutare?** May/can I help?
  - to express possibility: **Possiamo venire alla festa.**
    We can come to the party.
- **Sapere** 'to know' is also irregular: **so, sai, sa, sappiamo, sapete, sanno** and is used:
  - to express the idea of an acquired skill: **Roberto sa nuotare.** Roberto can (= knows how to) swim.
  - meaning 'to know' a fact: **Sai a che ora parte il treno?**
    Do you know at what time the train leaves?

3 Copia e completa le frasi con la forma corretta del trapassato prossimo.

1 Volevo pagare la metà ma il mio amico … tutto. (pagare)
2 Hanno perso il treno perché … troppo tardi. (alzarsi)
3 I miei amici non erano a casa, … alla partita. (andare)
4 Mia sorella non ha passato l'esame perché non … (studiare)
5 I miei figli si sentivano male perché … troppi gelati. (mangiare)
6 I miei amici mi hanno detto che … al concerto. (divertirsi)
7 Elena è andata a vedere lo stesso film che io … la settimana scorsa. (vedere)
8 Mia nipote … senza dire niente ai suoi genitori. (sposarsi)

grammatica ✿

Verbi impersonali

Impersonal verbs have the subject 'it' or 'there' not 'I, you' etc. Weather expressions (→ see page 215) use a variety of verbs but they all have the subject 'it':

piove; fa freddo; è umido; c'è il sole

Frequently used impersonal constructions start with **è**:

È essenziale/importante/necessario studiare.
It is essential/important/necessary to study.

È meglio aspettare l'autobus. It is better to wait for the bus.

Note that in Italian you do not need to express 'it' as a separate word.

A common impersonal verb is **bisogna** (**bisognare**) 'it is necessary' and it is only used in this form.

Bisogna riciclare i nostri rifiuti.
It is necessary to recycle our rubbish.

4 Copia e completa le frasi con un verbo impersonale appropriato.

1 … la nebbia.
2 … nuvoloso.
3 … leggere le istruzioni.
4 … molto caldo oggi.
5 … difficile capire ogni parola.

grammatica ✿

Pronomi relativi

Quello che 'what' is a relative pronoun in expressions such as **quello che mi preoccupa** … what worries me …

Quello che mi preoccupa è l'aumento dell'inquinamento. What worries me is the increase in pollution.

The position of **quello che** can vary.

Mangia quello che vuoi. Eat what you want.

Remember! It is not a question form so do not confuse **quello che** with **che cosa/cosa**.

Che cosa vuoi? What do you want?

5 Copia e completa le frasi con **quello che** o **che cosa**.

1 … mangiamo stasera?
2 … studi a scuola è molto pratico.
3 Sanno esattamente … vogliono comprare.
4 … hanno detto?

grammatica ✿

Il passivo

The passive can be used in all tenses and it is frequently used in newspaper articles on crime, accidents etc. Compare these two sentences:

Mio fratello scriverà la cartolina.
My brother will write the postcard. (active)

La cartolina sarà scritta da mio fratello.
The postcard will be written by my brother. (passive)

In the first sentence the brother (<u>subject</u>) will write the postcard (<u>object</u>).

In the second sentence the postcard is the subject and will be written <u>by the brother</u>.

To form the passive you need to use the verb **essere** + past participle.

La macchina è stata riparata dal meccanico.
The car has been repaired by the mechanic.

Questi esercizi sono corretti dall'insegnante.
These exercises are corrected by the teacher.

Ricorda! The past participle(s) must agree with the subject.

6 Riscrivi le frasi con la forma corretta del passivo.

Esempio:
I miei genitori pagheranno il conto. →
Il conto **sarà pagato** dai miei genitori.

1 Mia zia preparerà la cena.
2 I miei amici hanno pulito le camere.
3 Mio fratello scrive l'e-mail.

Lettura 4

1a Daniela descrive la sua gatta Topsi.

La mia gatta è molto affettuosa e carina. È chiacchierona ma non sopporta affatto il rumore e la confusione. Si lega a una persona sola – me. È un tipico gatto d'appartamento. È molto casalinga: anche se ha la possibilità di uscire, preferisce restare nell'appartamento. Però le piace anche giocare con altri gatti vivaci. Non è per niente aggressiva. È dolcissima ed adorabile. Non ama essere maltrattata. Se la sua padrona è ammalata, è triste e demoralizzata, cerca di consolarla e confortarla in tutti i modi. Non le piace rimanere sola: se stesse sempre sola in casa morirebbe di tristezza!

1b Rispondi alle domande.

1 Com'è Topsi? (2 dettagli)?
2 Che cosa detesta?
3 Perché non ha tanta voglia di uscire?
4 Che cosa indica che va d'accordo con altri gatti?
5 Come si sente quando la sua padrona sta male?
6 Come reagisce Topsi in questa situazione?
7 Come sappiamo che le piace la compagnia?

3a A che cosa ti fa pensare la parola 'rifiuto'?

La parola mi fa pensare a qualcosa di negativo.

Qualcosa diventa rifiuto quando viene scartato o buttato per terra.

I rifiuti contengono spesso la carta, ad esempio quando si mangia un gelato, la carta viene buttata per terra. Poi ci sono le bottiglie e le lattine vuote.

Si raccolgono vetro, carta, e plastica in contenitori.

La raccolta differenziata dei rifiuti, quando ogni tipo di rifiuto va messo nel contenitore adatto per quel tipo di rifiuto.

2a Leggi questo articolo sugli animali in via d'estinzione.

La nostra classe ha riflettuto molto sul problema degli animali in via d'estinzione. L'uomo ha sterminato molte specie di animali selvatici, con una caccia sistematica, quasi sempre per motivi di guadagno (ad esempio la pelliccia degli animali). Qualche volta ha sterminato delle specie selvatiche per ignoranza: ad esempio il lupo marsupiale della Tasmania, distrutto dai coloni inglesi; il pappagallo tahitiano, che è scomparso perché il suo habitat è completamente cambiato. Purtroppo questa situazione potrebbe continuare all'infinito. È ora di fare qualcosa! Non vogliamo vedere la fine di altre specie!

sterminare	to exterminate

2b Copia e completa la tabella.

1	Problema preso in considerazione dalla classe:	
2	Motivo della caccia:	
3	Nomi di animali sterminati:	
4	Ragione per cui bisogna fare qualcosa:	

3b Lavora con un/una partner.

1 Spiegate in inglese cosa dicono queste persone.
2 A che cosa vi fa pensare la parola 'rifiuto'? Scrivete alcune parole su un foglio di carta, poi scrivete delle frasi.
Esempio:
le lattine vuote: Vedo spesso lattine vuote per terra!

4a Leggi il questionario.

CASA MIA?

1 Ti piace la città/il paese in cui vivi?
- Sì, molto.
- Abbastanza.
- Poco.
- Per niente.

2 Come descriveresti la zona in cui vivi?
- Molto pulita.
- Abbastanza pulita.
- Un po' inquinata.
- Molto inquinata.

3 Quali dei seguenti problemi esistono nella zona?
- Inquinamento del rumore.
- Inquinamento del mare/del fiume.
- Inquinamento causato dal traffico.
- Inquinamento dell'aria.

4a Secondo te, l'acqua del mare/del fiume più vicino a te è:
- molto pulita.
- abbastanza pulita.
- abbastanza inquinata.
- molto inquinata.

4b Se l'acqua è inquinata, secondo te, l'inquinamento è causato da:
- scarichi delle industrie.
- detersivi usati in casa.
- agricoltura (concimi chimici, diserbanti).
- immondizia.

5 Secondo te, le spiagge più vicine a casa tua sono curate?
- Sì, molto.
- Sì, abbastanza.
- Poco.
- Per niente.

6 Chi, secondo te, dovrebbe curare l'ambiente in cui vivi?
- Il governo.
- Le industrie.
- I cittadini.
- Le associazioni ambientaliste.

4b Rispondi alle domande.

1 Quali tipi d'inquinamento sono menzionati nel questionario?
2 Rispondi alle 6 domande e motiva le tue risposte.
   Esempio: 1.
   Sì, molto, perché è una città pulita e c'è molto da fare per i giovani.

18 La formazione permanente

18.1 Il nuovo sistema d'istruzione

- *Discuss school reform*
- *Use some subjunctive expressions*
- *Give your opinion on school systems*

1a Leggi questi messaggi.

Amici Chat

◆ Ciao Daniela,

come vanno i preparativi per la seconda riunione? Secondo me, l'idea della seconda riunione è un ottimo modo di restare in contatto. Se vuoi che faccia qualcosa fammi sapere.

Ho letto sul giornale italiano che il Parlamento ha approvato la riforma scolastica. Infatti devo scrivere un articolo sulla riforma per il mio giornale. Vuoi aiutarmi? Penso che sia ora di cambiare il sistema. Quando io ero a scuola in Italia i politici parlavano di riformare il sistema scolastico ma in tutti questi anni non è cambiato quasi niente. Cosa ne dici tu? Pensi che sia una buon'idea?
Gianpaolo

◆ Gianpaolo, a dire la verità, non ho nemmeno pensato alla riforma scolastica visto che lascerò la scuola quest'anno dopo aver dato gli esami. Comunque ti posso aiutare con l'articolo se hai bisogno di informazioni. Per quanto riguarda la riunione comincerò fra poco a contattare quelli che sono venuti l'altra volta. Non penso che tu abbia bisogno di fare qualcosa per il momento. Grazie dell'offerta … Scusa, forse puoi aiutare. Potresti scrivere un breve articolo sulla riunione per il tuo giornale. Chi sa quanti ex-alunni ci saranno a Toronto? **Daniela**

grammatica

Il congiuntivo

The subjunctive is a form of the verb you use to express an opinion.

Penso/credo che <u>sia</u> importante.
I think/believe (that) it is important.

After **che** it is fairly common to insert the subject pronoun **io/tu/lui/lei**. (➤ page 220)

Pensiamo che <u>tu</u> abbia ragione.
We think that <u>you</u> are right.

The first three persons singular of the present subjunctive are identical.

essere: sia, sia, sia   **avere:** abbia, abbia, abbia

To avoid the subjunctive you can use **secondo me/a mio parere** 'in my opinion'.

Secondo me, è importante.
In my opinion, it's important.

For more information: ➤ page 219

1b Indica le affermazioni vere e correggi quelle false.

1 Gianpaolo pensa che la seconda riunione sia una buon'idea.
2 Ha letto su una rivista la notizia della riforma scolastica.
3 Secondo lui, la riforma non è necessaria.
4 La scuola è cambiata molto da quando lui la frequentava.
5 Daniela non sembra molto interessata alla riforma.
6 Si è già messa in contatto con la gente che è venuta alla prima riunione.
7 Daniela chiede a Gianpaolo di fare qualcosa.

2 Copia e completa queste frasi con la forma corretta del congiuntivo di **essere** o **avere**.

1 Penso che lei … quindici anni.
2 Non credo che Marco … molto bravo in francese.
3 Non credono che questo … possibile.
4 Mia madre pensa che tu … fame.

3 🎧 Ascolta Alessandra che interroga la sua classe sulla scuola dell'obbligo in Italia. Copia e completa la tabella.

Tipo di scuola	Inizio	Fine	Durata
primaria			
media			
superiore			

4a Leggi attentamente questo schema della riforma.

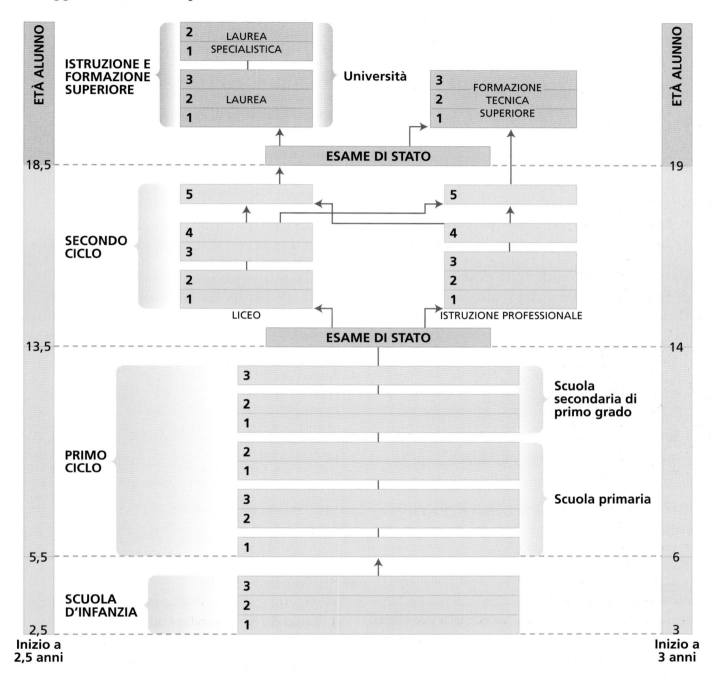

4b 🎧 Ascolta Alessandra che descrive lo schema.

• A che età si inizia a studiare le lingue?

4c 🎧 Ascolta di nuovo Alessandra.
Con l'aiuto dello schema, descrivi il sistema.

Esempio: I bambini possono iniziare la scuola a 2,5 anni o 3 anni. La scuola d'infanzia dura 3 anni e non è obbligatoria.

5 Descrivi brevemente il sistema scolastico/ universitario nel tuo Paese.

• Cosa pensi del sistema scolastico/universitario nel tuo Paese?

• Se fosse possibile cambiare qualcosa, che cosa cambieresti?

- *Express feelings/opinions about exams*
- *Find out about how some exams affect people*
- *Use the relative pronouns **chi/quelli che***

1 🎧 Ascolta Elena e Daniela.

Indica le quattro frasi vere. Correggi quelle false.

1 Gli esami che Daniela dovrà dare sono estremamente importanti.
2 È brava nella maggior parte delle materie.
3 Si sente più nervosa quando deve dare gli esami scritti.
4 Ha sempre avuto dei bei voti.
5 L'importanza dei risultati causa molto stress.
6 Molti compagni di classe hanno ripetuto l'anno.
7 Secondo Elena, la ripetizione di un anno non è giusta.
8 L'esame di cui parlano si chiama l'esame di maturità.

2a 🎧 Ascolta Alessandra che descrive l'Esame di Stato e il sistema dei voti.

Copia e completa la tabella.

Voto massimo	
Voto minimo per passare l'esame	
Valore del credito scolastico	
Voto massimo per gli esami scritti	
E per gli esami orali?	
Numero di esami scritti	
Voto di sufficienza per l'esame scritto	
E per gli esami orali?	

2b 👥👥 Utilizzate le informazioni nella tabella.

Parlate dell'Esame di Stato in Italia. Domandate e rispondete a turno.

Esempio: Qual è il voto massimo dell'Esame di Stato?

3 👥👥 Tocca a voi! Domandate e rispondete a turno.

Ti piacciono gli esami? Perché sì/perché no?

Come ti senti prima di un esame?

Secondo te, qual è l'importanza degli esami?

Qual è il voto massimo che si può ottenere nel tuo Paese?

Qual è il voto di sufficienza?

Quali sono stati gli esami più importanti della tua vita? Perché?

In quali materie sei stato/a bravo/a a scuola?

A scuola, quali sono le materie più importanti secondo te? E quelle meno importanti?

Secondo te, le lingue sono importanti? Perché?

Descrivi l'esame più recente che hai fatto. Com'era?

Secondo te, è giusto che lo studente ripeta l'anno se non passa gli esami alla fine dell'anno scolastico? Giustifica la tua risposta.

4a Leggi questo articolo.

> **Promossi o bocciati?**
>
> In questi giorni cominceranno molti esami. Ma quali sono le tendenze? Più promossi o più bocciati? C'è chi pensa che la bocciatura sia necessaria dal punto di vista educativo. Non sono molti quelli che sono bocciati nelle scuole primarie e medie ma il loro numero aumenta nelle scuole superiori. La maggioranza delle bocciature succede al primo anno di scuola, in particolare in quello delle superiori. Inoltre il 74,7% degli studenti arriva al diploma, ma solo il 59,6 % senza perdere almeno un anno.

4b Answer in English.

1 What do some people think about failing a student?
2 In which schools is the failure rate the highest?
3 What do 74.7% of the students achieve?
4 Why does the article mention 59.6%?

4c Rileggi l'articolo 'Promossi o bocciati'.

1 Write down any examples of **chi/quelli che**.
2 What does **chi** mean in these 2 sentences?
   - **Chi** ha fatto i compiti per oggi?
   - Non posso aiutare **chi** non fa i compiti.
3 Replace **quelli che** with **chi**.
   - Quelli che sono bravi non avranno problemi.
   - L'insegnante punisce quelli che arrivano in ritardo.

5 Leggi! Abbina i trucchi per copiare al disegno giusto. Cosa pensi di queste persone?

- Copiare? Lo facciamo tutti, chi più chi meno ... In fondo copiare è un'arte, ma bisogna sempre farlo senza farsi beccare. E tu come lo fai? **Paola**

- Di solito, quando c'è un compito in classe, faccio 2 bigliettini e me li metto dietro le linguette delle scarpe ... meglio se scarponcini ... ogni volta ke voglio leggere ciò ke nn rikordo bene ... faccio finta di allacciarmi le scarpe!!! **Pia**

- Io semplicemente attacco i bigliettini con formule o risposte dietro la calcolatrice che sta nell'astuccio o nell'astuccio addirittura!!! Poi quando ho bisogno faccio finta di cercare qualcosa e intanto leggo ... ha sempre funzionato!!! **Diana**

- Usate il programma Word con carattere 5/6; su una pagina ci potete scrivere un'intera enciclopedia! Avvolgete il biglietto con dello scotch in modo da renderlo più robusto. All'inizio dell'esame tenetelo sotto il banco, poi prendetelo e tenetevelo in mano. Quando il prof si gira copiate. Con questo metodo prendo sempre 8 in tutte le materie!! **Matteo**

- Prendi un pacchetto di cingomma, scrivi tutto ciò che devi sapere su una cingomma così quando leggi quello che c'è scritto è praticamente impossibile che ti becchino!! **Andrea**

- Se l'esame è di matematica salva le formule sui messaggi e fa finta di usare il cellulare come calcolatrice. Buon Copiato! **Susi**

6 👥 Tocca a voi!
Domandate e rispondete a turno.

Sei mai stato/a bocciato/a?

Se sì, perché? In quale/i materia/e?

Quando è successo?

Perché è successo secondo te?

Qual è stata la tua reazione quando hai ricevuto i risultati?

Cosa ti ha detto l'insegnante?

Cosa ti hanno detto i tuoi compagni?

7 🎧 Ascolta 'Finalmente una decisione'.
Correggi queste affermazioni false.

1 Daniela ha deciso di andare all'università.
2 Tutti gli studenti inglesi vanno all'estero prima di andare all'università.
3 Daniela vuole andare in Spagna.
4 Daniela vuole migliorare lo spagnolo.
5 I nonni di Elena studiano inglese.

8a Leggi questo articolo sul professore ideale.

Secondo noi, il professore ideale dovrebbe essere così: gentile, sincero e allegro. Deve essere un po' severo, ma non troppo, e paziente. Si deve far capire e deve saper spiegare bene, senza annoiare. Deve essere molto comprensivo e deve risolvere i contrasti che ci sono nella classe mettendo pace e serenità. Deve essere capace di aiutare ed ascoltare tutti nello stesso modo, deve essere giusto e, infine, deve essere molto buono. Oltretutto, deve essere capace di perdonarci se dimentichiamo i compiti o se facciamo caos in classe.

8b 👥 Tocca a voi! Lavorate in coppia.

1 Preparate una lista delle caratteristiche di un professore ideale.

   Esempi: entusiasta/divertente/serio/paziente/ impaziente/egoista/gentile/antipatico/un buon ascoltatore.

2 Scrivete una descrizione del vostro professore/della vostra professoressa ideale.

- *Learn about adult education in Italy*
- *Understand the past definite*
- *Find out more about the second reunion*

1a Leggi questo brano sull'università della terza età.

> I corsi si svolgono da novembre a giugno nelle ore diurne. Le adesioni sono aperte fino a dicembre e la quota associativa è fissata in € 70 e dà diritto alla frequenza dei corsi, dei laboratori, ai dibattiti interdisciplinari e alle conferenze mensili. La segreteria si trova in Corso Cavour, 23 Firenze. Orario segreteria: dal lunedì al venerdì dalle 10 alle 12 e dalle 15 alle 18. Per ulteriori informazioni
> tel. 05533.19.61; l'indirizzo e-mail è: terzaeta@fir.it

1b Completa le frasi.

1 I corsi cominciano a … e finiscono a …
2 Le iscrizioni chiudono a …
3 Il costo dell'iscrizione è …
4 A parte le lezioni normali ogni mese si tengono anche …
5 La segreteria è aperta … giorni alla settimana.
6 Non è possibile parlare con qualcuno in segreteria dopo le …
7 Per ulteriori informazioni si può … o mandare un' …

2 🎧 Ascolta Gianpaolo che intervista una signora sull'università della terza età e l'alunno tipo.

Scegli la risposta giusta.

1 La maggioranza degli studenti ha fra
   (a) 40 e 70 anni.   (b) 50 e 60 anni.
   (c) 50 e 70 anni   (d) 15 e 60 anni.

2 Tra gli iscritti ci sono molte persone
   (a) separate.   (b) single.   (c) divorziate.   (d) sposate.

3 La maggior parte frequenta i corsi soprattutto per
   (a) interesse personale.   (b) motivi di lavoro.
   (c) motivi di famiglia.   (d) il titolo di studio.

4 I corsi che offre l'università sono
   (a) troppo accademici.   (b) poco interessanti.
   (c) molto vari.   (d) poco pratici.

5 Un corso molto richiesto è
   (a) la pittura.   (b) l'inglese.
   (c) la storia dell'arte.   (d) l'archeologia.

3a Leggi questa e-mail.

> ═══ Nuovo Messaggio ═══
>
> • Ciao a tutti, sono sicura di farvi ridere: sono una nonna di 78 anni, mi chiamo Mariassunta e sto usando questo nuovo strumento di comunicazione che trovo fantastico! Forse non è stato pensato per le persone della mia età. Io ho il privilegio di poterlo usare perché mia nipote Daniela mi ha spiegato come fare e mi ha aiutato a crearmi una casella di posta. Solo che non ho amiche che lo usano, e così non ho nessuno a cui scrivere, se non mia figlia Angela nel suo posto di lavoro, mio genero Donato e Daniela quando va all'università.
>
> Normalmente resto in casa, leggo, sfoglio i giornali, ma quando non c'è Daniela, mi annoio tanto. Magari questo Internet non è poi solo per giovani ma è uno strumento utile anche per anziani che desiderano comunicare e imparare. Diventeremo sempre più numerosi, non bisogna dimenticarlo. Il corpo può anche deperire, ma lo spirito può liberarsi in rete.
>
> Amici della terza età, basta con i pomeriggi passati giocando a bocce, la fonte dell'eterna giovinezza ci aspetta: la tastiera, il pc, il mouse e l'Internet!
>
> Grazie di avermi ascoltato! Un caro saluto da una nonna.

3b Completa il testo con le parole adatte scelte dal riquadro, come nell'esempio.

La persona che scrive questa e-mail è un'**anziana**. Pensa che questo modo di comunicare sia … Lo sa usare grazie a sua … Purtroppo le sue … non lo utilizzano e quindi ha … persone a cui scrivere. A casa passa il suo tempo a … Secondo lei, l'Internet potrebbe essere utile per persone di tutte le … Suggerisce agli amici anziani di … il gioco delle bocce ed invece di navigare in …

> leggere   molte   figlia   Internet
> meraviglioso   (anziana)   nipote
> abbandonare   inutile   amiche   professioni
> praticare   computer   poche   età

4a Leggi questo articolo sulla nascita dell'università della terza età.

Questa università fin dalla sua fondazione offrì ai suoi iscritti la possibilità di scegliere fra una varietà di corsi. All'inizio interessò soprattutto adulti e anziani e fra i soci 'tradizionali' figurarono casalinghe e pensionati di diverse professioni. Oggigiorno la speranza di vita si allunga e c'è gente che ha molto tempo libero e che vuole impiegarlo in modo utile. Questa università offre ai suoi studenti l'opportunità non solo di apprendere materie nuove e aggiornare la loro cultura, ma anche di socializzare e forse risolvere il problema della solitudine. Per di più, chi lavora deve imparare ad essere più flessibile (forse avrà bisogno di cambiare lavoro più volte rispetto al passato) e perciò la questione della formazione e istruzione permanente sta diventando sempre più importante.

4b Answer these questions in English.

1 Give three advantages of this university.
2 Why is life-long learning important for working people?

5 👤👤 Tocca a voi! Scrivete le vostre risposte a queste domande, poi domandate e rispondete a turno.

Cosa pensi dell'università della terza età?

Quali sono i vantaggi di questo tipo di università?

Ti piacerebbe frequentarla? Perché sì/perché no?

---

grammatica ⚙

Passato remoto

The past definite is a one-word tense used in more formal writing – books, reports, newspapers etc. – to relate past events. You will need to recognize it but you do not have to use it, as you can use the perfect tense (➤ page 215).

To form the past definite of regular verbs remove the **-are**, **-ere**, **-ire** of the infinitive and add the endings underlined:

Parlare: parl<u>ai</u> (I spoke), parl<u>asti</u>, parl<u>ò</u>, parl<u>ammo</u>, parl<u>aste</u>, parl<u>arono</u>

Vendere: vend<u>ei</u> (I sold), vend<u>esti</u>, vend<u>é</u>, vend<u>emmo</u>, vend<u>este</u>, vend<u>erono</u>

Finire: fin<u>ii</u> (I finished), fin<u>isti</u>, fin<u>ì</u>, fin<u>immo</u>, fin<u>iste</u>, fin<u>irono</u>

There are a number of irregular verbs but most do follow a pattern (➤ page 225).

Essere: fui, fosti, fu, fummo, foste, furono

Nascere: nacqui, nascesti, **nacque**, nascemmo, nasceste, **nacquero**

Read exercise 4a again and write down any examples of the past definite. What do these verbs mean?

---

6 Traduci queste frasi in inglese. Poi trasforma i verbi dal passato remoto al passato prossimo.

Esempio:
L'incidente causò molti problemi. The accident caused many problems. L'incidente **ha causato** molti problemi.

1 Partirono in vacanza alla fine di giugno.
2 Questo pittore nacque in Italia. Diventò molto famoso. Morì in Francia.
3 La mia amica vendé la sua casa in campagna dieci anni fa e comprò un appartamento in città.
4 I nostri ospiti si alzarono molto tardi.

7a Leggi l'annuncio di Gianpaolo sulla riunione.

A luglio di quest'anno la seconda riunione degli ex-alunni della scuola media Guido Cavalcanti di Sesto Fiorentino avrà luogo a Firenze in Italia. La prima riunione, organizzata a luglio dell'anno scorso, ebbe un grande successo e più di quaranta ex-alunni parteciparono all'evento. Secondo la mia ricerca più di quaranta ex-alunni della scuola sono emigrati in Canada. Queste riunioni offrono un'ottima opportunità per restare in contatto e rinnovare amicizie. Se vi interessa l'idea e volete ricevere ulteriori informazioni vi prego di contattarmi: gianpaolo@can.ca Siccome sono andato alla prima riunione posso aiutare con l'organizzazione del viaggio e la sistemazione a Firenze. Vi posso assicurare che sarà un'occasione da non mancare!

7b Rispondi alle domande.

1 Quando e dove si terrà la seconda riunione?
2 Come è stata descritta la prima riunione?
3 Quanti ex-alunni sono andati a vivere in Canada?
4 Quali sono i **due** vantaggi di queste riunioni?
5 In che modo Gianpaolo può aiutare chi vuole partecipare all'evento?

19 Problemi sociali

19.1 La dipendenza

- *Talk about smoking*
- *Talk about drugs*
- *Understand more about the past definite*

1a Leggi questo articolo.

Troppe sigarette?

I fumatori in Italia sono in crescita: oggi circa sedici milioni, contro i tredici e mezzo del 1995. Crescono anche i numeri dei morti, che, nel 2020, supereranno quelli per Aids, omicidi e incidenti stradali. Ogni anno 90.000 persone muoiono di malattie cardiovascolari e problemi respiratori, causati dal fumo! Gli adolescenti italiani cominciano a fumare alle scuole medie o al liceo. Secondo alcuni dati recenti il 13% dei giovani tra i 18 e i 24 anni fuma 10 sigarette al giorno. La maggior parte degli adolescenti sono 'fumatori deboli', cioè fumano poco. Gli adolescenti che fumano spesso hanno amici che sono fumatori ed allora è difficile rinunciare al vizio. Il fumo fa male a tutti, ma ai giovani fa malissimo, perché danneggia lo sviluppo dei polmoni. Purtroppo è molto difficile smettere, perché il fumo, come la morfina o l'eroina, stimola una zona del cervello.

1b Copia e completa la tabella.

1	Numero di fumatori in Italia oggi:	sedici milioni
2	Numero di fumatori nel 1995:	
3	Problemi di salute causati dal fumo:	
4	Luoghi dove fumano gli adolescenti:	
5	Percentuale di giovani che fumano 10 sigarette al giorno:	
6	Età di questi giovani:	
7	Significato di 'fumatori deboli':	
8	Motivo per cui è difficile smettere:	
9	Danno causato dal fumo:	
10	Droghe che provocano gli stessi effetti del fumo:	

2 🎧 Ascolta Gianpaolo che intervista un giovane che ha smesso di fumare.

Copia e completa questa scheda.

Ezio ha … anni. Ha smesso di fumare … fa.

Fumava da …

Le quattro cose che lo hanno aiutato a smettere erano:

1 …   2 …
3 …   4 …

3 👥👥 Tocca a voi! Domandate e rispondete a turno.

Tu fumi o conosci qualcuno che fuma?

Se sì, quante sigarette in media fumi/fuma ogni giorno?

Quanto ti/gli/le costa questo vizio alla settimana?

Quando hai/ha cominciato a fumare?

Perché hai/ha cominciato a fumare?

Hai/ha cercato di smettere? Se no, perché?

Se non fumi, cosa pensi delle persone che fumano?

Pensi che il fumo dovrebbe essere vietato in tutti i luoghi pubblici? Perché sì/perché no?

Secondo te, perché molti giovani fumano?

Quali sono i pericoli del fumo?

espressioni utili 66

un/a tossicodipendente – drug-addict
uno spacciatore – drug pusher/dealer
bucarsi/drogarsi – to take drugs   **disintossicarsi** – to dry out
inalare – to inhale   **la riabilitazione** – rehabilitation

4 🎧 Ascolta Gianpaolo che intervista una ragazza che si drogava.

Indica se le frasi sono V (vere), F (false) o ? (se non sono indicate).

1 Linda ha fatto uno sforzo per smettere di drogarsi.

2 Aveva sempre abbastanza soldi per comprare la droga.

3 Alla fine è andata a finire in ospedale.

4 Non si ricorda a che età ha cominciato a drogarsi.

5 Si drogava tutto il giorno.

6 Ha cominciato a lavorare a 19 anni.

7 Si è resa conto che doveva fare qualcosa quando aveva 25 anni.

8 Le persone che l'hanno aiutata avevano una conoscenza del problema droga.

5a Leggi questo articolo. Abbina la droga con l'immagine.

L'eroina è una sostanza chimica che deriva dall'oppio. Può essere sniffata, fumata o iniettata in vena o in muscolo.

La cocaina e il crack sono estratti dalla pianta della coca e si presentano come una polvere bianca da sniffare o iniettare.

L'LSD è una droga 'psichedelica' che produce stati allucinogeni. È liquida e viene quasi sempre ingerita.

L'ecstasy è una combinazione di una droga allucinogena ed un'anfetamina. Viene spesso assunta sotto forma di compresse o pasticche colorate. Molti giovani non considerano l'ecstasy una droga, ma piuttosto qualcosa di essenziale per divertirsi. In realtà l'ecstasy, come le altre droghe, può provocare effetti dannosi.

5b A quale droga si riferiscono queste frasi?

1 Gli adolescenti spesso non credono che sia una droga.
2 Questa droga deriva dalla coca.
3 Per certe persone prendere questa droga è una necessità per divertirsi.
4 Questa droga è un liquido.
5 Si trova questa droga spesso nella forma di pastiglie colorate.

6a Leggi questi articoli.
Due madri scrivono dei figli che si drogavano.

Mio figlio Angelo accettò l'eroina quando qualcuno gliene offrì un po' da inalare. Incominciò anche a comprare la cocaina da uno spacciatore. Un giorno prese l'eroina e scivolò in un coma profondo che durò quindici giorni. Poi riprese conoscenza ma cadde in una depressione …

Natalia era bella come il sole, ma la nostra meravigliosa bambina iniziò ad assumere eroina e altre droghe a quattordici anni. Prendeva l'ecstasy, la cocaina e le pasticche per andare a ballare. Presto i soldi non bastarono più e le crisi d'astinenza la spingevano a rubare l'oro dalla casa … Avevamo una figlia tossicodipendente …

6b Answer in English.

1 What happened to Angelo and Natalia when they took drugs?
2 The accounts have used the past definite and/or the imperfect tenses. Write down the infinitives of all verbs in the past definite and in the imperfect.

7a Leggi la storia di Angelo e Natalia.

Ciao, sono Angelo e questa è la mia storia. Avevo sedici anni quando cominciai a fare uso di droghe pesanti (eroina e cocaina). Nel giro di due mesi persi tutti i valori della vita, cominciai ad avere problemi con la famiglia, persi diversi amici. Pian piano, le cose peggiorarono e scivolai in un coma. Provai a disintossicarmi in ospedale, ma fu un fiasco perché ero molto depresso. Poi accettai di entrare in un programma di riabilitazione. Penso sia stata la decisione più bella della mia vita! Oggi non ho più nessun problema, vivo una vita felice ed ho molti successi anche nel lavoro.

Mi chiamo Natalia, e sono entrata presso un centro anti-droga dopo tre anni di tossicodipendenza. Ho cominciato a 14 anni ed ho provato tutte le droghe esistenti. Avevo provato un paio di volte a smettere ma senza successo. Quando sono entrata in comunità a fare il programma di riabilitazione, ho imparato a rispettare me stessa. Ora la tossicodipendenza non è altro che una brutta esperienza passata e dedico una parte del mio tempo libero ad aiutare altri ragazzi, che si sono persi come me.

7b Rispondi A (Angelo), N (Natalia) o A+N (Angelo e Natalia).

1 Ha cominciato a drogarsi a 16 anni.
2 Ha preso eroina e cocaina.
3 Ha fatto un programma di riabilitazione.
4 Adesso aiuta altri tossicodipendenti.
5 Ha molto successo nel lavoro.

- *Talk about alcohol abuse*
- *Learn about the 'stragi del sabato sera'*

1a Leggi questo articolo sulla pubblicità dell'alcol.

I messaggi sono rivolti specialmente ai giovani e alle donne. Recentemente c'è stato un aumento della pubblicità di birre e di superalcolici. La pubblicità tende a associare l'alcol e la ricchezza, il sesso o la salute. In Italia le tradizionali osterie dove gli uomini bevevano sono diventate bar cittadini.

Nei bar le donne possono bere in pubblico, e si vendono sempre più superalcolici nazionali ed esteri come la grappa, il whisky e la vodka. Tutte queste tradizioni aumentano il consumo e l'abuso di bevande alcoliche. L'alcol può provocare gravi danni a fegato, cervello, cuore, stomaco e portare al cancro.

1b Rispondi alle domande.

1 A chi in particolare è rivolta la pubblicità?
2 Per quali bevande c'è stato un aumento di pubblicità?
3 Come si chiamavano i locali dove bevevano gli uomini?
4 Che nome hanno dato adesso a questi locali?
5 Quali bevande si consumano di più?
6 Quali parti del corpo vengono danneggiate dall'abuso di bevande alcoliche?

2 ∩ Ascolta Gianpaolo e Daniela.
Copia e completa le frasi.

1 Gli articoli trattano delle stragi del …
2 Di solito gli incidenti avvengono tra le … di sera e le … di mattino.
3 In seguito a questi incidenti ogni anno muoiono molti …
4 La causa principale della maggior parte di questi incidenti è l'…
5 Molti vanno fuori con l'idea di …, un'idea … secondo Daniela.
6 Molti giovani pensano di essere …
7 Purtroppo spesso persone … perdono la vita.

3a Leggi questo articolo sulla chiusura dei locali notturni.

Il disegno di legge approvato giovedì 19 giugno 2003 dal Consiglio dei Ministri stabilisce la chiusura per tutti i locali notturni alle 3 di notte. L'obiettivo è di mettere fine alle stragi del sabato sera.

Perché l'alcol causa tanti incidenti? Entra nel sistema nervoso centrale e cambia la percezione di sé e del mondo esterno della persona che ha bevuto. L'alcol trasmette al cervello di una persona che guida un falso apprezzamento delle distanze e causa un minor tempo di reazione. Le principali cause degli incidenti sono dovute a eccesso di velocità, mancato rispetto delle regole della precedenza, del sorpasso e della distanza di sicurezza, o a condizioni psicofisiche alterate per alcool o sostanze stupefacenti. Secondo alcune ricerche sono i ragazzi ad essere più soggetti agli incidenti. Allora ricorda! Se torni da una discoteca è meglio se guida una ragazza!

3b Indica le quattro affermazioni vere. Correggi quelle false.

1 Secondo la legge i locali notturni possono rimanere aperti fino alle 3 di notte.
2 Con questa legge i Ministri sperano di eliminare le stragi del sabato sera.
3 L'alcol provoca pochi incidenti.
4 L'alcol aiuta a creare un corretto apprezzamento delle distanze.
5 L'autista che guida veloce non causa incidenti.
6 È molto più probabile che gli incidenti siano causati dai ragazzi.
7 Al ritorno dalla discoteca è consigliabile lasciare guidare la ragazza.

4a Leggi questi messaggi.

Nuovo Messaggio

SALUTI ""

Quando torno a casa dal lavoro a volte sono molto stressato e trovo che un bicchiere di whisky mi rilassa. In questo senso l'alcol può anche fare del bene. L'importante secondo me è non esagerare e perciò a cena mi piace bere un bicchiere di vino e basta. Se devo guidare non consumo mai bevande alcoliche. Penso alla mia sicurezza ma anche alla sicurezza degli altri. **Gianpaolo**

Nuovo Messaggio

CIAO ""

Devo confessare che quando sono arrivato in Australia ho cominciato a bere la birra e per i primi due mesi la consumavo in enormi quantità. Quando ero in Italia l'alcol non mi interessava molto. Forse era la compagnia che frequentavo perché molti dei miei compagni qui avevano l'abitudine di bere tanto. Per fortuna ho fatto sempre sport e quindi mi tenevo in forma. D'altra parte alcuni miei amici non fanno mai nulla, diventano grassi, sempre più pigri. Adesso ho ridotto la quantità di birra che consumo. Bere troppo non è una buon'idea. **Marco**

Nuovo Messaggio

AMICI ""

Ogni tanto bevo un bicchiere di vino a casa ma, a dire la verità l'alcol non mi interessa molto. Una volta ho bevuto un po' troppo ad una festa e mi sono sentita male per tre giorni di seguito. Ho detto mai più. Perché siamo così stupidi da bere tanto alcol per poi sentirci male. Forse quando si è giovani si vuole provare una volta. Mi è servita la lezione. Purtroppo molte persone non hanno la voglia oppure non sono capaci di dire di no e in futuro avranno problemi di salute. **Daniela**

4b Rispondi alle domande.

Scrivi **Gianpaolo**, **Marco** o **Daniela**.

Chi …

1 ha smesso di bere perché è stato ammalato?
2 è stato influenzato dagli altri?
3 beve per rilassarsi?
4 non beve più tanto quanto una volta?
5 resiste alla tentazione di bere quando deve andare da qualche parte in macchina?

5 Tocca a voi! Domandate e rispondete a turno.

1 Secondo te, quali sono le ragioni principali per cui le persone si drogano o prendono l'alcol? (ad esempio: la disoccupazione, lo stress, problemi a scuola/al lavoro, problemi familiari)
2 C'è un problema droga nella tua zona? Dove in particolare?
3 Cosa fanno molti tossicodipendenti per ottenere i soldi per comprare la droga?
4 Quanti anni bisogna avere per consumare bevande alcoliche nel tuo Paese?
5 Quando aprono i bar/i pub e quando chiudono?
6 Secondo te, sarebbe meglio limitare l'orario di apertura dei bar? Perché sì/perché no?
7 Cosa bevi all'ora dei pasti a casa?
8 Tu consumi bevande alcoliche? Se sì, cosa bevi di solito?
9 Quanti anni avevi quando hai bevuto il primo bicchiere di vino, birra o liquore? Quale effetto ti ha fatto?
10 Secondo te, quali sono i lati negativi dell'alcol? Ci sono dei lati positivi? Se sì, quali?
11 Pensi che ci siano molti giovani nel tuo Paese che bevono alcolici? Se sì, perché?
12 Secondo te, facciamo abbastanza per combattere il problema? Se no, cosa si potrebbe/dovrebbe fare?
13 Quali sono le pressioni sociali che spingono una persona a iniziare a fumare/a drogarsi/a bere alcolici?
14 Che tipo di influenza potrebbero esercitare i coetanei?
15 Quali messaggi pubblicitari potrebbero spingere una persona a fumare?

6 Preparate in due alcune scenette per rappresentare i tipi di pressione esercitata dai coetanei e le tecniche di rifiuto.

7 Prepara un progetto pubblicitario antifumo/antidroga/antialcol.

Esempio:

'Sì' è una parola che può distruggere la tua salute.

'No' è una parola che può proteggerla.

Impara a dire di no: AL FUMO
ALL'ALCOL
ALLA DROGA

Non sei ancora convinto?

Ti prego, continua a leggere.

- *Pressures on young people and their families*
- *Racism*
- *Voluntary work*

1a Leggi questo articolo.

Adulti e adolescenti – un mondo a parte

Attualmente genitori e figli, insegnanti ed adulti vivono nello stesso tempo, ma in epoche mentali diverse. Ad esempio la stanza del figlio è uno spazio a cui l'accesso agli adulti è generalmente precluso e dove il giovane vive inglobato ed incapsulato in mezzo a quello che è per i suoi genitori un caos e per lui un mondo pieno di significati simbolici ed affettivi.

Spesso gli adolescenti soffrono anche del bullismo a scuola ma non ne parlano né con i genitori né con gli insegnanti, che spesso sottovalutano il fenomeno. Una percentuale crescente di ragazzi dalle medie inferiori alle superiori soffre del bullismo. 'Peer education', cioè l'esperienza di educazione fra pari, molto diffusa in Inghilterra, sta facendo l'ingresso anche in Italia. Varie centinaia di scuole hanno provato un tipo di 'peer modelling' (aiuto a compagni in difficoltà). L'intervento dei pari ottiene risultati positivi per ragazzi con cui gli adulti avevano difficoltà a comunicare.

1b Indica se queste affermazioni sono V (vere), F (false) o ? (se non sono indicate).

1 Adulti e figli hanno idee simili.
2 Gli adulti entrano raramente nella camera di un adolescente.
3 La camera di un adolescente è spesso piena di oggetti significativi.
4 Gli adolescenti parlano del bullismo con i genitori.
5 Più ragazzi che ragazze soffrono di bullismo nella scuola media.
6 Poche scuole in Italia hanno provato 'peer modelling'.

2 🎧 Ascolta Daniela che parla con Isabella, che ha sofferto di anoressia.
Rispondi alle domande.

1 Quando è cominciata l'anoressia?
2 Quando è riuscita Isabella a superare questa malattia?
3 Chi ha aiutato Isabella a superare l'anoressia?
4 Quale personaggio famoso cita Daniela?

3a Leggi questo articolo sul razzismo.

Discriminazioni etniche, discriminazioni razziali, xenofobia, atti di violenza perpetrati nei confronti di cittadini immigrati e perché? Secondo una recente indagine quasi il 20% degli studenti italiani tra gli 11 e i 16 anni ha assistito a scuola a episodi di razzismo o di discriminazione nei confronti di alunni stranieri. Nei giudizi-pregiudizi espressi dai ragazzi si sentono i sentimenti dei genitori: nostalgie del 'com'eravamo' (onesti, sicuri) prima dell'arrivo degli extracomunitari. Molti italiani credono che gli extracomunitari siano responsabili dei nuovi problemi, dalla droga alla prostituzione. Spesso gli extracomunitari si sentono umiliati ed offesi, mentre gli italiani si sentono minacciati e invasi.

| gli extracomunitari | people from outside the European Union |

3b Completa le frasi.

1 Il venti percento dei giovani di 11–16 anni ha visto esempi di …
2 I genitori si sentivano più sicuri prima dell'arrivo degli …
3 Secondo molti italiani gli extracomunitari creano nuovi …
4 Molti italiani credono che gli extracomunitari vendano la …

4a Leggi questo messaggio di un giovane disoccupato.

- Sono un giovane disoccupato: non vedo nessuna prospettiva di lavoro.

- Lei è disoccupato solo perché non vuole lavorare. Cerchi di essere più positivo. Ci sono numerose aziende che cercano giovani volenterosi e disponibili ad impegnarsi, senza fare storie.

4b Cosa pensi della risposta al giovane disoccupato?

5a Leggi questa pubblicità.

> **CERCASI VOLONTARI**
>
> In occasione della recente apertura della casa di accoglienza per senzatetto stiamo cercando volontari disponibili ad aiutare la gestione del centro. Potete dedicare 3 ore o una notte. Il servizio richiesto sarà svolto con l'aiuto di almeno due volontari per turno e con la supervisione (almeno per i primi mesi) di uno dei responsabili del centro. Chi non è in grado di aiutarci per motivi di lavoro, può comunque contribuire in altri modi. Vi ringraziamo fin d'ora nella speranza di una vostra prossima collaborazione.
>
> Per qualsiasi informazione potete rivolgervi a: Lorenzo
> 359-4340465

6 Ascolta Elena che parla del suo lavoro come volontaria nel canile.

Rispondi alle domande.

1 Quando è entrata per la prima volta nel canile?
2 Perché è entrata nel canile?
3 Come sembravano i cani dentro le gabbie?
4 Come trova il lavoro come volontaria?

7 Tocca a voi! Scrivete le vostre risposte a queste domande, poi domandate e rispondete a turno.

1 Hai mai fatto un lavoro di volontariato? Se sì, che cosa hai fatto esattamente? Se no, cosa vorresti fare per aiutare gli altri?
2 Che cosa si fa nella zona in cui abiti per aiutare i senzatetto, gli anziani ecc.?
3 Porti cose che non ti servono più ad un negozio di beneficenza? Se sì, che cosa porti di solito?

5b Correggi queste affermazioni false.

1 La casa è aperta da molto tempo.
2 È una casa per cani abbandonati.
3 Cercano impiegati.
4 Ci sono sempre 3 volontari per turno.
5 Un responsabile del centro sorveglia sempre i volontari.

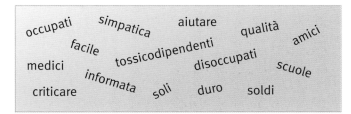

Cerco affetto

8a Leggi questo articolo.

L'AIDS anni fa era una malattia strettamente legata ad alcune 'categorie a rischio' ad esempio tossicodipendenti, quindi trovavi prevalentemente persone sole che avevano tagliato i rapporti con la famiglia. Oggi i familiari sono più informati e più collaborativi. Ci sono molti sieropositivi che stanno abbastanza bene, ma non hanno lavoro ed amici, quindi c'è il problema dell'inserimento sociale e la necessità di un impegno di volontariato in questo campo.

Dopo aver fatto un corso di formazione, ho cominciato questo servizio da volontario. Essere volontari è un lavoro molto impegnativo: ci vogliono costanza, perseveranza, disponibilità ed attenzione, ma è anche una scuola dove si imparano tante cose incredibili ed affascinanti. Impariamo ad 'ascoltare' i bisogni dell'altro. L'ascolto dell'altro è una pratica che non si finisce mai di imparare. Non basta avere buona volontà! Imparare a fare questo 'lavoro'! È impegnativo ma affascinante.

| *sieropositivo* | HIV positive |

8b Completa le frasi con una parola adatta scelta dal riquadro.

> occupati　simpatica　aiutare　qualità
> facile　amici
> tossicodipendenti　disoccupati
> medici　scuole
> informata　soli　duro　soldi
> criticare

Molto tempo fa una delle categorie più a rischio dell'AIDS erano i … (1) … e spesso questi malati si trovavano … (2) Oggi la famiglia è più … (3) e cerca di … (4) Molti sieropositivi sono … (5) e non hanno … (6) Fare un lavoro volontario è molto … (7) e bisogna avere molte … (8) differenti.

20 Come vedi il futuro?

20.1 La seconda riunione

- *Arrange a meeting*
- *Discuss working abroad*
- *Discuss Internet chat rooms*

1 🎧 Ascolta Gianni ed Elena che parlano con Gianpaolo.

Indica se queste affermazioni sono V (vere), F (false) o ? (se non sono indicate). Correggi le affermazioni false.

1 Gianpaolo è venuto da solo in Italia.
2 Gianni è arrivato lunedì.
3 Il volo non è costato molto.
4 AMA Assicurazioni ha chiesto a Gianni di venire ad agosto.

5 AMA Assicurazioni ha clienti in Australia.
6 Gianni ringrazia Elena dell'aiuto.
7 Gianpaolo invita Gianni ed Elena a cenare fuori.
8 Tutti quanti si incontrano con Daniela alle otto.

2 🎧 Ascolta Alessandra che parla del suo nuovo lavoro.

Scegli la risposta giusta.

1 Alessandra va in — Australia/Africa/Asia/America.
2 Alessandra invita Daniela — a mangiare/a teatro/al cinema/a casa sua.
3 Daniela è occupata con — le faccende domestiche/gli esami/i compiti /la riunione.
4 S'incontrano alla — casa di Elena/scuola/pizzeria/casa di Daniela.

3a Leggi questo articolo sul lavoro all'estero.

Un lavoro all'estero

La creazione dell'Unione Europea permette oggi di prendere seriamente in considerazione un lavoro lontano da casa propria. L'evoluzione dell'economia e gli effetti dell'internazionalizzazione significano che molti Paesi offrono opportunità a personale qualificato in settori come l'ingegneria, l'informatica, l'insegnamento, il commercio, la finanza e le assicurazioni. In Italia il settore turistico-alberghiero si sviluppa molto grazie ai turisti stranieri!

Perché hai deciso di lavorare all'estero?

- Conosci qualcuno che ha lavorato/lavora all'estero?
- Hai letto un articolo interessante sul lavoro all'estero?
- Vuoi migliorare la tua conoscenza della lingua e della cultura del Paese scelto?
- Cerchi un'esperienza professionale?
- Vuoi fare nuovi amici nel Paese scelto?
- Ti sei innamorato/a di qualcuno nel Paese?

3b Rispondi alle domande.

1 Cos'è che si considera seriamente oggi?
2 Menziona due settori che cercano lavoratori.
3 Quale settore italiano è in espansione e perché?
4 Quali delle sei domande sembra più appropriata per Gianni?

4 👥👥 Tocca a voi! Domandate e rispondete a turno.

Ti piacerebbe lavorare all'estero? Perché sì/perché no?

Che tipo di lavoro ti piacerebbe fare?

In quale Paese preferiresti lavorare? Giustifica la tua scelta.

Quali sarebbero i vantaggi di lavorare all'estero? E gli svantaggi?

Se andassi a lavorare all'estero che cosa ti mancherebbe di più del tuo Paese?

Che cosa non ti mancherebbe?

Se hai già lavorato/studiato all'estero, racconta l'esperienza.

5a Leggi questo articolo sulle 'chat'.

Chattare o non chattare? :-)

La chat è un servizio disponibile su Internet che consente la conversazione in tempo reale con luoghi anche molto distanti. È anche possibile scrivere messaggi ad un solo destinatario, spedire e ricevere documenti, immagini e suoni, ed anche conversare in diretta video.

Benché gli utenti siano 'anonimi', ogni utente è identificato dall'indirizzo di rete, che viene utilizzato per accedere al chat server. Il soprannome che l'utente sceglie è anonimo, ma solo verso gli altri utenti, non verso chi gestisce il chat server. Ciò rende possibili i controlli, ma poi i tecnici possono monitorare le conversazioni e, se vogliono, possono trovare l'identità dell'utente ...un vero 'grande fratello'! Nonostante le meravigliose potenzialità l'uso della chat ha più rischi che benefici!

5b Copia e completa la tabella.

1	Vantaggi del servizio (scrivine tre)	
2	Modo di identificazione degli utenti	
3	Ruolo dei tecnici	
4	Opinione sul servizio	

6 🎧 Ascolta Daniela, Alessandra e Gianpaolo.

Stanno discutendo i vantaggi e gli svantaggi delle chat. Decidi:

Chi è ...

A negativo?

B positivo?

C positivo e negativo?

7 👥 Tocca a voi! Usate spesso l'Internet?

a In coppia scrivete una lista dei vantaggi e degli svantaggi dell'Internet. Motivate le vostre scelte.

b A turno, domandate e rispondete.

- Usate spesso l'Internet? Per quali motivi?
- Quanto tempo passate in media ogni giorno/ settimana a navigare in Rete?

8a Leggi questo messaggio.

Chi sono? Scapolo, ho un figlio di 10 anni. Passo le ferie a Zante ed ho visitato Atene. Sto cercando l'anima gemella ... Lavoro in proprio come programmatore di computer e faccio siti internet. Ho un gatto, Momi, grigio con macchie nere.

8b 👥 Tocca a voi! Discutete.

Quest'uomo ti sembra onesto? Perché sì/no?

9 ✏ Scrivi un messaggio e spiega:

- Chi sei
- Perché scrivi
- Cosa fai attualmente
- I tuoi interessi/passatempi

10 ✏ Scrivi un'e-mail a Gianpaolo. Rispondi a tutte le sue domande.

Nuovo Messaggio

SALUTI 66

Cari studenti

sto facendo un sondaggio sull'uso dell'Internet. Rispondete per favore a tutte le domande.

- Ti piace usare l'Internet? Perché sì/perché no?
- Quanto tempo passi in media a navigare in Rete?
- Preferisci telefonare a qualcuno o mandare una e-mail? Giustifica la tua risposta.
- Cosa pensi delle chatroom? Perché le usi o non le usi?
- Per te, qual è l'uso più comune dell'Internet?
- Secondo te, qual è il maggiore vantaggio dell'Internet? E il maggiore svantaggio?
- Perché tanti giovani tendono a passare molto tempo ad usare l'Internet?

Grazie!

Gianpaolo

1 🎧 Ascolta Daniela, Marco e Alessandra.
Stanno parlando dei loro sogni. Completa il testo
con le parole adatte scelte dal riquadro.

> vari   giovane   subito   soldi   Nuova Zelanda
> nuovi   poco   felice   prima   tempo
> Australia   seconda   tredici   vecchia
> conosciuti   scontenta   tre

Daniela e Marco partiranno … (1) dopo la riunione.
Andranno prima in … (2) Daniela è … (3) di andare
all'estero. Marco ha lasciato Firenze per la … (4) volta
due anni fa e ha attraversato … (5) Paesi prima di
arrivare alla sua destinazione. Ha viaggiato con … (6)
mezzi di trasporto. Secondo un suo collega Alessandra è
troppo … (7) per realizzare il suo sogno. Marco e
Daniela visiteranno posti … (8) Andranno in Giappone
e Africa solo se avranno abbastanza … (9).

3 Chi parla? Abbina le frasi con le persone.

A Fra cinque anni smetterò di lavorare come
professore.

B Nei prossimi anni spero di posare per cataloghi e di
guadagnare bene.

C Non ci penso, preferisco vivere nel presente … per il
futuro c'è tempo, non ho traguardi prefissati …

D Parto in vacanza con una persona che amo molto.

E Spero di realizzare tantissime cose e di aiutare i
bambini in Eritrea.

grammatica ⚙

Il congiuntivo imperfetto

se + imperfect subjunctive followed by the conditional (➤ page
220) in the main sentence is a very common structure in Italian:

Se **fossi** ricco **sarei** più contento – o forse anche no.

If I were rich, I would be happier – or perhaps not.

To form the imperfect subjunctive replace the **-are**, **-ere**, **-ire**
of the infinitive with these endings:

Parlare: parl**assi**, parl**assi**, parl**asse**, parl**assimo**, parl**aste**,
parl**assero**

Vendere: vend**essi**, vend**essi**, vend**esse**, vend**essimo**,
vend**este**, vend**essero**

Finire: fin**issi**, fin**issi**, fin**isse**, fin**issimo**, fin**iste**, fin**issero**

The one completely irregular verb is **essere**:

fossi, fossi, fosse, fossimo, foste, fossero

2 Leggi queste affermazioni e decidi se
queste persone sono O (ottimiste) o P
(pessimiste).

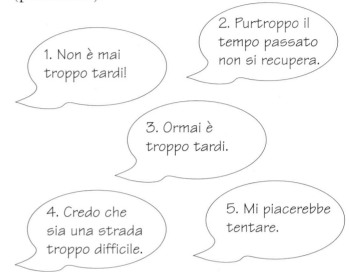

1. Non è mai troppo tardi!

2. Purtroppo il tempo passato non si recupera.

3. Ormai è troppo tardi.

4. Credo che sia una strada troppo difficile.

5. Mi piacerebbe tentare.

1   Daniela va in Australia con Marco.
2   Carla è una modella.
3   Antonio ha 50 anni e insegna al momento.
4   Alessandra va in Africa a settembre.
5   Stefano non ha progetti al momento.

4 Traduci queste frasi in inglese.

1   Se avessi la possibilità di lavorare all'estero andrei in
Italia.

2   Se possedessi una bella villa antica, circondata da un
bel parco, mi ci trasferirei subito!!! Relax totale
immerso nella natura!

3   Se io fossi nel 3000 mi comprerei un'autovolante e
viaggerei per tutto l'universo.

4   Se io fossi nel 2030 vorrei essere in serie A, la
Fiorentina vincerebbe la coppa UEFA.

5   Se vincessi molti soldi alla Lotteria Nazionale mi
comprerei una bella macchina.

5 Copia e completa queste frasi.

Esempio: Se Sandra … fame (avere), … qualcosa (mangiare). Se Sandra **avesse** fame, **mangerebbe** qualcosa.

1 Se gli studenti … motivati (essere), … di più (studiare).

2 Se io … più tempo (avere), … la lettera (scrivere).

3 Se i miei parenti … l'appartamento (vendere), … una casa in campagna (comprare).

6 Copia e completa queste frasi.

1 Se fossi un attore famoso, sarei … perché …

2 Se fossi un cantante famoso, preferirei essere … perché …

3 Se fossi un calciatore, sarei … perché …

4 Se fossi un animale, preferirei essere … perché …

5 Se fossi un cibo, preferirei essere … perché …

6 Se fossi un libro, sarei … perché …

7 Tocca a voi! Completate le frasi.

Esempio: A: Se fossi ricco/a … B: farei una bella vacanza.

Se volessi migliorare il mio italiano … Se avessi più tempo libero … Se l'insegnante fosse assente…

8a Leggi i sogni di queste persone.

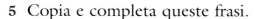

Amici **Chat**

Cosa farai dopo l'Esame di Stato?

◆ Vorrei entrare all'Accademia d'Arte Drammatica e magari studiare anche canto. Mi piacerebbe tanto diventare sia attore che cantante rock, però è un sogno irrealizzabile. **Stefano**

◆ Mi piacerebbe conoscere molte lingue per leggere le opere delle letterature straniere in lingua originale. Vorrei anche andare in Australia, mi ha sempre affascinato. **Daniela**

◆ Vorrei diventare un calciatore celebre, ma non sono sicuro al cento per cento. Mi piacerebbe anche diventare un giocatore di basket. **Filippo**

◆ Io diventerò una veterinaria, curerò gli animali, perché mi piacciono tanto. Vorrei forse avere un altro cagnolino, di quelli che non crescono e rimangono piccoli. **Elena**

◆ Vorrei disegnare cartoni animati. **Giuseppe**

◆ A me piacerebbe fare il vigile del fuoco, perché mi piacerebbe spruzzare l'acqua sugli incendi e salvare le persone che sono in pericolo. **Alessio**

8b Chi vuole …

1 aiutare le persone che si trovano in situazioni pericolose?

2 fare disegni per un film animato?

3 studiare le lingue?

4 giocare a calcio?

5 comprare un cane?

- *Final destinations*
- *Using past, present and future tenses*

1 ◠ Ascolta Marco e Daniela che partono per l'Australia.

Indica se questi affermazioni sono V (vere), F (false) o ? (se non sono indicate).

1 Daniela non riprenderà i suoi studi quest'anno.
2 Il volo durerà 12 ore.
3 Daniela è abituata a viaggiare lontano dall'Italia.
4 In aereo ci sarà un menù fisso.
5 Ci saranno abbastanza distrazioni durante il volo.
6 Hanno scelto di viaggiare in prima classe.

2 ◠ Ascolta Daniela che parla di Melbourne con Elena. Copia e completa le frasi.

1 Arriveranno a Melbourne alle ...
2 Al loro arrivo farà molto ...
3 Prenderanno un ... per andare all'...
4 Il giorno dopo vogliono prenotare una ...
5 In questa isola potranno vedere ... e ...
6 Dovranno fare un viaggio di ... per arrivare all'isola.
7 Certi canguri sono alti ...

3 ◠ Ascolta Elena e Daniela che parlano delle vacanze.

Copia e completa la tabella.

Destinazione di Elena e Gianni	
Mese e durata della vacanza	
Sistemazione	
Vantaggi del luogo (scrivine tre)	

4a Leggi questo articolo sul lago di Garda.

Il lago di Garda (390 kmq) è il più grande lago della zona alpina medievale, e presenta uno spettacolo di alte montagne – il Monte Baldo raggiunge i 2.000 m., coltivazioni di ulivi, spiagge dolcemente digradanti, verdi giardini. Amanti della natura chiamano questo luogo un vero paradiso: il lago e le colline intorno sono l'ambiente ideale per la vela, il trekking, l'equitazione, il golf, gite in bicicletta ed escursioni in montagna! Nei dintorni ci sono tante città famose come Verona con la famosa arena, Padova e la chiesa di Sant'Antonio e Venezia con

le sue bellissime isole non è troppo lontana. Non dimenticate i famosi vini di queste zone! Seguite i cartelli che indicano 'La Via del Vino' per trovare le famose aziende vinicole della zona e gustare direttamente i loro ottimi vini – ad esempio il vino Bardolino, leggero e brioso, color rubino.

4b Rispondi alle domande.

1 Come viene descritto questo lago?
2 Quali sono i vantaggi di questa zona per chi ama una vacanza più attiva? Menziona **quattro** punti.
3 Quali altre distrazioni ci sono in questa regione?
4 Per quale altra ragione è famosa questa parte d'Italia?

5 ◠ Ascolta Gianpaolo che parte per i Caraibi.

Rispondi alle domande.

1 Quanto tempo passeranno Gianpaolo e famiglia a Roma?
2 Per quale motivo Gianpaolo ha visitato i Caraibi la prima volta?
3 Perché quest'isola piace a Gianpaolo?
4 Quali colonizzatori europei hanno avuto un'influenza sui Caraibi?
5 Che cosa hanno influenzato? Menziona **due** punti.
6 Durante quale periodo sono arrivati gli schiavi dall'Africa occidentale?

6a Leggi questo articolo.

I Caraibi si trovano tra le due Americhe e formano un arco di isole, molte delle quali sono disabitate. Nei Caraibi troverai scenari da sogno, bellissime spiagge circondate da acque cristalline, meravigliose barriere coralline tra le più belle del mondo, foreste tropicali, tanti uccelli coloratissimi e sentirai il profumo dei fiori. Ma il fascino particolare di questo angolo del mondo si manifesta soprattutto nelle diversità delle isole e dei loro abitanti.

6b Rispondi alle domande.

1 Ti piacerebbe andare in vacanza qui? Perché?
2 Quali sarebbero per te le maggiori attrazioni?
3 Come passeresti il tempo?
4 Ti piacerebbe andare in un'isola disabitata? Perché sì, perché no?

7 ⌒ Ascolta Gianpaolo che apre una bottiglia di spumante. Rispondi alle domande.

1 Perché fanno un brindisi?
2 Quando si vedranno la prossima volta?

8 ⌒ Ascolta Daniela che legge una poesia prima di partire.

1 Di che cosa tratta questa poesia: e-mail/amicizia/messaggi SMS/illusioni?
2 Prova a scrivere una poesia su un altro tema tratto da 'Amici' p.es. inquinamento, droga, famiglia, tempo libero, vacanze.

Amici per sempre!

Grammatica 8

- *The subjunctive*
- *Relative pronouns*
- *The past definite*

grammatica ⚙

Il congiuntivo presente

The subjunctive is a form of the verb you use to express an opinion after verbs like **pensare/credere** (to think/to believe).

Penso che arrivino oggi. I think they are arriving today.

	io	tu	lui/lei	noi	voi	loro
-are	-i	-i	-i	-iamo	-iate	-ino
-ere/ire	-a	-a	-a	-iamo	-iate	-ano

The present subjunctive of regular verbs is formed as follows:

parlare	vendere	aprire	finire
parli	venda	apra	finisca
parli	venda	apra	finisca
parli	venda	apra	finisca
parliamo	vendiamo	apriamo	finiamo
parliate	vendiate	apriate	finiate
parlino	vendano	aprano	finiscano

Some common irregular verbs:

essere: sia, sia, sia, siamo, siate, siano
avere: abbia, abbia, abbia, abbiamo, abbiate, abbiano
andare: vada, vada, vada, andiamo, andiate, vadano
dare: dia, dia, dia, diamo, diate, diano
dire: dica, dica, dica, diciamo, diciate, dicano
fare: faccia, faccia, faccia, facciamo, facciate, facciano
sapere: sappia, sappia, sappia, sappiamo, sappiate, sappiano
stare: stia, stia, stia, stiamo, stiate, stiano
venire: venga, venga, venga, veniamo, veniate, vengano

Il congiuntivo imperfetto

Se sapessi guidare mi comprerei una macchina.
If I could (knew how to) drive I would buy myself a car.

Se fossi in te, smetterei di fumare.
If I were you I would stop smoking.

The imperfect subjunctive of regular verbs is formed as follows:

	parlare	vendere	finire
io	parlassi	vendessi	finissi
tu	parlassi	vendessi	finissi
lui/lei	parlasse	vendesse	finisse
noi	parlassimo	vendessimo	finissimo
voi	parlaste	vendeste	finiste
loro	parlassero	vendessero	finissero

There are very few irregular verbs:

essere: fossi, fossi, fosse, fossimo, foste, fossero
bere: bevessi; **dire:** dicessi; **fare:** facessi

---

1 Traduci queste frasi in inglese.

1 Pensano che sia impossibile.
2 Non credo che vengano in macchina.
3 Pensiamo che vadano in Italia quest'anno.
4 Pensi che Filippo abbia più di vent'anni?
5 Lui pensa che non sappiano nuotare.

ricorda 💡

You can avoid the subjunctive by using the appropriate form of: **secondo me/te** etc. or **a mio/tuo parere** etc. – in my/your opinion etc.

Esempio: Secondo me, lui non parla italiano.

2 Riscrivi l'esercizio 1 con la forma corretta di **secondo me/a mio parere**.

Esempio: **Secondo loro/a loro parere**, è impossibile.

3 Riscrivi queste frasi, usando **Lei** invece del **tu**.

Bisogna usare il congiuntivo presente!

Esempi: Gira a destra > **Giri** a destra.
Scusami > **Mi scusi.**

1 Va' sempre dritto.
2 Prendi la seconda strada a sinistra.
3 Attraversa la piazza.
4 Sta' attento alle macchine.
5 Vieni a trovarmi.
6 Dammi il conto per favore.

4 Traduci queste frasi in inglese.

1 Se avessi sete, berrei un bicchiere di acqua.
2 Se fossi ricco/a, andrei in vacanza nei Caraibi.
3 Se volessi tenermi in forma, farei più sport.
4 Se avessi l'opportunità di studiare un'altra lingua, sceglierei il cinese.
5 Se non ci fosse niente da guardare alla televisione, leggerei un libro.

5 Tocca a te! Cosa faresti tu? Riscrivi l'esercizio 4.

Esempio: Se avessi sete, berrei **una tazza di tè**.

grammatica ⚙

Il passato remoto

The past definite is a one-word past tense used instead of the perfect tense (➤ page 215) in formal writing (e.g. books/newspapers) but also in conversation in some regions of Italy. You can use the perfect tense in speech and writing but you need to be able to recognize the past definite.

To form the past definite of regular verbs remove the **-are, -ere, -ire** of the infinitive and add these endings:

	parlare	vendere	finire
io	parl**ai**	vend**ei**	fin**ii**
tu	parl**asti**	vend**esti**	fin**isti**
lui/lei	parl**ò**	vend**é**	fin**ì**
noi	parl**ammo**	vend**emmo**	fin**immo**
voi	parl**aste**	vend**este**	fin**iste**
loro	parl**arono**	vend**erono**	fin**irono**

Some common irregular verbs:

essere: fui, fosti fu, fummo, foste, furono

Most irregular verbs follow a pattern. The **io** form is irregular but once you know this, for **lui/lei** and **loro** replace the **-i** with **-e** and **-ero** respectively. The **tu** and **noi/voi** forms are regular and formed from the stem of the verb. e.g.

avere: ebbi, avesti, **ebbe**, avemmo, aveste, **ebbero**

NB There is no accent on the third person singular of irregular verbs.

decidere: decisi, decidesti, **decise**, decidemmo, decideste, **decisero**

dire: dissi, dicesti, **disse**, dicemmo, diceste, **dissero**

fare: feci, facesti, **fece**, facemmo, faceste, **fecero**

mettere: misi, mettesti, **mise**, mettemmo, metteste, **misero**

prendere: presi, prendesti, **prese**, prendemmo, prendeste, **presero**

scrivere: scrissi, scrivesti, **scrisse**, scrivemmo, scriveste, **scrissero**

6 Scrivi l'infinitivo del verbo in neretto. Poi traduci la frase in inglese.

Esempio: I miei amici **vennero** in aereo. < **venire**
My friends came by plane.

1 Mia sorella **entrò** in camera e **accese** la luce.

2 I miei parenti **arrivarono** a casa verso le otto.

3 La ragazza **bevve** un bicchiere di acqua e **andò** subito a letto.

4 Antonio **decise** di non andare all'università.

5 Sabato mio fratello **rimase** a casa e **lesse** un libro.

7 Riscrivi le frasi dell'esercizio 6, usando la forma corretta del passato prossimo.

Esempio: I miei amici (vennero) **sono venuti** in aereo.

grammatica ⚙

Pronomi relativi (➤ page 222)

Chi and **quelli che** are relative pronouns meaning 'those who/the person who/people who'. It doesn't matter which form you use. However, **quelli che** takes a plural verb and **chi** a singular verb.

Quelli che non fanno i compiti non sono motivati. / Chi non fa i compiti non è motivato. Those who don't do their homework are not motivated.

Chi/quelli che do not always come at the beginning.

Non sopporto chi scrive messaggi SMS durante la lezione. I can't stand people who write text messages during the lesson.

Do not confuse **chi** 'those who' with the question word **chi?** 'who?'

8 Che cosa significa **chi** in queste due frasi?

1 **Chi** è assente oggi?

2 Non posso scrivere a **chi** non mi dà l'indirizzo.

9 Riscrivi queste frasi, usando **chi**.

1 Quelli che fanno sport si tengono in forma.

2 L'insegnante si arrabbia con quelli che si comportano male in classe.

10 Riscrivi queste frasi, usando **quelli che** o **chi**.

1 Mi danno fastidio **quelli che/chi** buttano per terra i rifiuti.

2 **Chi/quelli che** dice di no alla droga è prudente.

Come ascoltare

aiuto !

1 Look back at the advice given on pages 92 and 134.
2 In this Exam practice section you will listen to items relating to the Environment, Personal relationships and Education.
3 Sometimes any visuals used may help you to decide your answer.

Look at the four visuals for question 1. Think about the words you might associate with them.

You should associate them with the following words: **il vetro, la carta, le pile scariche, le lattine**. Now look at the question.

Obviously all the pictures identify items which you can recycle, so listen carefully.

Which word did you hear?

1 Cosa ricicla Maria?

Scrivi la lettera giusta nella casella.

a

b

c

d

aiuto !

4 When listening to a native speaker and during Listening examinations you should not jump to conclusions too quickly. You need to listen carefully – particularly for negatives, both in Italian and in English! In the next question you need to listen carefully as the girl talks about what her brother likes/dislikes and then what she herself likes/dislikes. You need to note the 'non' on the tape, but also the 'not' in Question 3.

2 Listen to this girl talking about a member of her family and complete the sentences.

1 She is talking about her …
2 She enjoys …
3 She does not like …

aiuto !

5 Some English questions are more demanding. You need to read the question carefully and ensure that you give all the information you are asked to give. Sometimes you are required to provide a specified number of details but the listening extract usually contains extra details.

3 Daniela and Alessandra are talking about differences between England and Italy.

1 What is Alessandra planning to tell her students about Italy? (Mention 2 details.)
2 How does this differ from what happens in England?
3 What particular problem does Alessandra mention?
4 What does Alessandra think might happen in the future?

Come parlare

• Improving your speaking skills

aiuto !

This page gives you practice in role plays.
1 Look back at the advice given on pages 93 and 135.
2 You often need to use question words such as **Chi, Che cosa, Quando.**

1 Amici

You are talking about Daniela to your friend.

Partner A	Partner B
Descrivi Daniela.	Describe Daniela.
Com'è di carattere?	Describe her character.
Cosa le piace fare?	Say she likes sport.
	Ask if your friend likes Daniela.
Si, mi piace molto.	

2 A scuola

Partner A	Partner B
Vuoi uscire stasera?	Say you have an exam tomorrow.
Quale materia?	!
A che ora comincia?	Say at what time the exam starts.
Allora quando c'incontriamo?	Say when you can meet your friend.
D'accordo ed in bocca al lupo per domani!	

3 While on holiday in Italy you see this advertisement for voluntary workers. You are interested and telephone to find out more details.

Proteggiamo l'ambiente! Cercasi volontari!

Partner A

- Pronto! Amici dell'ambiente.
- Sì, cerchiamo volontari. Ma chi è Lei esattamente?
- Ho capito.
- Tre o quattro ore alla settimana.
- Raccogliamo lattine, bottiglie di plastica sulla spiaggia. Lei, che cosa fa normalmente per aiutare l'ambiente?
- Ottimo, deve venire per un colloquio.

Partner B

- Perché chiami
- !
- Orario?
- Lavoro?
- !

Come leggere

aiuto !

1 Look back at the advice given on pages 94 and 136.
2 Remember to read the rubrics and the questions carefully!
3 Look at any examples – they will help you understand what to do!

• You will see that in question 1, the question and the text do not use the same words, but that both talk about flying – 'volare' 'pilota' 'aerei'. Therefore you will not necessarily be able to match up an exact word, but will have to look carefully for a word or expression that means the same.

• In 2 you have to look at some visuals and decide which of the items are in one or other or both of the texts. It seems quite 'easy', but read carefully around the key words and watch out for negatives!

• In question 3, you do not have to translate every word, just explain the gist of the instructions.

1a Leggi cosa vogliono fare da grande questi bambini e rispondi alle domande.

Da grande:

A Vorrei avere una casa davanti al mare azzurro, così poi se avessi dei figli, potrebbero imparare a nuotare … basta che non affoghino!

B Vorrei fare l'astronomo, perché mi interessa l'universo, ma farei anche il pilota di aerei.

C Mi piacerebbe essere uno sciatore, e vincere una medaglia d'oro nei giochi olimpici.

D A me piacerebbe diventare artista di strada oppure una grande ballerina.

E Da grande mi vedo a fare la dottoressa poiché sono molto sensibile e desiderosa di aiutare chi soffre.

F Da grande vorrei prendere lezioni di ballo e poi anche diventare una vera e propria cantante.

1b Chi …

1 vuole volare?
2 ha ambizioni sportive?
3 vuole abitare sulla costa?
4 desidera curare i malati?
5 vuole pitturare sui marciapiedi?

Rispondi **A, B, C, D, E, F**
Esempio: **1 – B**

2a Leggi queste descrizioni.

I

Nella mia città non ci sono abbastanza piste ciclabili. Mi piace andare in bici, ma qui è troppo pericoloso. Poi ci sono molti parcheggi ma pochi spazi per lasciare le biciclette. Insomma c'è troppo traffico. Mi piacerebbe vedere più zone pedonali nel centro città dove c'è molto inquinamento, causato dalle macchine. Ci sono dei parchi, ma spesso ci sono rifiuti di tutti i tipi per terra e non ci sono più attrezzature per i bambini. Preferirei abitare in campagna.

II

Quello che mi piace di più in periferia è la tranquillità. Quello che detesto in centro città è il rumore e l'inquinamento. Poi ci sono i graffiti dappertutto. Per fortuna dove abito io non si vedono troppe macchine – solo quelle delle persone che abitano qui vicino. Dunque non c'è nessun parcheggio. Però c'è un bel parco qui vicino dove i bambini possono giocare – Ci sono delle altalene che piacciono tanto a mia figlia.

2b Dove si trovano queste cose?

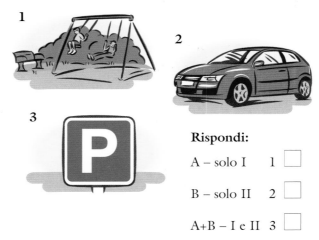

Rispondi:

A – solo I   1 ☐

B – solo II   2 ☐

A+B – I e II   3 ☐

3 What do these instructions tell you to do?

1 Non abbandonare i rifiuti nell'ambiente!
2 Usa meno la macchina!
3 Riusa più volte i sacchetti di plastica!
4 Usa di più i mezzi pubblici!
5 Risparmia l'acqua!

Come scrivere

• *Improving your writing skills*

aiuto !

1 Look back at the advice given on pages 95 and 137.

2 You may be asked to write a list of items. The number of items required differs from Exam Board to Exam Board, but essentially it is a test of your vocabulary.

3 Remember that if you want to get a good grade you should try to show the Examiner you can use present, past and future tenses. You also need to express your opinions and justify them. Remember to answer all points and to expand on them if possible. You should write a short plan before you start to write. Try and leave some time to check over your Italian. Check that adjectives agree with nouns and that verbs agree with their subject and are in the correct tense.

2 What are these people doing?

Complete the sentences using the pictures to help you.

1 Alessandra (ANDARE) in

2 Alessandra (INVITARE) Daniela al

Esempio:
Alessandra (VIAGGIARE) in
Alessandra **viaggia** in **Italia**.

3 You have received an e-mail from your Italian friend Giacomo who asks you to describe a friend.

> Ciao
>
> Raccontami un po' del tuo migliore amico/della tua migliore amica. Descrivilo/la. Com'è di carattere? Cosa fate insieme? Rispondi per favore a queste domande.
>
> A presto
> **Giacomo**

Write an e-mail of about **30** words **in Italian** to Giacomo and include the following details:

• A description of your best friend.
• Information about his/her character.
• Say what you do together.

1 Write a list in Italian of five different items you could recycle.

Esempio: lattine

3 Daniela (SCRIVERE)

4 Elena e Daniela (INCONTRARSI) alla

4 Write a letter of about **150** words **in Italian** covering all the points mentioned below.

Scrivi una lettera in italiano.

Rispondi a tutte le seguenti domande:

- Quali esami fai quest'anno?
- Secondo te, gli esami sono stressanti? Perché sì/ Perché no?
- Che cosa hai fatto nel passato per rilassarti prima di un esame?
- Che cosa farai in futuro per prepararti ad un esame?
- Fumi/Bevi alcolici prima di un esame? Perché sì/ Perché no?
- Cosa pensi delle persone che fumano/bevono alcolici?
- Cosa pensi delle persone che si drogano?

Progetto 4

• The most serious problem of the 21st century

Secondo te, qual è il più grave problema del ventunesimo secolo e quali problemi esisteranno nel prossimo secolo?

You have been asked to prepare a project about the biggest problem of the 21st century and to give your opinion on what problems may exist in the next century. You can present the project as you wish e.g. a mixture of articles/letters and visuals:

You could include information about:

- Problems at home, school or the workplace (e.g. bullying)
- Environmental problems
- Smoking, drinking, or drugs
- Immigration, or racism
- Unemployment

Adapt a text!

➤ Before you write anything look back over Chapters 16 – 20 and the notes you have made.

➤ Make a plan in Italian (not in English!) of headings or a spider diagram showing the key words and expressions from Chapters 16 – 20 you want to use.

➤ Now try to adapt these texts about bullying at school or in the workplace

1a Leggi questi articoli.

BULLISMO

Il termine bullismo è la traduzione letterale della parola inglese 'bullying' e <u>descrive il modo in cui</u> un bambino o un piccolo gruppo di bambini cercano di dominare un altro bambino. Il bullismo <u>succede</u> nella scuola, spesso <u>durante</u> l'intervallo o nell'orario di mensa. Un '**bullo**' è spesso persistente ed <u>ha un desiderio di</u> dominare gli altri. Il bullismo <u>dura per settimane, mesi e persino anni</u>. Il bullismo può essere: <u>fisico</u> (colpire con pugni o calci); <u>verbale</u> (insultare, prendere in giro). I bulli, da adulti, <u>corrono il rischio di</u> sviluppare comportamenti antisociali, come l'abuso di alcol o droghe.

Le vittime sono spesso persone ansiose e sensibili. <u>Soffrono spesso di</u> poca autostima ed <u>hanno una opinione negativa di sé</u>. Hanno una vita difficile, spesso non vogliono andare a scuola ed infatti molti marinano la scuola. Soffrono di stress, mal di stomaco e mal di testa. Spesso i genitori non sanno che i figli sono vittime del bullismo.

MOBBING

La parola 'mobbing' <u>ha riempito le prime pagine di quotidiani, settimanali, mensili, riviste</u> ed <u>ha occupato spazi televisivi e spazio Web</u>, ha fatto parlare esperti e non, dagli psichiatri agli economisti, dai direttori del personale ai lavoratori <u>direttamente colpiti</u> dalla malattia del nuovo millennio.

Il termine mobbing deriva dal verbo inglese 'to mob' (che può significare assalire, avvilire, rattristare) ed <u>è una forma di</u> terrore psicologico esercitato sul posto di lavoro da parte dei colleghi o dei datori di lavoro. Ha un significato molto simile a quello di bullying a scuola. Il mobbing <u>consiste in</u> un lungo, costante, incessante processo di azioni oppressive <u>di fronte</u> alle quali la vittima non può <u>difendersi</u>.

1b Il bullismo tra i giovani sembra essere come il mobbing adulto. Secondo te:

1 Quali sono i punti in comune?
2 Chi sono le vittime e i persecutori?
3 Come e dove si sviluppa?
4 Come difendersi?
5 Come devono essere aiutati bulli e vittime?

Scrivere o parlare

• *Improving your writing and speaking skills*

aiuto !

Whether you are preparing for a Coursework assignment or a Writing test, the work you do will almost certainly also be helpful as revision for the Speaking test!

Try answering questions 1 – 8 on the environment and social problems:

– give a simple answer;

– develop this answer further;

– justify the development.

1 Qual è il problema ambientale più grave nella tua città?

2 Qual è la causa di questo problema?

3 Secondo te, che cosa bisogna fare per migliorare la situazione?

4 Che cosa bisogna fare in futuro per proteggere l'ambiente?

5 Qual è il problema sociale più grave nella zona in cui abiti?

6 Qual è la causa del problema?

7 Che cosa si può fare per risolverlo?

8 Quali sono i maggiori problemi che devi affrontare a scuola/nel posto di lavoro? Spiega la causa di uno di questi problemi e cosa cerchi di fare per risolverlo.

espressioni utili

To improve both your writing and speaking skills you should try and justify your opinions whenever possible. Try to learn and use a variety of linking words/expressions. Here are some examples:

cioè	that is, i.e.
altrimenti	otherwise
la ragione per cui	the reason why
da una parte ... dall'altra	on the one hand ... on the other hand
a dire la verità	to tell the truth
a parte questo	apart from this
visto che	seeing that
dato che	given that
senza dubbio	without doubt
ovviamente	obviously

2 Now that you have answered the questions look back at the two texts and your answers and make a list of words associated with bullying (e.g. **un bullo, una vittima** etc.) and a list of useful phrases which you could use for topics other than bullying.

1 Now make up five sentences about environmental pollution, drugs and alcohol related problems, using the expressions which you have noted.

2 For each of the sentences, think of a way to develop what you have said, making full use of your list of expressions where this is appropriate e.g. **Il tossicodipendente ha il desiderio di prendere la droga ... per avere una opinione positiva di sé ...**

3 Now try to justify that development e.g. ... **perché il drogato non può più difendersi di fronte alla droga ...**

Ancora! Introduzione

- Cognates
- Formal and informal greetings
- Numbers and dates
- Nouns and the indefinite article

1 Come si chiama in italiano?

Work out the Italian words for these visuals.

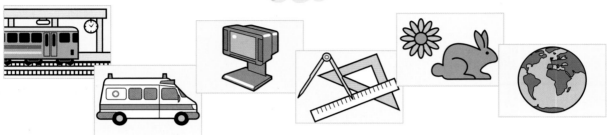

2 Ascolta tre dialoghi – trova il simbolo giusto e decidi: formale o informale?

Listen to three dialogues, find the right symbol and decide whether the greeting is formal or informal.

a **b** **c**

3 Ascolta e scrivi cinque numeri di telefono.

Listen and write down five telephone numbers.

4 Ascolta quattro persone.

a) Quando è il compleanno?
b) Che segno è?

5 Scrivi queste parole con 'un', 'uno' o 'una'.

Write out these words with the appropriate 'un', 'uno' or 'una'.

bicicletta	cellulare	chitarra	computer	concerto	documento	domanda
esperto	finestra	lavagna bianca	metropolitana	passaporto	pizza
porta	quaderno	scuola	studente	telefono	treno	violino	zaino

Esempio: una bicicletta

• *Say who you are and describe what you look like*
• *The alphabet, countries and nationalities*

1a Leggi questa e-mail e identifica la foto.

a

b

c

d

Ciao! Mi chiamo Antonio. Ho diciassette anni. Sono abbastanza alto e magro. Ho i capelli corti e neri, gli occhi castani e porto gli occhiali.

1b 🎧 Ascolta e identifica la persona che parla.

1c ✏ Scrivi una breve descrizione delle altre due persone.

1d Adesso completa questa descrizione di te stesso/a.

Ciao! Mi chiamo …

Ho …

Sono …

2 ✏ Completa le frasi con la forma corretta dell'aggettivo.

Esempio: Elena è … (simpatico). Elena è simpatica.

1 Mia sorella è … (ambizioso).
2 La lezione è … (interessante).
3 Mio fratello ha gli occhi (verde).
4 Elena è … (timido).
5 Gli studenti sono … (intelligente).
6 Io ho i capelli … (lungo) e … (rosso).
7 Io e mio cugino siamo molto … (sportivo).
8 L'appartamento è … (spazioso).

3 🎧 Ascolta e scrivi 12 parole.

Esempio: capelli

4 ✏ Scrivi il Paese o la nazionalità come negli esempi.

Esempi: Italia > **italiano**; australiano > **Australia**

1 Francia
2 spagnolo
3 inglese
4 Irlanda
5 scozzese
6 Germania
7 gallese
8 austriaco

Ancora! 2

- *Talk about hobbies, when you do them and whether you enjoy them*
- *Use the definite article*

1a 🎧 Ascolta! Quale attività? Abbina l'attività al disegno giusto.

Esempio: 1 – c

1b 🎧 Ascolta di nuovo e indica la frequenza dell'attività.

Esempio: 1 – f

a Ogni giorno
b Ogni fine settimana
c Una volta all'anno
d Ogni mattina
e Spesso
f Ogni sera
g Una volta alla settimana

2 ✏ Cosa fanno queste persone? Scrivi una frase come nell'esempio.

Esempio: a – Gioca a tennis.

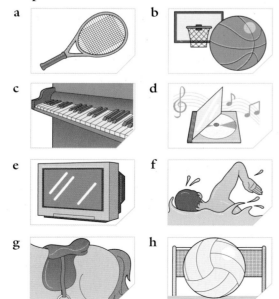

3 Cosa dicono queste persone? A chi piace ✓, a chi non piace ✗, a chi piace molto ✓✓, chi preferisce ✓✓✓?

Esempio: Matteo – 'Non mi piace il calcio'.

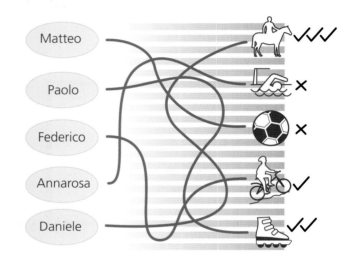

4a ✏ Scrivi l'articolo determinativo corretto (**il/lo/la/l'**) davanti a queste parole.

Esempio: cavallo > **il** cavallo

film	lezione
famiglia	esercizio
gatto	settimana
cane	libro
amico	italiano
programma	studente
documentario	sorella
sport	appartamento
animale	casa
nome	indirizzo

4b Adesso metti al plurale (**i/gli/le**).

Esempio: il cavallo > **i** cavalli

Ancora! 3

- *Describe where you live*
- *Use* **volere, dovere, potere**

Ciao! Mi chiamo Giuliana, ho 25 anni e (1) _____ a dieci chilometri dal centro della Città Eterna, Roma, (2) _____ d'Italia e una delle più belle (3) _____ del mondo. È la destinazione di milioni di (4) _____ che ogni anno vengono a visitare i suoi (5) _____ antichi. La Basilica più (6) _____ si chiama San Pietro ed è (7) _____ nella Città del Vaticano (residenza dei Papi dal 1377). Il Colosseo, costruito da Vespasiano, è un altro gran monumento di Roma (8) _____. Nella piazza del Colosseo si trova anche l'Arco di Costantino (313 d.C.). È il più (9) _____ degli archi trionfali romani. La Piazza di Spagna con la grande scalinata di Trinità dei Monti è una delle (10) _____ più famose di Roma.

Se volete essere sicuri di tornare a Roma, gettate una moneta nella Fontana di Trevi, la più famosa fontana di Roma (opera dell'architetto Salvi nel 1735). C'è una vecchia leggenda, che dice che se butti una moneta nella (11) _____ il destino ti fa tornare a Roma.

1a ✏ Completa la lettera di Giuliana con le parole del riquadro qui sotto.

capitale	famosa	antica		grande
monumenti	fontana		turisti	abito
città	piazze	situata		

1b 🎧 Ascolta per confermare le tue risposte. Correggi le risposte sbagliate.

2a 🎧 Ascolta la mamma che spiega alla babysitter dove dorme il bambino.

1	4
2	5
3	6
	ingresso

3 Completa le frasi con la forma corretta di **potere**, **volere** o **dovere**.

1. ◄– Mamma, … uscire dopo cena?
   ◄– Mi dispiace Marco ma stasera non … uscire, … fare i tuoi compiti per domani mattina.
   ◄– Ma mamma, non … studiare, sono troppo stanco.
2. La mia amica non … venire al cinema con me. Preferisce stare a casa.
3. Noi … studiare se … essere promossi.
4. Elena non … mangiare la carne. È vegetariana.
5. I miei amici non … andare a scuola oggi. Sono malati.

2b Dov'è …

A il bagno? **D** la cucina?

B la camera del bambino? **E** il soggiorno?

C la camera dei genitori? **F** lo studio?

• *Talk about time and your daily routine and helping about the home*
• *Use reflexive verbs and the present continuous*

1 Che ore sono?

Abbina la frase all'ora giusta.

1   **a** Sono le tre e un quarto

2   **b** Sono le sei e mezza.

3   **c** Sono le cinque e venti.

4   **d** Sono le ventidue e zero cinque.

5   **e** Sono le otto meno dieci.

6   **f** È mezzanotte.

7   **g** Sono le diciassette.

2 Cosa fanno queste persone e a che ora?

Giorgio: e

Elena: e

Gianni: e

Flavia: ma

3 ✎ Franco descrive la sua giornata.

Metti i verbi tra parentesi al presente come nell'esempio.

Generalmente io **mi sveglio** (svegliarsi) alle sette. … 1 … (alzarsi) subito, … 2 … (lavarsi) e poi … 3 … (vestirsi). Alle otto meno un quarto … 4 … (fare) colazione e dopo … 5 … (prepararsi) ad uscire. Di solito … 6 … (uscire) di casa alle otto precise. … 7 … (prendere) l'autobus e … 8 … (arrivare) a scuola dove … 9 … (divertirsi) molto.

4 ◖ Ascolta! Le faccende domestiche.

Quale attività fanno queste persone? Abbina l'attività al disegno giusto.

Esempio: 1 – c

1 a   b   c

2 a   b   c

3 a   b   c

4 a   b   c

5 a   b   c

5 ✎ Descrivi cosa sta facendo ogni persona.

Esempio:

Sta passando l'aspirapolvere.

a   e

b   f

c   g

d

- *Identify school subjects and talk about plans after leaving school*
- *Use the possessives*

1 Abbina la materia al disegno giusto.

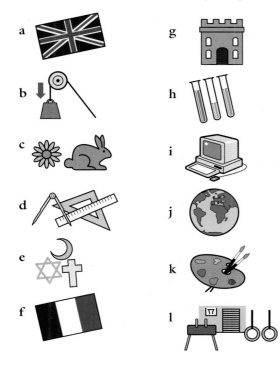

1 biologia	**7** informatica
2 chimica	**8** arte
3 inglese	**9** matematica
4 geografia	**10** fisica
5 francese	**11** religione
6 storia	**12** sport

2 ✎ Tocca a te! Scrivi le tue risposte a queste domande.

Quali di queste materie studi a scuola?

Quale materia preferisci? Perché?

Quale materia non ti piace? Perché?

3 ✎ Quali sono i progetti di queste persone?

Completa le frasi con una espressione appropriata scelta dal riquadro.

> trovare un lavoro   andare all'università
> lasciare la scuola   fare il volontariato
> fare un giro del mondo

1 Non mi piace andare a scuola. Appena possibile (a 16 anni) ho intenzione di …

2 Mi piace viaggiare, allora quando finisco la scuola vorrei …

3 Voglio continuare a studiare allora quando finisco la scuola spero di …

4 Io sono stufo di studiare, e ho bisogno di guadagnare dei soldi e quindi, finita la scuola, vorrei ….

5 Quando lascio la scuola non voglio andare subito all'università. Per un anno vorrei … Mi piace aiutare gli altri.

4 ♫ Ascolta per confermare le tue risposte. Correggi le risposte sbagliate.

5 👥 In coppia spiegate i vostri progetti per il futuro.

6 Quale forma?

Scegli la forma corretta.

1 Questa è nostra/la nostra scuola.

2 Mia/La mia sorellina ha 10 anni.

3 Marco legge la sua/il suo rivista.

4 Loro zia/La loro zia non sta bene.

5 Tutti miei/i miei amici sono simpatici.

6 I tuoi/Tuoi cugini vanno a scuola in autobus.

7 Le sue/I suoi lezioni sono interessanti.

8 Elena legge la sua/il suo giornale.

- Follow and give directions
- Use imperatives

1a Abbina le indicazioni stradali alle cartine.

1 Vada diritto e giri a destra. È in fondo alla strada.
2 Vada diritto, giri subito a destra, poi prenda la seconda a sinistra ed è lì sulla destra.
3 Vada diritto, prenda la prima a sinistra ed è di fronte a Lei, in fondo alla strada.
4 Vada diritto, attraversi il ponte, continui diritto fino alla piazza ed è sulla sinistra.

1b 🎧 Guarda la cartina, leggi l'elenco di parole e ascolta le indicazioni. Dove arrivi?

1 il museo
2 l'albergo
3 la banca
4 il supermercato
5 l'ufficio postale
6 il ristorante
7 il cinema
8 la stazione
9 l'ufficio turistico
10 il Duomo

1c 👥 Tocca a voi! Guardate la cartina. A dà le indicazioni, B dice la destinazione.

Esempio:
A: Giri subito a destra, continui lungo questa strada verso il fiume ed è lì sulla destra.
B: È la stazione.

Ancora! 7

- *Describe the weather*
- *Describe a holiday*

1 🎧 Ascolta queste persone che parlano del tempo che faceva durante le vacanze. Abbina la città con le immagini appropriate.

1. Barcellona
2. Chicago
3. Cortina
4. Edimburgo
5. Londra
6. Madrid
7. Manchester
8. Marsiglia
9. Milano

a b c d

e f g h i

2 Abbina le foto di Annamaria con le frasi.

1 Sono andata con amici.
2 Sono andata in spiaggia.
3 Di sera ho ballato in discoteca.
4 Siamo andati in barca.
5 Sono andata in Spagna.
6 Ci siamo fermati due settimane.
7 La mia vacanza era ottima.
8 Il tempo non era molto bello.
9 Mi sono fermata un mese.
10 Ho visitato molti monumenti.
11 Ho mangiato nel ristorante.
12 Sono andata con la mia famiglia.
13 Faceva molto caldo e c'era il sole.
14 Mi è piaciuta molto la Spagna!

3 👥 Tocca a voi! Scrivete le domande per le risposte 1–14. A turno, domandate e rispondete.

Esempio: 1. Con chi sei andata/o?

a  b

c  d

e  f

g  h

• *Book a hotel room*

1a Metti in ordine il dialogo.

a Con bagno o doccia?

b Buongiorno, ha due camere per favore?

c Con doccia. Quanto costano?

d Per due notti.

e C'è l'ascensore?

f Vorrei una camera a due letti ed una camera singola per due adulti e un bambino.

g A che ora possiamo fare colazione?

h 300 euro la notte in totale.

i Sì, proprio qui, sulla destra.

j Dalle 7.00 alle 10.00.

k Sì abbiamo camere. Per quante notti?

l Che tipo di camere desidera?

1b 🎧 Hai messo il dialogo nell'ordine giusto? Ascolta per controllare!

1c Trova l'immagine che rappresenta meglio il dialogo.

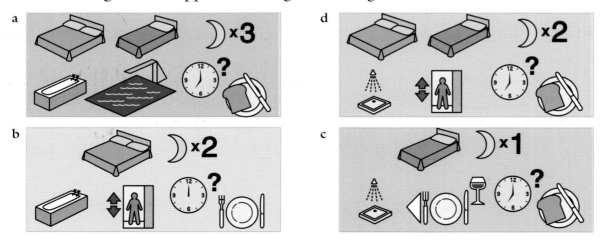

a **d**

b **c**

1d 👥 Con un/una partner, inventa dialoghi per le tre immagini rimaste.

• *Complain when things go wrong in a restaurant*
• *Use direct object pronouns*

1a Abbina le espressioni alle scene nel ristorante.

1

2

3

4

5

6

a Non ho ordinato il formaggio!
b Questo bicchiere è sporco.
c Non ho la forchetta.
d Posso avere il menù per favore?
e C'è un errore sul conto.
f Il mio caffè è freddo.

1b 🎧 Ascolta per verificare le tue risposte.

2 Guarda i disegni. Qualcosa non va bene.

Tocca a te lamentarti con il cameriere/la cameriera.

1
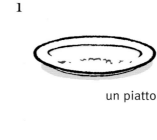
un piatto

2

3

4

5

un tovagliolo

6

3 Completa le frasi con il pronome corretto (**lo/la/li/le**).

Esempio: Il conto, … pago io. > Il conto, **lo** pago io.
1 Le lasagne, … mangiamo spesso.
2 La pizza, … compro al supermercato.
3 Il vino, non … bevo mai.
4 I dolci, … sa fare bene mio fratello.

Ancora! 10

- *Communicate by phone, fax, text message or e-mail*
- *Use pronouns*

Fino a pochi anni fa molte persone spedivano lettere. Ora spediscono fax, e-mail e SMS!!

1 🎧 Ascolta bene ed abbina le frasi con le immagini.

1 Vorrei una carta telefonica da 20 euro.
2 Vorrei mandare un'e-mail. Quanto costa?
3 Vorrei mandare un fax. Ho cinque pagine. Quanto costa?
4 Vorrei chiamare un amico. Qual è il prefisso internazionale per l'Inghilterra?
5 Vorrei una carta telefonica prepagata per il mio cellulare. Quanto costa?
6 C'è un telefono qui?

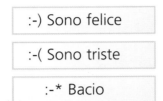

:-) Sono felice

:-(Sono triste

:-* Bacio

2 Leggi e rispondi alle domande.

> **Gli SMS**
>
> SMS sono i messaggi scritti ed inviati con il telefono cellulare. Solo in Italia, se ne spediscono circa 10 milioni al giorno! Gli SMS sono molto amati dai giovani tra i 16 e i 25 anni. Ma sono anche usati al lavoro, tra colleghi, ad esempio per comunicare orario e luogo di conferenze e incontri.

1 Cosa sono gli SMS?
2 Quanti sono spediti ogni giorno in Italia?
3 Chi in particolare ama gli SMS?
4 Chi li usa al posto di lavoro e per quale motivo?

a

b

c

d
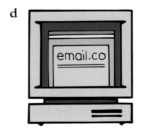

e

f

3 Leggi! Cosa significano questi SMS?

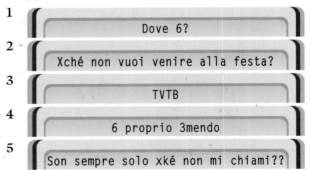

1 Dove 6?
2 Xché non vuoi venire alla festa?
3 TVTB
4 6 proprio 3mendo
5 Son sempre solo xké non mi chiami??

4 Scegli il pronome giusto.

1 Gli/Lo mando un SMS.
2 Gliene/Gli ho mandati tre.
3 Hai mandato il fax? Sì l'/li ho mandato.
4 Hai comprato una carta telefonica? Sì ne/la ho comprate due.
5 Hai mandato un SMS a Giulia? Sì gliene/te ne ho mandato uno.
6 Hai telefonato a Elena? – Sì, la/le ho telefonato?

Ancora! 11

Un anno nella vita della famiglia D'Amico

1a Ascolta Angela e abbina le date con le feste.

> 6 gennaio   14 febbraio   8 marzo   19 marzo   13 aprile   12 maggio   24 giugno   14 luglio
> 15 agosto   20 settembre   31 ottobre   5 novembre   20 dicembre   31 dicembre

La famiglia D'Amico

- … Luca e Giulia si sono sposati. La sposa ci ha promesso che una di queste sere ci farà un dolce con le sue mani e così potrà provare il suo nuovo forno. (ancora non ce l'ha fatto!)

- … abbiamo brindato al venticinquesimo anniversario di matrimonio dei nostri amici Bruno e Lucia.

- … c'era una festicciola per la nonna Assunta e La Befana!

- … era la Festa della mamma e Stefano e Daniela mi hanno portato fiori e cioccolatini. Che bello! Poi il giorno dopo c'è stata una cena per festeggiare il compleanno di Donato. Noi eravamo una quindicina, gli anni di Donato 49! Nella pagina: FotoAlbum si possono vedere alcuni degli invitati.

- … è nato Fabio, primo figlio di Massimo e Antonia. Un nuovo Pesciolino ascendente Ariete! Il battesimo è avvenuto il 18 aprile nella chiesa di Santa Caterina. Abbiamo anche festeggiato la festa del papà! Siamo andati al ristorante Antonio. Squisito!

- … abbiamo festeggiato i compleanni di Michele e Assuntina … e la festa della donna!

- … abbiamo festeggiato il 'non-compleanno' di Stefano perché non avevamo nient'altro da festeggiare … La serata si è protratta fino a tarda notte. Chi non c'era non saprà mai quello che ha perso …

- … abbiamo festeggiato il diciottesimo compleanno di Daniela. La festa è iniziata alle due ma non mi ricordo quando è finita! Sacchi a pelo dappertutto per terra!

- … era il compleanno di Stefano – un puro Sagittario! Abbiamo anche festeggiato l'arrivo delle vacanze natalizie con un 'panino party'. Ci siamo impegnati nella preparazione dei panini farciti ed abbiamo abbellito i vassoi.

- …, due anni fa, Topsi è arrivata a casa nostra. Abbiamo festeggiato anche il suo compleanno.

- … siamo andati al mare ed abbiamo gustato la 'Cena di Ferragosto' che si è svolta all'aperto.

- … abbiamo fatto la cena di Capodanno e … festeggiamenti vari. Eravamo circa una trentina.

- … abbiamo festeggiato i compleanni di: Anna, Pasquale e Roberto. La somma degli anni compiuti è: 95. – Chi ha voluto fare gli auguri, li ha fatti.

- … c'era ancora un compleanno – questa volta il mio! Siamo andati da mia sorella per festeggiare la festa di Halloween, che è la festa delle streghe. Ci siamo travestiti da maghi e streghe!

1b Descrivi un anno della tua vita.

• *Describe an accident*

1a Leggi l'articolo di giornale e rispondi alle domande.

1 Cos'ha salvato il Signor Tomassini?
2 Cos'ha salvato la Signora Tomassini?
3 Quante persone c'erano nell'altra macchina?
4 Come si chiamava l'autista dell'altra macchina?

Mi ha salvato l'airbag

«Mi ha salvato l'airbag», ha detto il Signor Tomassini che era alla guida della macchina che si è scontrata oggi con quella del Signor Giuseppe Merlini. Accanto al Signor Tomassini viaggiava la moglie, Sonia, di 53 anni.

«Indossavo la cintura di sicurezza per fortuna» ha detto la Signora. «Ho visto l'altra macchina e all'interno c'era solo una persona. Mio marito è sceso dalla macchina e … non ricordo più nulla perché sono svenuta.»

Da: Merlini Giuseppe

Venerdì mattina, 14 febbraio – che brutta giornata! Mi sono alzato presto per andare al lavoro. Allegro, con l'autoradio accesa, arrivo in Via Azzurra. Devo girare a sinistra in Via Gramsci. Il semaforo è verde, la strada apparentemente è libera, giro. Arriva una macchina a grande velocità e … BOOM! Mi tampona. Sono sceso dalla macchina. Mi facevano male la testa e la spalla. L'autista era un uomo sulla cinquantina. Di chi era la colpa? Secondo il codice della strada aveva torto lui, perché è passato col rosso. Poi lui andava almeno a 60 chilometri all'ora e NON HA NEMMENO FRENATO!

Una signora ha avvertito la polizia municipale. 'Dovrete aspettare un'oretta!' ci ha detto. Un'oretta? Dio mio ero da solo senza credito nel telefonino! Faceva freddo ma, a parte due signore che hanno chiesto se eravamo feriti, tutti guardavano, ridevano, ecc. Pazienza!

1b 🎧 Ascolta una signora che telefona alla polizia stradale.

Indica se le affermazioni sono vere o false e correggi quelle false.
Secondo la signora:

1 Un'auto ed una motocicletta si sono scontrate.
2 L'incidente è successo al crocevia tra Via Gramsci e Via Azzurra.
3 Ci sono tre feriti.
4 L'incidente è molto grave.

1c Leggi l'e-mail mandata da Giuseppe Merlini ad un amico.

1 Secondo il Signor Merlini chi ha causato l'incidente?
2 Dove gli fa male?
3 Quanti anni aveva l'autista dell'altra macchina?
4 Che tempo faceva?
5 Come ha reagito la gente che ha visto l'incidente?

1d ✏ Racconta cosa è successo!

Esempio: Due macchine si sono scontrate al crocevia tra Via Gramsci e Via Azzurra …

Ancora! 13

1 Abbina le persone con le professioni.

a  b  c   d   e

f  g   h   i  j

k  l  m

aiuto !

infermiera	muratore
meccanico	pilota
parrucchiera	medico
insegnante	impiegato di banca
assistente di volo	programmatore di computer
cuoco	direttore
veterinario	

2a 🎧 Ascolta e completa il dialogo.

A: Sandro, che lavoro fai?

B: Sono … (1) in ospedale.

A: Com'è il tuo … (2)?

B: Al momento faccio i turni.

A: Ti … (3) il lavoro?

B: Sì, è molto … (4).

A: Quali sono gli svantaggi del lavoro?

B: Quando lavoro di … (5) e dormo durante il … (6) vedo raramente i miei due figli e di sera non posso uscire con … (7).

A: Da quanto tempo fai questo lavoro?

B: … (8) anni.

A: Ma la paga è buona.

B: D'accordo ma a volte lavoro … (9) ore alla settimana.

2b Intervista queste persone.

 Antonio – lunedì – venerdì 9.00 – 12.00; 17.00 – 19.30 sabato; 9.00 – 12.00 domenica; ama gli animali, soprattutto cani e gatti; molto interessante/soddisfacente/mai noioso; 6 anni; ottima paga

 Clara – part-time (3/4 giorni alla settimana/25 ore); orario flessibile; le piace il contatto con la gente; sempre occupata; 9 mesi; 14 euro all'ora

 Alessandra – lunedì – venerdì 8.45 – 16.00, le piace lavorare con i giovani; interessante ma molto stressante a volte; 15 anni; paga abbastanza buona

2c Scegli una di queste persone e descrivi il suo lavoro.

Esempio: Antonio è veterinario …

• *Make arrangements to go out*

1 Metti in ordine il dialogo.

Esempio: i, …

a
> Al centro commerciale.

b
> Ciao!

c
> Possiamo fare un po' più presto?

d
> D'accordo. A martedì allora.

e
> A che ora vuoi andare?

f
> Mi dispiace, mercoledì gioco a tennis con Sandro.

g
> Sì volentieri. Dove ci vediamo?

h
> Martedì allora?

i
> Ti piacerebbe andare in piscina mercoledì?

j
> Alle due e mezza?

k
> Facciamo alle due allora?

2a Trova l'immagine che rappresenta meglio il dialogo.

2b Tocca a voi! Inventate dialoghi per le tre immagini rimaste.

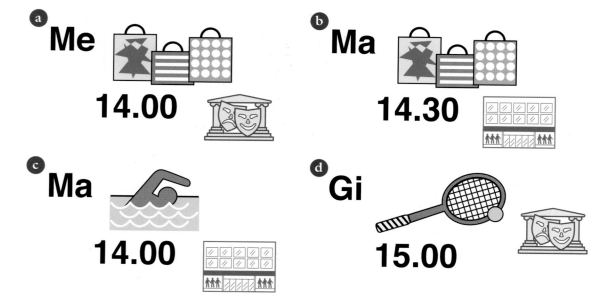

a **Me** 14.00

b **Ma** 14.30

c **Ma** 14.00

d **Gi** 15.00

Ancora! 15

1a Abbina la quantità con il prodotto.

1 sei ...

2 un chilo di ...

3 tre etti di ...

4 un pacco di ...

5 un litro di ...

6 una dozzina di ...

7 una scatola di ...

8 due bottiglie di ...

a latte

b limonata

c pane

d piselli

e prosciutto

f panini

g tè

h uova
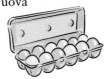

1b ✏ Una signora fa la spesa. Completa il dialogo usando la sua lista della spesa.

Esempio: Vorrei **sei panini** e ...

Commesso: Buongiorno, signora. Desidera?

Signora: Vorrei ... (1), e ... (2) Poi prendo ... (3).

Commesso: Crudo o cotto, signora?

Signora: Crudo. Poi ... (4).

Commesso: Sì, signora. Altro?

Signora: Sì, ... (5) e ... (6).

Commesso: Ecco a lei. Nient'altro, signora?

Signora: Sì, ... (7).

Commesso: Mi dispiace, signora, non ho piselli. Però ho una scatola di fagioli verdi.

Signora: Vanno bene anche i fagioli. Li prendo. È tutto ... ho dimenticato – ... (8)!

1c 🎧 Hai completato correttamente il tuo dialogo? Ascolta per controllare!

2 👥 Tocca a voi! Inventate dialoghi per queste liste della spesa.

Dal fruttivendolo

4 arance
un limone
un chilo di mele rosse
un chilo di pesche
2 etti di fragole
un chilo di cipolle rosse
un'insalata

Dal macellaio

un chilo di agnello
un pollo

Dal panettiere

10 panini
un chilo di pane
un pacco di grissini
un pacco di biscotti

Dal pescivendolo

merluzzo
calamari
salmone fresco

> • *Discuss what qualities are important in a friend*

1 Quali qualità dovrebbe avere l'amico o l'amica ideale?

Metti in ordine di importanza queste frasi.

a L'onesta è importantissima per me.

b La fedeltà è la qualità più importante per me.

c Non dobbiamo avere segreti l'uno con l'altro.

d Devo poter parlare di tutto con lui/lei.

e È sempre lì per me.

f Mi deve capire bene.

g Dobbiamo avere interessi comuni.

h Deve essere gentile, cortese, intelligente, coraggioso, divertente, sincero, simpatico!

2 🎧 Ascolta e descrivi Daniela, Gianpaolo, Marco e Alessandra.

Esempio: Daniela è …

1

3

2

4

3a Cosa vuole dire per te l'amicizia?

Leggi e fa' una lista dei punti negativi e positivi menzionati.

Esempio: negativo: la falsità; positivo: l'onestà

- L'amicizia secondo me non esiste, troppe falsità, dubbi, incertezze, problemi, litigi, gelosie parlo almeno secondo un mio punto di vista: amiche che credevi 'veramente' amiche … si rivelano l'opposto deludendoti al massimo!

- La cosa più brutta in un rapporto di amicizia è la gelosia e l'ambiguità: non sopporto quando si parla alle mie spalle …!!!!!!!

- Secondo me, l'amicizia tra persone di sesso diverso non può esistere perché si finisce sempre con l'innamorarsi dell'amico/a visto che ha le stesse qualità che si cerca in un/a ragazzo/a.

- Io credo che le uniche cose che debba avere un vero amico siano l'onestà, la sincerità, e lo 'stare a fianco nel momento del bisogno'. Certo è importante che un amico ti accetti per quello che sei.

- Un amico deve saper ascoltare e aiutarti nel momento del bisogno anche il proprio ragazzo deve avere queste qualità, e deve anche saperti amare!!

- Amicizia … ? Allora diciamo che è la mia droga … impossibile farne a meno!!! Per amicizia intendo non una semplice conoscenza superficiale ma conoscenza vera, quella che ti lega ad alcune persone per sempre. Un amico/Un'amica deve essere sincero/a perché preferisco una crudele verità piuttosto che una bugia!

3b 👥👤 Lavora con un/a partner. A turno, domandate e rispondete.

1 È vero che si possono essere grandi amici solo se ci si somiglia? Perché?

2 Ritieni possibile l'amicizia tra maschi e femmine? Perché sì/no?

3 Quali qualità dovrebbe avere l'amico o l'amica ideale?

4 Quali qualità cercheresti nel tuo ragazzo o nella tua ragazza?

5 Tra amici quale forma di comunicazione è più frequente? (p.es. SMS ecc.)

• *Talk about environmental issues*

1 Quale contenitore? Abbina il rifiuto con il contenitore appropriato.

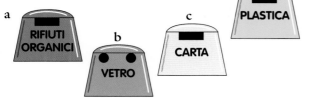

1 Quanto sono pesanti queste bucce di patate!
2 Alessia mi ha dato questo flacone di plastica.
3 Dove metto questa scatola di cartone?
4 Oh Dio, si è rotta la bottiglia, devo fare attenzione a non tagliarmi la mano!

2a Abbina le immagini con le frasi.

Esempio: 1 – e

1 Si dovrebbe andare di più in bicicletta.
2 Dovremmo usare meno sacchetti di plastica.
3 Non si dovrebbe usare troppo imballaggio.
4 Dovremmo riciclare vetro, carta ecc.
5 Non si dovrebbe sprecare l'acqua.
6 Dovremmo proteggere piante e animali.
7 Non si dovrebbero creare cumuli di rifiuti.
8 Si dovrebbe usare di meno la macchina. C'è troppo traffico.

2b Scegli alcune frasi dall'esercizio 2a e disegna un poster o un volantino. Puoi usare immagini tagliate dai giornali.

3a Un portapenne fantasia!

Un portapenne ricavato da una bottiglia di plastica? Metti in ordine le frasi per sapere come si fa!

Esempio: 1– d

a Adesso puoi metterci i tuoi pennarelli, le tue penne e matite!
b Attacca adesivi o trasferelli intorno alla bottiglia.
c Copri il bordo con nastro adesivo.
d Materiale: bottiglia di plastica, forbici, nastro adesivo colorato.
e Prendi una bottiglia di plastica.
f Tagliala a metà.

3b Possiamo trasformare con fantasia tutto ciò che buttiamo via!

In quali modi diversi possiamo riusare:

un sacchetto di plastica?

dei bottoni?

dei fogli di carta?

dei tappi?

4 Rispondi alle domande.

1 Quali sono i più gravi problemi ambientali nella tua città?

Esempio: I gas di scarico, …

2 Quali tipi di rifiuti possono essere riciclati nella tua città?

Esempio: La plastica, …

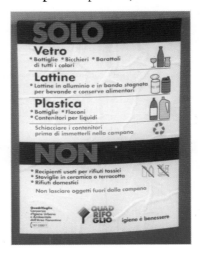

> • *Talk about exams*

1 Che cosa devi fare il giorno dell'esame, e che cosa è vietato? Fai una lista!

Il giorno dell'esame devo …   È vietato …

1 arrivare in orario.

2 fare rumore in prossimità dell'aula d'esame.

3 fumare, mangiare e bere nell'aula d'esame.

4 imbrogliare.

5 usare un correttore ortografico, un chiama-persona o un telefono cellulare.

6 avere esclusivamente il materiale necessario per le prove.

7 parlare con gli altri candidati.

8 portare un documento (ad esempio: carta d'identità, passaporto).

9 spegnere i telefoni cellulari.

2 ⌒ Ascolta le raccomandazioni dell'insegnante.

Abbina l'immagine con la raccomandazione.

Esempio: 1 – d

a

b

c

d

e

3 ⌒ Ascolta Marco e Daniela che parlano degli esami.

Leggi queste affermazioni e decidi se sono V (vere) o F (false).

1 Marco informa sempre i suoi genitori della data degli esami.

2 Daniela mangia il cioccolato il giorno prima dell'esame.

3 Marco mangia molto la sera prima dell'esame.

4 Daniela mangia una ricca colazione il giorno dell'esame.

5 Secondo Marco, Daniela dovrebbe fare un lungo bagno la sera prima dell'esame.

4a ✎ Scrivi una lista delle attività che si possono fare per evitare lo stress.

Esempi:

• fare un'attività sportiva per scaricare la tensione

• stare attento alla dieta

• usare tecniche di rilassamento

• andare a letto presto

• non studiare troppe ore di seguito

4b Disegna un poster o un volantino con informazioni su come combattere i sintomi dello stress.

Stressato?

Allora abbiamo qualcosa per te!

Ancora! 19

1a Abbina il problema con l'immagine.

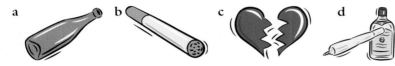

a b c d

1

È l'estate e dovrei essere felicissima, invece sono triste. Ho sempre in mente l'immagine di un ragazzo, Fabio. L'ho conosciuto verso la fine della scuola ed era così carino. Appena ci siamo scambiati il numero di cellulare abbiamo iniziato a mandarci tanti messaggi carini! Questa storia è continuata per due bellissime settimane, e ci scrivevamo sempre stupendi sms – almeno 50 o 60! Poi, tutto d'un tratto, salta fuori una sua ex, e lei legge i miei messaggi, e si mette a piangere. Lui il giorno dopo mi scrive di scusarlo, ma non era più sicuro di cosa voleva e che avrebbe preferito allontanarsi da me per un po' di tempo. Continuo a domandarmi perché. Tutti mi dicono di non pensarci più, di lasciarlo perdere, ma penso sempre a lui, mi piace un sacco. Cosa devo fare, dimenticarlo? Ogni volta che esco spero di incontrarlo! Datemi voi un consiglio, qualsiasi cosa, tanto per avere un'idea di come mi devo comportare.

2

Proprio in questi giorni sto provando a smettere di fumare. La decisione è venuta all'improvviso: 'Questa è la mia ultima sigaretta'. Ho iniziato a scuola, per gioco, a 16 anni ed ho fumato per 10 anni. Certo che non è facile adesso, soprattutto quando sto vicino al pc o in macchina (luoghi dove prima fumavo).

3

Ho un'amica che fortunatamente non è mai stata in ospedale per overdose, ma purtroppo ci è andata troppo vicina! È sempre stata una brava bambina, ottimi voti a scuola, un'ottima famiglia … fino a quando è entrata nella famosa fase adolescenziale: tutte le sue amiche hanno già il ragazzino e lei no. Si sentiva brutta e inadatta. Ha cominciato a fumarsi 1 canna, 2, 3, 100 canne. Poi ha conosciuto un certo giro di gente. Lo 'stono' della canna non era più sufficiente e ha deciso di provare qualcos'altro … gin, vodka e tequila (droghe legali!). Fortunatamente ha paura degli aghi e ciò le ha impedito di provare l'eroina! Ma finalmente mi ha detto che ha un sacco di voglia di recuperare il tempo perduto.

4

Ho sofferto tanto, specialmente negli ultimi tre anni. Ho una figlia giovane alcolista ed io da madre mi mettevo a gridare, le chiedevo perché non si comportava come le altre figlie. Non mi piacevano le cose che faceva. Da tre anni mi sento isolata. Come può uscire dall'alcolismo mia figlia?

1b Prova a spiegare in inglese il problema di ogni persona.

1c Abbina i quattro problemi con la risposta adatta (A–D).

1d Cosa pensi delle risposte?

A

L'alcolista tende a negare il suo problema. Però dall'alcolismo si può uscire, l'importante è chiedere aiuto. Esistono le Associazioni Arcat/Apcat/Acat, ed i centri specializzati dove l'alcolista riceverà quello di cui ha bisogno da dottori, psicologi, assistenti sociali, e psichiatri che lo aiuteranno ad uscire dalla dipendenza e a cambiare stile di vita.

B

Sembra che abbia perso il rispetto di se stessa. Non è necessario avere la famiglia più disgraziata del mondo, anche con genitori meravigliosi si può arrivare a volersi distruggere con le droghe. Fortunatamente si è accorta in tempo che sta prendendo una brutta strada e che attorno ci sono delle persone disposte ad aiutarla a riprendere il suo cammino. Con il tuo aiuto riuscirà!

C

Ciao! In effetti la cosa migliore a questo punto, sarebbe dimenticarlo. Comunque vadano le cose, queste due settimane sono servite a farti comprendere cosa vuoi da un rapporto, e probabilmente anche cosa non vuoi. Prova ad uscire con ragazzi nuovi, almeno prova a vedere come potrebbe essere senza di lui … a volte la vita nasconde una grande sorpresa … Te la auguro.

D

Fidati, smettere si può, basta volerlo. Prova a dire 'la radio, non la sigaretta, mi tiene compagnia mentre guido'. Se un giorno ti trovi veramente in difficoltà, c'è il Telefono Verde contro il Fumo (TVF) 800 554088. È un servizio nazionale, anonimo e gratuito ed è operativo dal lunedì al venerdì dalle ore 10.00 alle ore 16.00. Auguri e in bocca al lupo!

Ancora! 20

- *Talking about chatrooms*
- *Talking about the future*

1a Leggi 'Per chattare in tranquillità'.

Per chattare in tranquillità

Si calcola che un milione e mezzo di bambini dai cinque ai dieci anni sappia usare il computer. Mese dopo mese aumenta il numero dei bambini che imparano a navigare su Internet e che provano a chattare con altre persone. Quali rischi corrono? Il primo dipende dal tempo che si passa davanti al monitor, e può causare problemi fisici, alla vista o alla colonna vertebrale. Il secondo dipende dai siti che si visitano e dalle persone con cui si chatta quando non c'è il controllo di un adulto. Difendersi da questi pericoli diventa difficile, anche perché quando sono on-line, i bambini di solito sono soli. Una buona regola sarebbe di navigare insieme ai figli. Poi ogni genitore dovrebbe controllare il tempo che il proprio figlio passa al computer. Gli adolescenti sono più esposti ai rischi perché spesso utilizzano il computer senza sorveglianza. Gli adolescenti possono entrare con facilità nei siti che contengono materiale di natura sessuale o violenta e l'Internet può essere usato da persone malintenzionate.

Allora, per chattare in tranquillità:

a Non dare nessuna informazione personale!

b Non usare il tuo vero nome e cognome!

c Non dare a nessuno né il tuo numero di telefono, né il tuo indirizzo!

1b Correggi queste affermazioni false.

1 Pochi bambini sanno usare un computer.
2 I bambini che usano i computer non corrono nessun rischio fisico.
3 È facile difendersi dai pericoli on-line.
4 I genitori devono lasciare i figli soli davanti al computer.
5 I bambini sono più a rischio che gli adolescenti.
6 Bisogna sempre usare il proprio nome e cognome.

3 Come immagini il futuro? Rispondi alle domande.

1 Come sarà il tuo cellulare del futuro? Lo utilizzerai per fare che cosa?
2 Come sarà il tuo televisore? Sarà interattivo? Come sceglierai i canali e i programmi?
3 Andrai a lavorare in macchina? Come sarà? Funzionerà a benzina?
4 Come sarai vestito? Jeans e maglietta?
5 Utilizzerai l'Internet? Se sì, per fare che cosa? Se no, perché no?

2 🎧 Ascolta 'Dopo l'Esame di Stato'.

A chi si riferiscono le cifre?

1	63%	A: ragazze che vogliono lavorare
2	52%	B: ragazzi che vogliono andare al mare
3	18%	C: ragazze che vanno in vacanza in famiglia
4	13%	D: ragazze che hanno fatto l'Esame di Stato
5	10%	E: ragazzi che hanno fatto l'Esame di Stato
6	6%	F: ragazzi che vanno in vacanza in famiglia

Esempio: I giochi del futuro sui cellulari saranno scaricabili via Internet e proiettati su uno schermo gigante fissato al muro, così si potranno vedere meglio, e saranno magari più divertenti.

Ancora!

Ripasso 5 • *Improving your listening skills*

aiuto !

How can you improve your listening skills?

- Listen to as much Italian as possible. Ask your teacher to make a copy of some exam recordings for you. Ask an Italian friend to make a recording, e.g. what they do in their free time etc. If you have Italian satellite television at school or at home or have educational Italian videos try to take every opportunity to watch them! Remember, it is better to listen regularly for 10–15 minutes than to listen for an hour once every two weeks!

- Familiarise yourself with the sort of rubrics you may encounter. (➤ pages 228–229)

aiuto !

What sort of tasks can you expect in a Listening exam?

- Mark on a plan the place described in a conversation
- Fill in a blank form/grid following instructions (single words or numbers).
- Select, from a number of illustrated possibilities, the person, place or object described.
- Identify 'Who said what?' – complete with name or tick names on a grid.
- Note down a telephone/bus/platform number or a time.
- Note down the location of places you are told to go to.
- Note down prices that you hear.
- Answer questions about each person being interviewed.
- Decide what to do in response to a public announcement or weather forecast.
- Decide what to do when given unexpected instructions/ replies.
- Make a choice or decision based on alternatives offered.
- Identify the kind of news or announcement e.g. traffic report, accident etc.
- Identify a speaker's attitude e.g. annoyed, happy etc.
- Identify any inconsistencies in a witness' statement.
- Match a description to a visual.
- Decide whether statements are positive/negative/ or positive and negative.

ricorda

During the exam, remember:

- Read the question carefully! It may give you a clue to how to answer.
- Note whether you need to answer in Italian or English.
- Listen out for synonyms (words and expressions that mean the same).
- Watch out for negatives (both on tape and in the question).
- Take care with spelling – a different word can change the meaning e.g. **cane** and **carne**!
- If there is more than one mark for a question, include as much detail as possible.
- If a time is in the 24 hour clock system e.g. 19.00, just write 19.00, do not try to convert the answer.
- Watch out for 'false friends' e.g.:

  attualmente = at the moment   **in realtà** = actually
  bravo = good/well   **coraggioso** = brave
  cantina = cellar   **mensa** = canteen
  confetti = sugared almonds   **coriandoli** = confetti
  parenti = relatives   **genitori** = parents
  sensibile = sensitive   **sensato** = sensible
  sopportare = to stand, to bear   **mantenere** = to support

---

In question 1 you have four pictures – they are all methods of transport, so you might hear: **barca/nave**, **macchina**, **aereo**, **autobus/pullman/corriera**, or you might hear a synonym of one of these words. Listen carefully.

1 🎧 Ascolta! Elisa vuole viaggiare in:

a   b   c   d

Now look at question 2. It's in Italian so you answer in Italian. It's telling you to fill in a table, and it's also warning you that there are more words than you need. One of the words has already been written in as an example. Now listen to the recording, but listen carefully for **oggi/domani/dopodomani**!

2 🎧 Ascolta! Completa la tabella. Scegli una parola dal riquadro qui accanto. Attenzione! Ci sono più parole che spazi.

	Clara	Francesco
oggi	cinema	
domani		
dopodomani		

discoteca	centro commerciale	calcio	cinema
concerto	ristorante	centro sportivo	piscina
	biblioteca	scuola	

Ancora!

Ripasso 5

• *Improving your reading skills*

ricorda

How can you improve your reading skills?

Read as much Italian as possible. If you have Italian magazines at school or at home, read the headlines and try and work out what the articles are about. Then read as much as you can of the articles. Don't forget about the strategies for guessing the meaning of words.

During the exam, remember:

• If questions are in Italian answer in Italian; if they are in English, answer in English.
• Read the question carefully! It may give you a clue to how to answer. **Perché** ... Answer – **perché** ...
• If there is an example, read it carefully. It may help you!
• If there is more than one mark for a question, include as much detail as possible.
• Don't waste time over a difficult question, go on to the next one. You can go back if you have time!

aiuto !

What sort of tasks can you expect in a Reading exam?

• Matching up Italian words or statements to pictures.
• Complete a table.
• Complete a summary by filling in words from a box.
• Select four true sentences from eight statements.
• Correct false statements.
• Indicate whether statements are true, false, or not in the text.
• Answer comprehension questions in Italian (usually they are in chronological order).
• Answer comprehension questions in English (usually they are in chronological order).
• Complete sentences with phrases from a table.
• Multiple choice, with three or four possible answers.
• Match up titles/newspaper headings to articles.
• Match statements with the descriptions.
• Put a set of statements in the correct order.

1 Leggi questo articolo:

In bocca al lupo!

Studiare per un esame non deve essere motivo di paura, ma state attenti

alla dieta: Mangiate bene. Meglio una colazione abbastanza abbondante e molta frutta e verdura. Fate spuntini per evitare cali di zuccheri, preferendo frutta, gelati, succhi di frutta. E se vi va un gelato al cioccolato, fatevi del bene: mangiatelo! E buon appetito! Ma non trasformate il mangiare in una scusa per fare pausa e non studiare. Non dimenticate di bere acqua. Tenete l'acqua vicino a voi, se non vi piace spruzzateci dentro un po' di limone – funziona contro la sete!

all'allenamento: Di solito in queste occasioni si tralasciano gli sport. Certo si può attendere il dopo esami per rinforzarsi, ma una passeggiata, una nuotata di mezz'ora vi rilassa e potete studiare meglio dopo.

all'ambiente: Anche l'ambiente dove si studia è importante.

- In casa si possono avere troppe distrazioni ... fratelli, sorelle, la televisione.
- Biblioteche: sono luoghi dove troverete altri studenti ma anche altre distrazioni.
- Parchi: purtroppo con il recente caldo sono anch'essi caldissimi.
- Casa di un amico: possibilità di distrazione, ma anche di sostegno morale se studiate insieme.

Secondo l'articolo, se si studia per un esame:

1 si potrebbe mangiare:

a   b   c   d

2 si dovrebbe bere:

a   b   c   d

3 Per rilassarsi, si potrebbe
   a dormire per mezz'ora.
   b andare in piscina.
   c ascoltare la musica.
   d andare al centro commerciale.

4 L'ambiente ideale per studiare
   a sarebbe davanti al televisore.
   b è sempre nel parco.
   c non potrebbe mai essere in biblioteca.
   d potrebbe essere in casa di un amico.

Ancora!

Ripasso 5

• Improving your speaking skills

Now prepare one of these Role Plays.

Role Play 1

Partner A (teacher's role)

Siamo in una tabaccheria in Italia.

- Desidera questa cartolina signore/a?
- 60 centesimi. Dove vuole spedirla?
- Ecco a Lei.
- Proprio lì all'angolo.

Partner B (candidate's role)

You are buying a postcard in a tobacconist's shop in Italy.

- Ask how much it costs.
- Say where you want to send the postcard.
- Ask where you can post it.
- Say thank you and goodbye.

Role Play 2

Partner A (teacher's role)

Parli di film con un amico/un'amica.

- Che tipo di film preferisci? Perché?
- ! (Vai spesso al cinema? Perché?)
- Parlami dell'ultimo film che hai visto.
- Preferisci guardare un film al cinema o sul DVD?

Partner B (candidate's role)

You are talking to an Italian friend about films.

- Tipo di film preferito e perché.
- !
- L'ultimo film che hai visto e la tua opinione.
- Preferenza – cinema o DVD e perché.

Ripasso 5

• *Improving your speaking skills*

aiuto !

Giving a short presentation
- Write out your presentation first.
- Use short linking words and time phrases.
- Add details (adjectives) and opinions.
- Even if your presentation is on the same subject as some one else's (e.g. your home town), try and make yours different in some way.
- Write down five headings or draw pictures to remind you of the sequence of the presentation.
- Record yourself speaking using only the five headings, then listen to the recording and try to spot ways you could improve it (e.g. by varying your tone of voice etc.).

Prepare and record a presentation about your town.

Try and answer and expand on some of the following questions:

- Abiti in città o in campagna?/Abiti in centro città o in periferia?
- Dove preferiresti abitare – in campagna o città? Perché?
- Cosa c'è da fare per i turisti nella tua zona?
- Cosa ti piace del tuo paese/della tua città?
- Come cambieresti la tua città?

General Conversation

In *Amici* we have covered many topics. Work with a partner, look back over Chapters 1–20 and take it in turns to ask and respond fully to the following questions:

Il mondo intorno a noi

Come ti chiami? Come si scrive?

Di che nazionalità sei?

Quanti anni hai? Hai fratelli o sorelle?

Descrivi un fratello/una sorella/un amico/un'amica.

Qual è il tuo passatempo preferito? Quando lo fai? Con chi?

Dove abiti? Cosa c'è da fare nella tua città/nel tuo paese?

Descrivi la tua casa.

Com'è la tua camera?

Che fai per aiutare in casa?

Cosa ti piace mangiare?

Descrivi la tua scuola/il tuo posto di lavoro.

Descrivi una giornata scolastica/lavorativa.

Quali materie ti piacciono? Perché?

Che hai intenzione di fare dopo gli esami?

Vita e lavoro

Quali negozi ci sono nel tuo paese/nella tua città?

Di solito, chi fa la spesa nella tua famiglia? Quando/quante volte alla settimana?

Parlami un po' dell'ultima volta che hai fatto la spesa. Che cosa hai comprato?

Quali sono i vantaggi e/o gli svantaggi del piccolo negozio del quartiere?

Ti piacciono gli ipermercati? Perché?

Che cosa ti piace fare la sera? Cos'hai fatto il weekend scorso? Cosa farai sabato prossimo?

Preferisci andare al cinema o a teatro? Perché?

Parlami di un film che hai visto.

Qual è il più bel film che tu abbia mai visto? Perché era così bello?

Qual è il tuo programma preferito alla televisione? Perché?

Quale sarebbe il tuo lavoro ideale? Perché?

Vacanze

Dove preferisci passare le vacanze?

Come preferisci viaggiare?

Dove ti piace alloggiare – in albergo/campeggio/da amici?

Che cosa ti piace fare quando sei in vacanza?

Sei mai andato/a in Italia/all'estero?

Parlami di una vacanza che hai fatto. Quando? Dove? Con chi? Come hai viaggiato? Cos'hai visto?

Dove vai quest'anno in vacanza? Quando? Con chi?

Dove ti piacerebbe andare in futuro?

Con chi ti piacerebbe viaggiare – con amici o la famiglia? Perché?

Vita sociale

Come sei fisicamente? Che tipo di persona sei?

Con chi vai più d'accordo in famiglia? Perché?

Descrivi il tuo/la tua partner ideale.

Cosa pensi del fumo/della droga/dell'alcol?

Cosa hai fatto ultimamente per aiutare l'ambiente?

Secondo te, che cosa bisogna fare in futuro per proteggere l'ambiente?

Secondo te, quali sono i maggiori problemi mondiali?

Ancora!

Ripasso 5

• *Improving your writing skills*

aiuto !

What sort of tasks can you expect in a Writing exam?

The format of the exam depends on which Exam Board you have been entered with. Some Exam Boards give a choice of question. Check the details with your teacher. You may have to write some of the following:

- a short list of words.
- simple phrases (verb + noun) usually based on visual stimuli.
- a message/e-mail/postcard, based on very simple bullet points in English.
- an e-mail or a letter, possibly based on a letter or e-mail in Italian, which requires you to narrate present, past and future events.
- a piece of continuous writing e.g. an article, which might be imaginative and which will require you to narrate events and give opinions.

ricorda

During the exam, or when writing your Coursework, remember:

Don't:

- try to write what you want to say in English – it will sound odd in Italian!
- use on-line or pocket translators – it will sound odd in Italian!
- rely too heavily on your dictionary – it will sound odd in Italian!
- copy from the Internet – that's plagiarism!
- overuse certain adjectives e.g. **interessante/noioso**.

ricorda

Do:

- plan your work in Italian (words and expressions).
- use a variety of vocabulary and expressions.
- give full descriptions and opinions.
- use present, past and future tenses.
- use linking words.
- avoid repetition.
- try and make your work interesting.
- take care with spelling.

1 List in Italian four things you take on a picnic.

Esempio: panini

2 Your Italian friend wants information about your house:

- Dove abiti?
- Com'è la tua casa?
- Cosa c'è fuori della casa?
- Quali stanze ci sono dentro la casa?
- Com'è la tua camera?
- Cosa pensi della tua camera?

Answer the questions in Italian and write a sentence each time about:

- Where you live.
- What your house is like.
- What there is outside your house.
- What rooms there are inside your house.
- What your bedroom is like.
- What you think about your room.

3 Write to Maria in Italian telling her about your school/work and daily routine, what you usually eat and drink for lunch and your plans for the future.

Ciao, sono Maria. Spero che tu stia bene. Vorrei sapere un po' della tua scuola.

- Come vai a scuola? Perché?
- Quale materia ti piace di più? Perché?
- Quale insegnante ti piace di più? Perché?
- Dove mangi a mezzogiorno? Perché?
- Cos'hai fatto ieri a scuola?
- Continuerai con gli studi l'anno prossimo? Perché?
- Ti piacerebbe lavorare in Italia? Perché?
- Quali sono le tue ambizioni per il futuro?

Ripasso 5

• *Improving your writing skills*

4 While visiting a town in Italy, you notice an environmental problem.

Scrivi in italiano su tutti i punti seguenti:

- Che cos'hai visto esattamente.
- Le tue prime reazioni.
- Quello che il sindaco dovrebbe fare.
- Cosa faresti tu se fossi il sindaco.

aiuto !

Coursework is often offered as an alternative to a Writing exam. For Coursework you will usually:

- submit assignments from different topic areas.
- complete one assignment under controlled conditions.
- use any relevant material to help you (but if you copy too much word for word from source material you will not get a high mark).
- check spellings by using a dictionary.
- list any sources used when you submit your work.

5 Profile of a famous person

- Choose a famous person that you like.

- See if you can find out some details about him/her in Italian. (If he/she is Italian it's easier!)
- Highlight some key points about his/her career.
- Look back through Chapters 1–5 and try and answer the following questions about him/her in Italian:
  1 Descrivi la persona. Com'è fisicamente? Com'è di carattere?
  2 Da' dei dettagli personali.
  3 Perché è famoso/a?
  4 Cos'ha fatto recentemente?
  5 Cosa farà nel futuro?
  6 Perché ti piace questa persona?

6a Account of a holiday

This is a popular choice, so think:

- How am I going to make my Coursework different?
- I am mainly going to be writing in the past tense, but how can I bring in the present and or the future tense?
- Have I revised the past tenses well? Do I know the difference between the perfect and the imperfect? Do I know which verbs take **essere**?
- I need to note down useful words and expressions!

6b First of all try adapting this text. Think of ways to make it more interesting – change the words in bold, add more adjectives, adverbs and opinions. Justify your opinions.

> **L'anno scorso** sono andato/a **in Spagna** con **la mia amica**. Abbiamo passato **due settimane al mare**. Abbiamo viaggiato **in treno** perché era **meno caro**. Durante il giorno siamo andati/e **in spiaggia e abbiamo preso il sole e fatto il bagno**. **Per fortuna** il tempo era **bello**. Alla sera abbiamo cenato **nell'albergo** e dopo siamo andati/e **al cinema** o a **fare una passeggiata**.

6c Now try answering these questions:

1 Dove vai normalmente in vacanza?
2 Preferisci andare con amici o con la famiglia?
3 Dove sei andato/a l'anno scorso? Quando? Con chi?
4 Come hai viaggiato?
5 Che tempo faceva?
6 Cos'hai visto/mangiato/bevuto?
7 Andrai in vacanza quest'anno? Dove? Con chi?

- Look back over what you have written.

Have you used enough different adjectives and do they agree with the noun they are describing?
una vacanza meravigliosa

Have you used different tenses? **Normalmente vado …, quest'anno ho viaggiato …, l'anno prossimo andrò …**

Have you used enough link words and expressions?
ma, o, di solito, generalmente, normalmente, ogni tanto, a volte, qualche volta, spesso …

Have you given reasons? **perché …**

Have you given dates/times/seasons?
alle 7:00, a giugno, in primavera …

Have you given opinions and preferences?
mi piace; preferisco; vorrei; odio; detesto …

AMICI - IN BOCCA AL LUPO!

■■ Grammatica

Index

Here is a summary of the main points of grammar covered in this book.

Glossary of terms

L'articolo determinativo, definite article: 'the'
il libro, **lo** zio, **l'**amica, **la** penna

L'articolo indeterminativo, indefinite article: 'a/an'
un fratello, **uno** studente, **un'**isola, **una** chiave

Sostantivo, noun: a word naming a person, animal, thing or place
una **ragazza**, un **gatto**, una **sedia**, **Venezia**

Singolare, singular: one of something
un ragazzo, **una** rivista

Plurale, plural: more than one of something
due ragazzi, **due** riviste

Aggettivo, adjective: a word that describes a noun
i capelli **lunghi**, una lezione **interessante**

Avverbio, adverb: a word that describes a verb, adjective or another adverb
sto **bene**; la casa è **veramente** bella; mi sento **molto** bene

Verbo, verb: a word used to describe an action or state
gioco a calcio; **è** professore di matematica

Soggetto, subject: a person or thing 'in charge' of the verb
Alessandra parla inglese; **il traffico** aumenta

Oggetto diretto, direct object: a person or thing 'directly affected' by the verb
aiuto **la signora**; studiamo **la grammatica**

Oggetto indiretto, indirect object: a person or thing 'indirectly affected' by the verb
Do dei fiori **a mia madre**. **Le** do dei fiori.

Pronome, pronoun: a short word replacing a noun or name
questo è mio; **lo** vedo ogni giorno

Preposizione, preposition: a word describing where someone or something is
Marco è **in** cucina; la penna è **sotto** il tavolo

Congiunzione, conjunction: a 'linking' word
Daniela abita in Italia, **ma** Marco abita in Australia.

1 Articles *Articoli*

The article gives information about a noun's gender (masculine or feminine) and number (singular or plural).

1.1 The definite article

	Sing.		Pl.
M.	il		i
	lo	before nouns beginning with s + another consonant: z, ps, gn, y	gli
	l'	before nouns beginning with a vowel	gli
F.	la		le
	l'	before nouns beginning with a vowel	le

il numero > **i numeri** number(s)

l'amico > **gli amici** friend(s)

lo studente > **gli studenti** student(s)

la ragazza > **le ragazze** girl(s)

l'amica > **le amiche** friend(s)

The definite article is often used in Italian where in English it is omitted.

Mi piace il vino. I like wine.

Le lingue sono importanti. Languages are important.

It is used in titles, but not when you are addressing someone directly:

Il signor Toselli è assente oggi.
Mr Toselli is absent today.

Buongiorno signor Toselli.
Good morning Mr Toselli.

1.2 The indefinite article

	Sing.	
M.	un	
	uno	before nouns beginning with s + another consonant: z, ps, gn, y
F.	una	
	un'	before nouns beginning with a vowel

un amico a friend   **uno studente** a student

una ragazza a girl   **un'isola** an island

The indefinite article is omitted in Italian in the following cases:

Jobs: **Questa ragazza è infermiera.**
This girl is a nurse.

Exclamations: **Che bella macchina!**
What a beautiful car!

2 Nouns *Sostantivi*

2.1 Gender and number

Most nouns end in -o, -a, or -e. Nearly all nouns ending in -o are masculine, those ending in -a are feminine, but those in -e can be either masculine or feminine. The gender of some nouns ending in -e is obvious: **il padre** (father), but others are less obvious: **la notte** (night).

	Singular	Plural
Masculine	-o	-i
Feminine	-a	-e
Masculine/Feminine	-e	-i

il fratello > **i fratelli** brother(s)

la ragazza > **le ragazze** girl(s)

la lezione > **le lezioni** lesson(s)

l'insegnante > **gli insegnanti** teacher(s)

Some nouns have both a masculine and a feminine form:
il ragazzo/la ragazza boy/girl

Masculine nouns ending in -co or -go sometimes insert **h** in the plural:

il parco > **i parchi** park(s)

il lago > **i laghi** lake(s)

BUT: **l'amico** > **gli amici** friend(s)

il medico > **i medici** doctor(s)

Feminine nouns ending in -ca or -ga <u>always</u> insert **h** in the plural:

l'amica > **le amiche** friend/s

2.2 Irregular nouns

Nouns ending in -ista can be masculine or feminine:

il/la ciclista > **i/le ciclisti/e** cyclist(s)

il/la turista > **i/le turisti/e** tourist(s)

A few nouns ending in -a are masculine:

il poeta > **i poeti** poet(s)

Most nouns ending in -ma are of Greek origin and are masculine:

il problema > **i problemi** problem(s)

il programma > **i programmi** programme(s)

Nouns ending in an accented vowel or a consonant do not change in the plural:

il caffè > **i caffè** coffee(s)

la città > **le città** town(s), city(cities)

il film > **i film** film(s)

lo sport > **gli sport** sport(s)

Some nouns ending in -o are feminine and do not change in the plural:

l'auto (**mobile**)   > **le auto** (**mobili**) car(s)
la foto (**grafia**)   > **le foto** (**grafie**) photo(graph)(s)
la moto (**cicletta**) > **le moto** (**ciclette**) motorbike(s)
la radio   > **le radio** radio(s)

This noun is feminine and changes in the plural:
la mano > **le mani** hand (s)

Some masculine nouns in -**o** have feminine plurals in -**a**:

l'uovo   > **le uova** egg (s)
il braccio > **le braccia** arm (s)
il dito   > **le dita** finger (s)

Note also these irregular plurals:

l'uomo   > **gli uomini** man (men)
la moglie > **le mogli** wife (wives)

3 Adjectives *Aggettivi*

3.1 Agreement of adjectives

In Italian an adjective usually changes its ending depending on whether the noun it describes is masculine or feminine, singular or plural. An adjective always <u>agrees</u> in number and gender with the noun it qualifies. The two most common types of adjective in Italian are those in -**o** and -**e**.

	Sing.	Pl.		Sing.	Pl.
M.	-o	-i	M.	-e	-i
F.	-a	-e	F.	-e	-i

un ragazzo timido > due ragazzi timidi
one timid boy, two timid boys

una ragazza timida > due ragazze timide
one timid girl, two timid girls

un ragazzo intelligente > due ragazzi intelligenti
one intelligent boy, two intelligent boys

una ragazza intelligente > due ragazze intelligenti
one intelligent girl, two intelligent girls

Ricorda! If an adjective is describing two or more nouns of different genders, use the masculine plural:

Il ragazzo e la ragazza sono simpatici.
The boy and girl are nice.

Most adjectives ending in -**go** insert an **h** in the masculine plural and always in the feminine plural:

lungo > lung**h**i; lunga > lung**h**e long
largo > larg**h**i; larga > larg**h**e wide, broad

Some adjectives ending in -**co** insert an **h** in the masculine plural: poco > po**ch**i   little/few

BUT: simpatico > **simpatici** nice;
      greco > **greci** Greek

However, they always insert **h** in the feminine plural: simpatica > simpati**ch**e; greca > gre**ch**e

There are also a number of adjectives ending in -**a**.

M. Sing.	F. Sing.	M. Pl.	F. Pl.
ottim**a**	ottim**a**	ottim**i**	ottim**e**

l'amico/l'amica ottimista the optimistic friend
gli amici ottimisti/le amiche ottimiste
the optimistic friends

The colours **blu** and **rosa** are invariable:
la gonna blu the blue skirt **i fiori rosa** the pink flowers

3.1.2 Suffixes

The suffixes -**ino**/-**ina** and -**one** are added to a number of Italian wordss.

il gatto cat > **il gattino** kitten; **il fratello** brother > **il fratellino** little brother; **la sorella** sister > **la sorellina** little sister; **pigro** lazy > **un pigrone** a lazybones

Note also: **il cane** dog > **il cagnolino** puppy

3.2 Position of adjectives

Usually adjectives go after the noun:
un libro interessante an interesting book

A small number of common adjectives come before:

bello* beautiful; **buono*** good; **brutto** bad; **cattivo** bad; **giovane** young; **grande** big, large; **grosso** big, large; **largo** wide; **lungo** long; **piccolo** small; **vecchio** old.

*Note the irregular forms of **bello** and **buono**, when they are used before a noun:

un bel quadro	dei bei quadri
un bell'uomo	dei begli uomini
un bello zio	dei begli zii
un buon amico	dei buoni amici
un buono studente	dei buoni studenti

N.B. The feminine forms **bella/e** and **buona/e** are regular.

Some common adjectives change their meaning according to their position:

un uomo **grande** a tall man BUT
un **grand'**uomo a great man

un **caro** amico a dear friend BUT
un libro **caro** an expensive book

un **povero** ragazzo a poor (unfortunate) boy BUT
un ragazzo **povero** a poor (penniless) boy

diverse/varie volte several times BUT
giornali **diversi/vari** different (not the same) newspapers

3.3 Indefinite adjectives

Indefinite adjectives are invariable and only used in the singular:

ogni every/each, **qualche** some/any/a few,
qualsiasi/qualunque any

Lavorano ogni giorno. They work every day.

Qualsiasi libro va bene. Any book will do.

Comprerò qualche cartolina. I'll buy some postcards.

Ricorda! qualche is only used with singular nouns, but you can use **alcuni/alcune** + plural noun.

Comprerò alcune cartoline. I'll buy some postcards.

3.4 Comparative of adjectives

These expressions are used to make comparisons:

più … di	more … than
meno … di	less … than
(tanto) … quanto	as … as
(così) … come	as …as

Daniela è più vecchia di Stefano.
Daniela is older than Stefano.

Daniela è meno vecchia di Marco.
Daniela is younger than Marco.

Elena è (così) bella come Daniela.
Elena is as pretty as Daniela.

Some adjectives can be regular or irregular:

buono good; **più buono/migliore** better

cattivo bad; **più cattivo/peggiore** worse

grande big; **più grande/maggiore** bigger

piccolo small; **più piccolo/minore** smaller

Often there is no difference in meaning:

Questo è mio fratello più grande/maggiore.
This is my elder brother.

Questo vino è più buono/migliore.
This wine is better.

3.5 Superlative of adjectives

To create a superlative use **il più/la più** (the most),
il meno/la meno (the least) e.g. **Elena è la più brava in biologia.** Elena is the best at biology.

But if the adjective comes after the noun you do not need the definite article e.g.

Giorgio è il ragazzo meno ambizioso.
Giorgio is the least ambitious.

To say something is 'very …' use **molto** with the adjective or add **-issimo** to the adjective after removing the final vowel:

Marco è molto simpatico/simpaticissimo.
Marco is very nice.

The following adjectives have both regular and irregular superlative forms:

il più buono/il migliore the best

il più cattivo/il peggiore the worst

il più grande/il maggiore the biggest

il più piccolo/il minore the smallest

Note also:

buonissimo/ottimo very good

cattivissimo/pessimo very bad

grandissimo/massimo very big

piccolissimo/minimo very small

Questo vino è il più buono/migliore.
This is the best wine.

Queste lasagne sono buonissime/ottime.
These lasagne are very good.

3.6 Possessive adjectives/pronouns

	Masculine		Feminine	
	Singular	Plural	Singular	Plural
my	il mio	i miei	la mia	le mie
your	il tuo	i tuoi	la tua	le tue
his,her	il suo	i suoi	la sua	le sue
your	il Suo	i Suoi	la Sua	le Sue
our	il nostro	i nostri	la nostra	le nostre
your	il vostro	i vostri	la vostra	le vostre
their	il loro	i loro	la loro	le loro
your	il Loro	i Loro	la Loro	le Loro

Note: **loro** remains invariable.

Normally the definite article is used:

La ragazza legge il suo libro.
The girl is reading her book.

However, when referring to close family members, the article is not used e.g.

Mia zia abita a Pisa. My aunt lives in Pisa.

BUT the article is required in the following cases:

in the plural	le mie sorelle	my sisters
with an adjective	il tuo fratello maggiore	your elder brother
with a suffix	il nostro fratellino	our little brother
with **loro**	la loro figlia	their daughter
with **mamma/ papà/babbo***	la mia mamma	my mummy

* Nowadays it is also common to say: **mia mamma, mio papà, mio babbo.**

In some expressions, for emphasis, the possessive comes after the noun.

è colpa mia it's my fault; **a casa mia** at my house; **mamma mia!** good heavens!

The possessive adjectives are also used as pronouns to express mine, yours, his, hers etc:

Non trovo la mia matita, mi presti la tua?
I cannot find my pencil, can you lend me yours?

3.7 Demonstrative adjectives/pronouns

The demonstrative adjectives are **questo** 'this' and **quello** 'that'. **Questo** has forms like other adjectives in **-o**: **questo film** this film; **questa casa** this house; **questi bambini** these children; **queste materie** these subjects.

Quello has forms similar to the definite article:

il	lo	l'	la	i	gli	le
quel	quello	quell'	quella	quei	quegli	quelle

quel ragazzo that boy; **quello studente** that student; **quell'amico** that friend; **quella famiglia** that family; **quei libri** those books; **quegli animali** those animals; **quelle amiche** those friends

For extra clarity or emphasis **qui/qua** (here) or **lì/là** (there) can be added:

Questa giacca qui è meno cara.
This jacket here is less expensive.

Quelle scarpe lì sono troppo strette.
Those shoes there are too tight.

Questo and **quello** are also used as demonstrative pronouns:

Quale valigia prendiamo, questa o quella?
Which suitcase shall we take, this one or that one?

Tutte le scarpe sono belle ma queste sono più care di quelle. All the shoes are nice but these are more expensive than those.

To express the English 's in Italian you must use the appropriate form of **quello** + **di** + noun:

Questi sono i miei libri. Dove sono quelli di Daniela?
These are my books. Where are Daniela's?

4 Adverbs *Avverbi*

4.1 Formation of adverbs

Most adverbs are formed by adding **-mente** to the feminine form of the adjective.

rapido > rapida > rapidamente quickly
fortunato > fortunata > fortunatamente fortunately

For adjectives that end in **-e** simply add **-mente**.

breve > brevemente briefly
veloce > velocemente quickly

Adjectives ending in **-le**, **-re** drop the final **e** before adding **-mente**.

facile > facilmente easily
regolare > regolarmente regularly

Adverbs are usually placed after a verb.

Può ripetere lentamente? Can you repeat slowly?

Note these common adverbs which have irregular forms:

buono good > **bene** well; **cattivo** bad > **male** badly; **migliore** better > **meglio** better; **peggiore** worse > **peggio** worse

Ricorda! Adjectives agree, adverbs DO NOT.
Ho molti amici. I have <u>many</u> friends. (adjective)
Sono molto simpatici. They are <u>very</u> nice. (adverb)

4.2 Comparative and superlative of adverbs

Adverbs can be compared in exactly the same way as adjectives (see 3.4, 3.5).

Marco parla lentamente. Marco speaks slowly.

Elena parla più lentamente di Marco.
Elena speaks more slowly than Marco.

Roberto parla il più lentamente di tutti gli studenti.
Roberto speaks the most slowly of all the students.

Lisa non suona (così) bene la chitarra come sua sorella.
Lisa doesn't play the guitar as well as her sister.

Very often the superlative of the adverb is followed by **possibile**.

Cercheremo di arrivare il più presto possibile.
We shall try to arrive as soon as possible.

Note that **bene** and **male** also have other forms:
Oggi mi sento benissimo (molto bene).
I feel very well today.

Lo studente si comporta malissimo (molto male).
The student behaves very badly.

5 Verbs *Verbi*

The part of the verb that you will find in a verb list or dictionary is the <u>infinitive</u> (see 5.8). In Italian the infinitive form of all regular verbs ends in one of the following: **-are**, **-ere**, **-ire**. The <u>stem</u> of the verb is the part left when you have removed the **-are**, **-ere**, or **-ire**.

5.1 The present tense

The present tense of regular verbs is formed as follows:

parlare to speak	vendere to sell	aprire to open	finire to finish
parlo	vendo	apro	finisco
parli	vendi	apri	finisci
parla	vende	apre	finisce
parliamo	vendiamo	apriamo	finiamo
parlate	vendete	aprite	finite
parlano	vendono	aprono	finiscono

The following groups of verbs make spelling changes:

verbs ending in -**care** or -**gare** insert an **h** before an **i** or an **e**:

pagare: pago, **paghi**, paga, **paghiamo**, pagate, pagano

cercare: cerco, **cerchi**, cerca, **cerchiamo**, cercate, cercano

verbs ending in -**iare** have only one -**i** in the **tu** and **noi** forms if the -**i** of the stem is not stressed.

studiare > **studi/studiamo**

mangiare > **mangi/mangiamo**

verbs ending in -**iare** keep the **i** if the stem is stressed:

sciare > **scii**   **inviare** > **invii**

The present tense in Italian can be used to express:

- what you are doing now:
Studio l'italiano. I am studying Italian.

- what happens sometimes or usually: **Normalmente esco alle sette**. Usually I go out at 7.00.

- what is going to happen soon: **Quest'estate vado in Australia**. This summer I am going to Australia.

- what has been happening up to now and may continue: **Abito a Firenze da dieci anni**. I have been living in Florence for 10 years.

Ricorda! da is used with the present tense, NOT the past. 'I' **am still living** in Florence.

5.1.2 Irregular verbs

Irregular verbs have to be learnt separately. **avere** and **essere** are two important irregular verbs:

avere: ho, hai, ha, abbiamo, avete, hanno

essere: sono, sei, è, siamo, siete, sono

Note the use of **avere** in these expressions:

Quanti anni hai? How old <u>are</u> you?

Ho caldo/freddo. I <u>am</u> hot/cold.

Hanno ragione/torto. They <u>are</u> right/wrong.

Il gatto ha fame/sete. The cat <u>is</u> hungry/thirsty.

Mia nonna ha sonno. My grandmother <u>is</u> sleepy.

Abbiamo fretta. We <u>are</u> in a hurry.

Hanno paura. They <u>are</u> afraid.

5.1.3 Reflexive verbs

The infinitive of reflexive verbs ends in -**si**. The present tense is formed like other -**are**, -**ere**, and -**ire** verbs and **mi, ti, si, ci, vi, si** are put in front of the verb.

alzarsi to get up	accorgersi to notice	divertirsi to enjoy oneself
mi alzo	mi accorgo	mi diverto
ti alzi	ti accorgi	ti diverti
si alza	si accorge	si diverte
ci alziamo	ci accorgiamo	ci divertiamo
vi alzate	vi acccorgete	vi divertite
si alzano	si accorgono	si divertono

Si alza alle otto. He gets up at eight.

Note: **andarsene** (to go away) conjugates like **andare** but the pronouns become: **me, te, se, ce, ve, se** before **ne**:

me ne vado, **te ne** vai, **se ne** va, **ce ne** andiamo, **ve ne** andate, **se ne** vanno

Me ne vado adesso. I am going (away) now.

5.1.4 Mi piace/Mi piacciono I like

Mi piace (from **piacere**) is used if the person or item you like is in the singular:

Mi piace la musica classica. I like classical music. (Classical music is pleasing to me)

Mi piacciono is used if the person or item you like is plural:

Mi piacciono le scarpe. I like the shoes. (The shoes are pleasing to me)

As **piacere** takes an indirect object (see 7.1.4) you use **a** or **a** + the definite article before a noun:

A mio fratello piace la matematica. My brother likes Maths.

Ai miei amici piacciono i film romantici. My friends like romantic films.

Mi piace can also be followed by an infinitive (see 5.8):

Mi piace leggere. I like to read/reading.

5.1.5 Impersonal verbs

The subject of impersonal verbs is 'it' or 'there'.

È interessante. It's interesting.

C'è un problema. There is a problem.

Weather expressions are impersonal, e.g.

Fa freddo It's cold; **C'è la nebbia** It's foggy;

È nuvoloso It's cloudy; **Tira vento** It's windy:

Bisogna is a useful impersonal verb:

Bisogna chiedere. It is necessary to ask.

5.1.6 The present/imperfect continuous

To form the present continuous use the present tense of **stare** (**sto, stai, sta, stiamo, state, stanno**) and the gerund, which is formed by replacing the -**are** of the infinitive with -**ando** and the -**ere**/-**ire** with -**endo**:

studi<u>are</u> > studi**ando**;

legg<u>ere</u> > legg**endo**; dorm<u>ire</u> > dorm**endo**

Note the gerund of these verbs:

bere > **bevendo** drinking; **dire** > **dicendo** saying; **fare** > **facendo** doing; **produrre** > **producendo** producing; **attrarre** > **attraendo** attracting.

The present continuous expresses what is happening <u>now, at the time of speaking</u>:

Marco sta giocando a calcio. Marco is playing football.

It is not used to describe an habitual action:

Marco gioca a calcio ogni sabato.
Marco plays football every Saturday.

The imperfect continuous tense is formed by using the imperfect tense of **stare** (**stavo, stavi, stava, stavamo, stavate, stavano**) + the gerund.

Stavamo mangiando quando sono arrivati.
We were eating when they arrived.

The gerund can be used without **stare**, provided that its subject is the same as that of the main verb:

Guardando la televisione mi addormento.
While (<u>I</u> am) watching TV <u>I</u> fall asleep.

5.1.7 The imperative

The imperative forms of regular verbs:

infinitive	tu	voi	Lei
parlare	parla	parlate	parli
vendere	vendi	vendete	venda
aprire	apri	aprite	apra
finire	finisci	finite	finisca

The **Lei** form is the same as the present subjunctive (see 5.10.1).

Some verbs are irregular in the **tu** and, occasionally, **voi** forms:

infinitive	tu	voi	Lei
andare	va'	andate	vada
dare	da'	date	dia
essere	sii	siate	sia
sapere	sappi	sappiate	sappia
avere	abbi	abbiate	abbia
dire	di'	dite	dica
fare	fa'	fate	faccia
stare	sta'	state	stia

You use imperatives to give advice, warnings, instructions and commands.

Parla più lentamente. Speak more slowly.

Apra la finestra per favore. Open the window please.

Pronouns are attached to the **tu** and **voi** forms but come before the **Lei** form:

Scrivimi. Write to me. **Vendetela**. Sell it.

Lo compri. Buy it.

When the **tu** form of the verbs **dare, dire, fare, stare, andare** is followed by an object pronoun, the initial consonant of the pronoun is doubled:

Dammi il conto. Give me the bill.

The exception is **gli**:

Digli di andare via. Tell him to go away.

The negative **tu** form is **non** + the infinitive. The pronoun can be attached to the infinitive or come before it:

Non mi scrivere/Non scrivermi. Don't write to me.

The **voi** and **Lei** forms remain unchanged:

Non la vendete or **Non vendetela**. Don't sell it.

Non ci vada. Don't go there.

'Let's' is expressed by the **noi** form of the verb:

Compriamo una macchina nuova. Let's buy a new car.

Scriviamogli. Let's write to him.

Non lo diciamo/Non diciamolo. Let's not say it.

5.2 The perfect tense

The perfect tense is formed from the present tense of **avere** or **essere** and the past participle of the verb. The past participle of regular verbs is formed by replacing the -**are**, -**ere**, -**ire** of the infinitive with -**ato**, -**uto**, -**ito**. Irregular past participles are listed in the verb table (page 225).

Verbs with **avere**:

comprare	vendere	finire
ho comprato	ho venduto	ho finito
hai comprato	hai venduto	hai finito
ha comprato	ha venduto	ha finito
abbiamo comprato	abbiamo venduto	abbiamo finito
avete comprato	avete venduto	avete finito
hanno comprato	hanno venduto	hanno finito

Verbs with **essere**:

andare	venire	lavarsi
sono andato/a	sono venuto/a	mi sono lavato/a
sei andato/a	sei venuto/a	ti sei lavato/a
è andato/a	è venuto/a	si è lavato/a
siamo andati/e	siamo venuti/e	ci siamo lavati/e
siete andati/e	siete venuti/e	vi siete lavati/e
sono andati/e	sono venuti/e	si sono lavati/e

When used with **essere** the past participle agrees with the subject. When used with **avere**, it does not agree with the subject, but does agree with a preceding direct object pronoun (see 7.1.3).

Most intransitive verbs, most impersonal verbs and all reflexives take **essere** in their perfect tense. Here are some common verbs which take **essere**:

arrivare (arrivato) to arrive
cadere (caduto) to fall
+ correre (corso) to run
diventare (diventato) to become
entrare (entrato) to enter
essere (stato) to be
morire (morto) to die
nascere (nato) to be born
partire (partito) to leave
piacere (piaciuto) to please
restare (restato) to stay
rimanere (rimasto) to remain
riuscire (riuscito) to succeed
+ salire (salito) to go up
+ scendere (sceso) to go down
sembrare (sembrato) to seem
stare (stato) to stay, to be
succedere (successo) to happen
tornare (tornato) to return
uscire (uscito) to go out

+ These verbs take **avere** when used with a direct object:
Ha corso un grave rischio. He ran a great risk.

The perfect tense is used to describe:
- a single completed action in the past:
Ho visto il film. I saw the film.
- an action that started in the past and continues up to the present:
Finora ha scritto 30 e-mail.
Up to now he has written 30 e-mails.
- an action which has recently taken place:
Oggi mia zia è venuta a trovarmi.
My aunt came to see me today.

5.2.1 The past infinitive
To say 'after doing something' in Italian use
dopo + avere/essere + past participle:
Dopo aver(e) fatto i compiti, Elena è uscita.
After doing her homework, Elena went out.
Dopo essere arrivati a casa, hanno cenato.
After arriving home, they had dinner.
Dopo essermi alzato/a, ho fatto la doccia.
After getting up, I had a shower.
Note: The reflexive pronoun is attached to the infinitive minus the final **e** – **essermi**.

You can <u>only</u> use this structure when the subject of the two verbs is the same.

5.3 The imperfect tense
To form the imperfect tense remove the -**re** of the infinitive and add: -**vo**, -**vi**, -**va**, -**vamo**, -**vate**, -**vano**

parlare	vendere	finire
parlavo	vendevo	finivo
parlavi	vendevi	finivi
parlava	vendeva	finiva
parlavamo	vendevamo	finivamo
parlavate	vendevate	finivate
parlavano	vendevano	finivano

The verb **essere** is the only irregular verb:
essere: ero, eri. era, eravamo, eravate, erano
Note also the following:
bere > bevevo; dire > dicevo; fare > facevo
produrre > producevo, attrarre > attraevo

The imperfect tense is used:
- to indicate what <u>used</u> to happen or happened frequently
Andavo spesso al cinema.
I used to go to the cinema often.

- to express an opinion or give a description:

L'esame era difficile. The exam was difficult.
Pioveva. It was raining.

- to express ongoing actions in the past:

Giocavano a calcio. They were playing football.

The imperfect tense can be used with **da** where English would use the pluperfect tense (see 5.4):

Studiavo da due anni l'italiano quando ho deciso di andare in Italia.
I had been studying Italian for two years when I decided to go to Italy.

5.4 The pluperfect tense

The pluperfect is formed with the <u>imperfect</u> of **avere** or **essere** + the past participle.

parlare	venire	lavarsi
avevo parlato	ero venuto/a	mi ero lavato/a
avevi parlato	eri venuto/a	ti eri lavato/a
aveva parlato	era venuto/a	si era lavato/a
avevamo parlato	eravamo venuti/e	ci eravamo lavati/e
avevate parlato	eravate venuti/e	vi eravate lavati/e
avevano parlato	erano venuti/e	si erano lavati/e

The pluperfect tense corresponds to the English 'had …'
Avevano pagato il conto. They had paid the bill.
Il treno era già partito. The train had already left.

5.5 The future tense

The future tense is formed by removing the final **-e** of the infinitive and adding:

-ò, -ai, -à, -emo, -ete, -anno. Regular **-are** verbs also change their **-ar** stem to **-er**:

parlare	vendere	finire
parlerò	venderò	finirò
parlerai	venderai	finirai
parlerà	venderà	finirà
parleremo	venderemo	finiremo
parlerete	venderete	finirete
parleranno	venderanno	finiranno

Note: the accent on the **ò** and the **à** endings.

a) Verbs ending in **-ciare/-giare** drop the **i**:

cominciare > comincerò   mangiare > mangerò

b) Verbs ending in **-care** and **-gare** add an **h**:

cercare > cercherò   pagare > pagherò

c) The following verbs lose a vowel:

andare > andrò   avere > avrò

cadere > cadrò	dovere > dovrò
potere > potrò	sapere > saprò
vedere > vedrò	vivere > vivrò

d) Some verbs double the **r**:

bere > berrò   rimanere > rimarrò
tenere > terrò   venire > verrò   volere > vorrò

e) A few verbs keep the vowel of the infinitive:

dare > darò   fare > farò   stare > starò

f) The verb **essere** has an irregular future stem: **sarò**

The future tense is used:

- to express what <u>will</u> happen:

Andrò a Firenze l'anno prossimo.
I shall go to Florence next year.

- after a conjunction of time e.g. **quando** if the main verb is future:

Quando arriveranno, ci telefoneranno.
When they arrive they will ring us.

- to express probability:

Sarà Marco alla porta. It must be Marco at the door.

Future intentions can also be expressed by the present tense or **sperare di** 'to hope to', **avere intenzione di** 'to intend to' **avere in programma di** 'to plan to'.

Antonia ha in programma di andare in Spagna. Ha intenzione di viaggiare in macchina e spera di fermarsi due settimane. Antonia is planning to go to Spain. She intends to travel by car and hopes to stay two weeks.

5.6 The conditional

The conditional is formed by adding these endings to the future stem:

-ei, -esti, -ebbe, -emmo, -este, -ebbero

parlare	vendere	finire
parlerei	venderei	finirei
parleresti	venderesti	finiresti
parlerebbe	venderebbe	finirebbe
parleremmo	venderemmo	finiremmo
parlereste	vendereste	finireste
parlerebbero	venderebbero	finirebbero

You use the conditional:

- to be polite

Vorrei due biglietti. I would like two tickets.

- to express a wish

Stasera ci piacerebbe stare a casa.
This evening we would like to stay at home.

- to give advice

Dovresti studiare l'italiano. You should study Italian.

5.7 The past definite

To form the past definite of regular verbs add the following endings to the stem:

-are: -ai, -asti, -ò, -ammo, -aste, -arono

-ere: -ei (-etti), -esti, -é (-ette), -emmo, -este, -erono (-ettero)

-ire: -ii, -isti, -ì, -immo, -iste, -irono

parlare	vendere	capire
parlai	vendei	capii
parlasti	vendesti	capisti
parlò	vendé	capì
parlammo	vendemmo	capimmo
parlaste	vendeste	capiste
parlarono	venderono	capirono

Ricorda! There is an accent on the ending of the third person singular.

avere and **essere** are irregular:

avere: ebbi, avesti, ebbe, avemmo, aveste, ebbero

essere: fui, fosti, fu, fummo, foste, furono

Irregular verbs are often only irregular in the **io**, **lui** and **loro** forms. For the **tu/noi/voi** forms add -esti, -emmo, -este to the stem of the verb. Verb tables often only give the first person singular e.g. **chiedere: chiesi (chiedesti, chiese, chiedemmo, chiedeste, chiesero).**

Note: there is no accent on the third person singular of irregular verbs.

The past definite is used to describe completed actions in the past as an alternative to the perfect tense in literary and formal writing, although in some parts of Italy it is used in speech instead of the perfect tense. In examinations, you will not have to use it, just to recognize it.

Partirono presto./Sono partiti presto.
They set off early.

5.8 The infinitive

The infinitive is used:

1 After the modal verbs **potere**, **dovere**, **volere**:

 Non posso uscire stasera, devo studiare.
 I can't come out this evening, I have to study.

 Vogliono andare al cinema.
 They want to go to the cinema.

 For position of pronouns with modal verbs see 7.1.4.

2 After **sapere** (know how to, be able to):

 Sai giocare a tennis? Can you play tennis?

3 After **amare**, **desiderare**, **detestare**, **intendere**, **odiare**, **piacere**, **preferire**:

 Preferisci aspettare? Do you prefer to wait?

4 After impersonal expressions (see 5.1.5):

 Bisogna chiedere. It is necessary to ask.

5 After **per** (in order to) and **stare per** (to be about to):

 Sono andato in Inghilterra per imparare l'inglese.
 I went to England in order to learn English.

 Il pullman sta per partire.
 The coach is about to leave.

6 After prepositions, where English would use -ing:

 senza pagare without paying; **prima di mangiare** before eating; **invece di uscire** instead of going out

7 After **fare** to express 'having something done':

 Ho fatto riparare la macchina.
 I have had the car repaired

8 After verbs + a preposition:

Verbs + di + infinitive	
avere bisogno	to need
avere intenzione	to intend
avere paura	to be afraid
avere vergogna	to be ashamed
avere voglia	to want
cercare	to try
decidere	to decide
dimenticare	to forget
evitare	to avoid
finire	to finish
non vedere l'ora	to look forward to
parlare	to talk about
pensare	to think about, to plan
promettere	to promise
rifiutare	to refuse
scegliere	to choose
scusarsi	to excuse
smettere	to stop
sognare	to dream of
sperare	to hope
suggerire	to suggest
vietare	to forbid

Verbs + **a** + infinitive	
abituarsi	to get used to
aiutare	to help
andare	to go
apprendere	to learn to
cominciare	to start
continuare	to continue
divertirsi	to enjoy oneself
esitare	to hesitate
imparare	to learn
insegnare	to teach
invitare	to invite
mettersi	to start to
provare	to try
riuscire	to manage, to succeed in
Verbs + a qualcuno + di + infinitive	
chiedere	to ask
domandare	to ask
consigliare	to advise
dire	to tell
permettere	to allow
promettere	to promise

Carlo ha smesso <u>di</u> fumare. Carlo has stopped smoking.

Comincia <u>a</u> piovere. It is beginning to rain.

Ho detto <u>agli</u> altri <u>di</u> arrivare presto. I told the others to arrive early.

5.9 The passive

The passive is formed when the <u>object</u> of the sentence becomes the <u>subject</u>:

L'insegnante corregge i compiti.
The teacher corrects the <u>homework</u> [object].

I compiti sono corretti dall'insegnante.
The <u>homework</u> [subject] is corrected by the teacher.

In Italian the passive uses the verb **essere** + the past participle of the verb. Here are examples of the third person singular and plural of **trovare**:

present	perfect
è trovato/a sono trovati/e	è stato/a trovato/a sono stati/e trovati/e
imperfect	**past definite**
era trovato/a erano trovati/e	fu trovato/a furono trovati/e
future	**conditional**
sarà trovato/a saranno trovati/e	sarebbe trovato/a sarebbero trovati/e

The past participle agrees in number and gender with the subject:

La macchina è stata riparata. The car has been repaired.

Le cartoline saranno scritte da Daniela.
The postcards will be written by Daniela.

You can avoid the passive by using:

- **si** + the third person singular/plural of the verb

Come si scrive il tuo nome? How is your name written?

Dove si vendono queste riviste?
Where are these magazines sold?

- the active form of the verb in the third person plural:

Hanno trovato la valigia. (active)
The suitcase has been found.

La valigia è stata trovata. (passive)
The suitcase has been found.

5.10.1 The subjunctive

The present subjunctive of regular verbs:

parlare	vendere	aprire	finire
parli	venda	apra	finisca
parli	venda	apra	finisca
parli	venda	apra	finisca
parliamo	vendiamo	apriamo	finiamo
parliate	vendiate	apriate	finiate
parlino	vendano	aprano	finiscano

Most irregular verbs form the subjunctive from the first person singular of their present indicative:

andare: vada, vada, vada, andiamo, andiate, vadano

dire: dica, dica, dica, diciamo, diciate, dicano

Some form it from the **noi** form of the present indicative:

avere: abbia, abbia, abbia, abbiamo, abbiate, abbiano

essere: sia, sia, sia, siamo, siate, siano

The subjunctive is used:

- as the polite **Lei** form of the imperative (see 5.1.7):

Venga all'ufficio! Please come to the office!

- to express preference, hope or desire:

Spero che Anna si senta meglio.
I hope Anna is feeling better.

- to express doubt, uncertainty or possibility:

Dubito che capiscano.
I doubt whether they understand.

- to express emotion:

Siamo contenti che si divertano.
We are happy that they are having a good time.

- after a number of impersonal expressions:

È un peccato che il biglietto sia così caro.
It's a pity that the ticket is so dear.

- after certain conjunctions:

Benché piova, andiamo lo stesso.
Although it is raining we are going all the same.

5.10.2 The imperfect subjunctive
The imperfect subjunctive of regular verbs:

parlare	vendere	finire
parl**assi**	vend**essi**	fin**issi**
parl**assi**	vend**essi**	fin**issi**
parl**asse**	vend**esse**	fin**isse**
parl**assimo**	vend**essimo**	fin**issimo**
parl**aste**	vend**este**	fin**iste**
parl**assero**	vend**essero**	fin**issero**

There is one completely irregular verb:

essere: fossi, fossi, fosse, fossimo, foste, fossero

Note: **bere > bevessi; dire > dicessi; fare > facessi**

The imperfect subjunctive is frequently used after **se** 'if' to express what you would like to happen.

Se avessi più tempo, lo farei.
If I had more time I would do it.

6 Negatives *Negazioni*

6.1 Non – not
Non capisco. I don't understand.
Non can only be separated from the verb by a pronoun.
Non mi piace il vino. I don't like wine.

6.2 Other negative expressions

non ... da nessuna parte	nowhere
non ... niente/nulla	nothing
non ... per niente/affatto	not at all
non ... nessuno	nobody
non ... mai	never
non ... più	no more/longer
non ... né ... né	neither nor

6.3 Position of negatives
The two parts of a negative go around the verb.
Non c'è nessuno in casa. There's nobody at home.
Non abbiamo né cani né gatti.
We don't have (either) dogs or cats.

In compound tenses, **niente/nulla**, **nessuno**, **per niente** and **da nessuna parte** come after the past participle but **mai**, **più** and **affatto** can come before or after.

Non abbiamo fatto niente. We didn't do anything.

Non ci siamo più tornati.
We didn't go back there any more.

When **nessuno, niente, mai, né … né** begin the sentence **non** is omitted.

Nessuno capisce il mio problema.
No one understands my problem.

Non comes before an infinitive and the second part of the negative comes after.

Mi consigliano di non dire niente.
They advise me not to say anything.

Some negatives can stand alone without **non**.

Che cosa prendi da bere? – Niente.
What are you having to drink? – Nothing.

Chi va alla lezione d'italiano? – Nessuno.
Who's going to the Italian lesson? – Nobody.

It is possibile to use two or more negatives:

Non faccio mai niente a casa.
I never do anything at home.

7 Pronouns *Pronomi*

1	2	3	4	5
subject	reflexive	direct object	indirect object	emphatic
io	mi	mi	mi	me
tu	ti	ti	ti	te
lui	si	lo	gli	lui
lei	si	la	le	lei
Lei	si	La	Le	Lei
noi	ci	ci	ci	noi
voi	vi	vi	vi	voi
loro	si	li/le	loro/gli	loro
Loro	si	Li/Le	Loro/gli	Loro

7.1 Subject pronouns are usually omitted, except when needed for clarity or emphasis.

Io vado a Firenze ma **lui** va a Venezia.
I am going to Florence, but he is going to Venice.

Tu is used when talking to family members, friends, children and pets.

Lei is used when talking to someone you do not know well and in formal situations.

Note: **darsi del tu/darsi del Lei** to call someone **tu/Lei**.

7.1.2 Reflexive pronouns are used with reflexive verbs.

Si alzano presto. They get up early.

7.1.3 Direct object pronouns are normally placed in front of the verb and agree in number and gender with the noun they replace.

Conosci Marco? No, non <u>lo</u> conosco.
Do you know Marco? No, I do not know him.

In the perfect tense, the past participle of verbs with **avere** agrees with **lo/la/li/le**.

Le lettere? <u>Le</u> ho già scritt<u>e</u>.
The letters? I have already written them.

The formal **La** 'you' is used for both male and female:

Signore/Signora, La prego di aspettare.
Sir/Madam, I beg you to wait.

Direct object pronouns can also be used after **ecco**.

Eccola finalmente! Here she is finally!

7.1.4 Indirect object pronouns are normally placed in front of the verb, but **loro** always comes after the verb. **Loro** is often replaced by **gli** in modern Italian.

Le scrivo un messaggio.
I am writing her a message. (to her)

Hai mandato loro una cartolina? / Gli hai mandato una cartolina? Have you sent them a card? (to them)

mi, ti, lo, la, and **vi** can drop their final vowel before a word beginning with a vowel or an h.

Roberto? Chi l'ha visto? Roberto? Who has seen him?

ci only becomes **c'** in front of an 'i' or an 'e';

li, le, La and **Le** never drop their final vowel.

Chi La aiuta? Who is helping you?

Note: With **dovere, potere, sapere, volere**, direct or indirect object pronouns can be placed in front of the verb or after the following infinitive.

Te lo posso mandare / Posso mandartelo.
I can send it to you.

When the following verbs refer to a person they take the indirect object:

chiedere/domandare to ask

dare to give	**dire** to say/tell
mandare to send	**mostrare** to show
offrire to offer	**piacere** to please
promettere to promise	**rispondere** to reply
scrivere to write	**telefonare** to phone

Le ho chiesto di spegnere la luce.
I asked her to switch off the light.

Non gli piace il vino. He doesn't like wine.

Le ho telefonato ieri. I phoned her yesterday.

7.1.5 Emphatic pronouns are used:

- with a preposition:

Questo regalo è per te. This present is for you.

- for emphasis:

La ragazza aspetta noi. The girl is waiting for <u>us</u>.

- when the verb has two or more direct or indirect objects:

Guardano noi e loro. They are looking at us and them.

Chiederò a lei non a lui. I shall ask her not him.

- as the second part of a comparison:

Sei più alto di me. You are taller than me.

7.2 Si

Si is a reflexive pronoun meaning 'himself/herself/themselves' etc. but also 'one'.

Non si sa mai. One never knows.

Si is replaced by **ci** when used with the third person singular/plural of reflexive verbs:

Ci si diverte tanto al mare.
One has/You have such a good time at the seaside.

7.3 Ci

Apart from 'us/to us' **ci** also means 'to it/this/that; about it/this/that; here/there':

Pensaci! Think about it!

C'è una banca qui vicino? Is there a bank near here?

Ci andiamo domani. We are going there tomorrow.

7.4 Ne

Ne means 'of/about him/her/them/this; from here/there'.

Cosa ne pensate? What do you think about this?

Ne abbiamo due. We have two of them.

7.5 Order of pronouns

When two pronouns are used, the indirect comes before the direct, or before **ne**:

indirect	indirect + direct				of it/them
	lo	la	li	le	ne
mi	me lo	me la	me li	me le	me ne
ti	te lo	te la	te li	te le	te ne
gli, le, Le	glielo	gliela	glieli	gliele	gliene
ci	ce lo	ce la	ce li	ce le	ce ne
vi	ve lo	ve la	ve li	ve le	ve ne

1 **mi, ti, ci, vi** become **me, te, ce, ve** when they come before another pronoun.

2 **gli** (to him/to them), **le** (to her) and **Le** (to you) all change to **glie-** when combined with the pronouns **lo, la, li, le, ne.**

Dov'è il sale? Me lo puoi passare per favore?
Where is the salt? Can you pass it to me please?

Hai mandato la lettera a Elena? – Sì, gliel'ho mandata stamattina. Have you sent the letter to Elena? – Yes, I sent it to her this morning.

7.6 Indefinite pronouns

These indefinite pronouns are invariable:
ognuno/ciascuno each one/every one,
qualcuno someone/somebody,
qualcosa something

Ognuno di noi può farlo! Everyone can do it!

Qualcuno ha telefonato. Someone rang.

Vuoi mangiare qualcosa?
Do you want to eat something?

7.7 Interrogative pronouns and adjectives

Chi	Who
Di chi	Whose
Che/che cosa/cosa	What, which
***Quale/i**	Which, what
Quanto/a/i/e	How much/How many

Chi viene al ristorante?
Who is coming to the restaurant?

Di chi sono queste scarpe? Whose shoes are these?

Che cosa succede? What is happening?

Quale libro vuoi? Which book do you want?

Quanti studenti ci sono?
How many students are there?

***Quale** shortens to **Qual** before the verb essere:

Qual è il tuo indirizzo? What is your address?

7.8 Relative pronouns

1 **che** who, whom, which, that
2 preposition + **cui** whom, which
3 **il quale/la quale/i quali/le quali** who, whom, which, that
4 **chi/quelli che** those/people/the one(s) who
5 **quello che/quel che/ciò che** what

1. **che** is invariable and the most common relative pronoun.

Il libro che leggi è divertente.
The book (that) you are reading is amusing.

Questo è l'insegnante che insegna la storia.
This is the teacher who teaches History.

Note: The relative pronoun is often omitted in English. You cannot do this in Italian.

2. **cui** is also invariable and is used after a preposition – **in/su/per** etc.

L'appartamento in cui abitano è molto grande.
The flat they live in is very big. (in which)

La ragazza a cui ho dato il dizionario è una mia compagna di classe. The girl I gave the dictionary to is a classmate of mine. (to whom)

The definite article + **cui** + a noun means 'whose':

La ragazza, il cui padre è giornalista, vuole diventare veterinaria. The girl, whose father is a journalist, wants to become a vet.

3. Both **che** and **cui** can be replaced by the appropriate form of **il quale.**

La ragazza a cui (alla quale) ho mandato la cartolina è australiana. The girl I sent the postcard to is Australian.

I miei amici, che (i quali) vivono in Spagna, restano in contatto. My friends, who live in Spain, stay in touch.

4. **chi** takes the third person singular of the verb and **quelli che** the third person plural.

Non aspettano chi arriva tardi / quelli che arrivano tardi. They do not wait for those who arrive late.

5. **quello che/quel che/ciò che** mean 'what' in the sense of 'that which' and refer to things.

Quello che dici è vero. What you say is true.

Compra ciò che vuoi. Buy what you want.

8 Asking questions *Fare domande*

You can ask questions by:

8.1 raising your voice at the end of a statement:

Carla è spagnola? Carla is Spanish?

8.2 putting the verb at the beginning:

È spagnola Carla? Is Carla Spanish?

8.3 Here are some common question words:
(see also 7.7)

Quando? When? **A che ora?** At what time?

Perché? Why? **Come?** How? What … like?

Dove? Where? **Che tipo di?** What? What sort of …?

Quando/A che ora arrivano i tuoi amici?
When/At what time are your friends arriving?

Perché non mangi qualcosa?
Why don't you eat something?

Com'è la loro casa? What is their house like?

Come stai oggi? How are you today?

Dove vai? Where are you going?

Che tipo di macchina ha?
What sort of car does he have?

9 Exclamations *Esclamazioni*

The most common types of exclamations are expressed by **che**, **come** or **quanto**:

Che bella ragazza! What a beautiful girl!

Che peccato! What a pity!

Come sei gentile! How kind you are!

Quanti soldi! What a lot of money!

10 Prepositions *Preposizioni*

10.1 The prepositions **a** (to, at, in), **da** (from, by), **su** (on, about), **di** (of, by, from) and **in** (in, to, by) combine with the definite article:

	Masculine					Feminine		
	Sing.			Pl.		Sing.		Pl.
	il	lo	l'	i	gli	la	l'	le
a	al	allo	all'	ai	agli	alla	all'	alle
da	dal	dallo	dall'	dai	dagli	dalla	dall'	dalle
su	sul	sullo	sull'	sui	sugli	sulla	sull'	sulle
di	del	dello	dell'	dei	degli	della	dell'	delle
in	nel	nello	nell'	nei	negli	nella	nell'	nelle

Abbiamo lezioni dalle otto all'una e mezza.
We have lessons from 8.00 to 1.30.

Il dizionario è sul banco. The dictionary is on the desk.

Ricorda! 'di' + the definite article can also mean 'some/any' in English.

Avete degli amici in Italia?
Do you have any friends in Italy?

It is omitted after a negative verb:
Non ho soldi. I haven't any money.

Some can also be expressed by **qualche** or **alcuni/alcune** (see 3.3).

10.2 Prepositions followed by **a**, **di**, or **da** also combine with the definite article:

accanto a	next to	**intorno a**	around
davanti a	in front of	**vicino a**	near
fino/sino a	up to/until	**invece di**	instead of
in cima a	at the top of	**nel mezzo di**	in the middle of
in fondo a	at the end of	**prima di**	before
in mezzo a	in the middle of	**lontano da**	far from

La casa è vicino alla chiesa.
The house is near the church.

Lavorano fino alle otto di sera. They work until 8pm.

10.3 Here are some other useful prepositions:

circa	about	C'erano <u>circa</u> quaranta studenti.
con	with	Vado al cinema <u>con</u> Daniela.
dietro	behind	Hanno un giardino <u>dietro</u> la casa.
durante	during	<u>Durante</u> il giorno scrivo articoli.
lungo	along	Cammino <u>lungo</u> il sentiero.
per	for, through	Ho un regalo <u>per</u> te. Camminano <u>per</u> la città.
senza	without	Prendo il tè <u>senza</u> zucchero.
sotto	under	Il gatto è <u>sotto</u> la sedia.
tra/fra	within, among, between	Torno <u>fra</u> 5 minuti. Siamo <u>tra</u> amici. Arriverò <u>fra</u> le due e le tre.
tranne	except	Lavoro ogni giorno <u>tranne</u> mercoledì.
verso	towards, about	Andiamo <u>verso</u> Milano. Arriveremo <u>verso</u> le dieci.

11 Conjunctions and linking words *Congiunzioni e connettivi*

11.1 Here are some common conjunctions:

e/ed and; **ma** but; **mentre** while; **o … o** either … or; **perché** because; **quando** when; **se** if ; **siccome** as/since

Non guardo la televisione <u>mentre</u> studio.
I don't watch TV while I am studying.

<u>Siccome</u> piove, stiamo a casa.
As it is raining we are staying at home.

<u>O</u> dici qualcosa <u>o</u> non dici niente.
Either you say something or you say nothing.

11.2 Here are some frequently used linking words:
anche also; **cioè** that is; **comunque** however; **dopo** after; **in altri termini** in other words; **infine** finally; **inoltre** besides; **o/oppure** or; **per esempio** for example; **perciò** so, therefore; **però** however; **poi** then; **quindi** so, therefore

Mi lavo poi mi vesto … I wash, then I get dressed …

Però, non è difficile. However, it's not difficult.

Veniamo un po' prima, cioè alle otto.
We'll come a bit before, that is at 8.00.

Regular verbs   *Verbi regolari*

Note: Infinitives of some common verbs conjugated in a similar way are given in bold in the first column.

*indicates verbs taking **essere** in the perfect.

+indicates verbs taking **essere** when used intransitively but **avere** when used transitively.

infinitive	present	future	conditional	past participle	imperfect	past definite	present subjunctive
parlare	parlo	parlerò	parlerei	parlato	parlavo	parlai	parli
to speak	parli	parlerai	parleresti		parlavi	parlasti	parli
	parla	parlerà	parlerebbe		parlava	parlò	parli
	parliamo	parleremo	parleremmo		parlavamo	parlammo	parliamo
	parlate	parlerete	parlereste		parlavate	parlaste	parliate
	parlano	parleranno	parlerebbero		parlavano	parlarono	parlino
vendere	vendo	venderò	venderei	venduto	vendevo	vendei (etti)	venda
to see	vendi	venderai	venderesti		vendevi	vendesti	venda
	vende	venderà	venderebbe		vendeva	vendé (ette)	venda
	vendiamo	venderemo	venderemmo		vendevamo	vendemmo	vendiamo
	vendete	venderete	vendereste		vendevate	vendeste	vendiate
	vendono	venderanno	venderebbero		vendevano	venderono (ettero)	vendano
dormire	dormo	dormirò	dormirei	dormito	dormivo	dormii	dorma
to sleep	dormi	dormirai	dormiresti		dormivi	dormisti	dorma
* **partire**	dorme	dormirà	dormirebbe		dormiva	dormì	dorma
seguire	dormiamo	dormiremo	dormiremmo		dormivamo	dormimmo	dormiamo
sentire	dormite	dormirete	dormireste		dormivate	dormiste	dormiate
* **divertirsi**	dormono	dormiranno	dormirebbero		dormivano	dormirono	dormano
* **vestirsi**							
finire	finisco	finirò	finirei	finito	finivo	finii	finisca
to finish	finisci	finirai	finiresti		finivi	finisti	finisca
capire	finisce	finirà	finirebbe		finiva	finì	finisca
preferire	finiamo	finiremo	finiremmo		finivamo	finimmo	finiamo
pulire	finite	finirete	finireste		finivate	finiste	finiate
	finiscono	finiranno	finirebbero		finivano	finirono	finiscano

Verbs in **-care, -gare**:

cercare	cerco	cercherò	cercherei	cercato	cercavo	cercai	cerchi
to look for	cerchi	cercherai	cercheresti		cercavi	cercasti	cerchi
pagare	cerca	cercherà	cercherebbe		cercava	cercò	cerchi
	cerchiamo	cercheremo	cercheremmo		cercavamo	cercammo	cerchiamo
	cercate	cercherete	cerchereste		cercavate	cercaste	cerchiate
	cercano	cercheranno	cercherebbero		cercavano	cercarono	cerchino

Verbs in **-ciare, -giare**:

mangiare	mangio	mangerò	mangerei	mangiato	mangiavo	mangiai	mangi
to eat	mangi	mangerai	mangeresti		mangiavi	mangiasti	mangi
viaggiare	mangia	mangerà	mangerebbe		mangiava	mangiò	mangi
cominciare	mangiamo	mangeremo	mangeremmo		mangiavamo	mangiammo	mangiamo
lasciare	mangiate	mangerete	mangereste		mangiavate	mangiaste	mangiate
	mangiano	mangeranno	mangerebbero		mangiavano	mangiarono	mangino

Irregular verbs *Verbi irregolari*

Irregular forms are identified in bold and only the first person is given for regular forms or if the stem is irregular but the endings regular e.g. the future of **andare**: **andrò**, **andrai** etc.

The conditional tense is formed by adding -**ei**, -**esti**, -**ebbe**, -**emme**, -**este**, -**ebbero** to the future stem.

In the past definite verbs are usually only irregular in the first and third person singular and third person plural, e.g. **avere**: **ebbi**, avesti, **ebbe**, avemmo, aveste, **ebbero**. Therefore only the first person is given.

In the subjunctive verbs are usually irregular in the singular and third person plural. The **noi** and **voi** forms are regular e.g. **andare**: **vada**, **vada**, **vada**, andiamo, andiate, **vadano**.

infinitive	present		future	past participle	imperfect	past definite	present subjunctive
andare to go	**vado** **vai** **va**	andiamo andate **vanno**	andrò	* andato	andavo	andai	**vada**
aprire to open	apro		aprirò	**aperto**	aprivo	aprii	apra
avere to have	ho hai ha	abbiamo avete hanno	**avrò**	avuto	avevo	**ebbi**	**abbia**
bere to drink	**bevo** **bevi** **beve**	**beviamo** **bevete** **bevono**	**berrò**	**bevuto**	**bevevo**	**bevvi**	**beva**
chiedere to ask	chiedo		chiederò	**chiesto**	chiedevo	chiesi	chieda
chiudere to close	chiudo		chiuderò	**chiuso**	chiudevo	**chiusi**	chiuda
condurre to drive **tradurre**	**conduco** **conduci** **conduce**	**conduciamo** **conducete** **conducono**	**condurrò**	**condotto**	conducevo	**condussi**	**conduca**
conoscere to know **riconoscere**	conosco conosci conosce	conosciamo conoscete conoscono	conoscerò	**conosciuto**	conoscevo	**conobbi**	conosca
correre to run	corro		correrò	+ corso	correvo	**corsi**	corra
dare to give	**do** **dai** **dà**	**diamo** date **danno**	**darò**	dato	davo	**diedi** **demmo** **desti** **deste** **diede** **diedero**	**dia**
decidere to decide **sor/ridere**	decido		deciderò	**deciso**	decidevo	**decisi**	decida
dire to say **benedire**, **contraddire**	dico dici dice	diciamo dite dicono	dirò	**detto**	dicevo	**dissi**	**dica**
discutere to discuss	discuto		discuterò	**discusso**	discutevo	**discussi**	discuta
dovere to have to	**devo** **devi** **deve**	**dobbiamo** dovete **devono**	**dovrò**	dovuto	dovevo	dovei (etti)	**debba**

essere to be	sono siamo sei siete è sono	sarò	*stato	ero eravamo eri eravate era erano	fui fummo fosti foste fu furono	sia
fare to do, to make	**faccio facciamo** **fai** fate fa **fanno**	farò	**fatto**	facevo	**feci**	**faccia**
giungere to reach	giungo	giungerò	* **giunto**	giungevo	**giunsi**	giunga
leggere to read **proteggere**	leggo leggiamo leggi leggete legge leggono	leggerò	**letto**	leggevo	**lessi**	legga
mettere to put	metto	metterò	**messo**	mettevo	**misi**	metta
morire to die	**muoio** moriamo **muori** morite **muore muoiono**	morirò	* **morto**	morivo	morii	**muoia**
muovere to move	muovo	muoverò	**mosso**	muovevo	**mossi**	muova
nascere to be born	nasco		* **nato**	nascevo	**nacqui**	nasca
perdere to lose	perdo	perderò	**perso** (perduto)	perdevo	**persi**	perda
persuadere to persuade	persuado	persuaderò	**persuaso**	persuadevo	**persuasi**	persuada
(dis)piacere to (dis)please	piace piacciono	piacerà piaceranno	* **piaciuto**	piaceva piacevano	**piacque** **piacquero**	**piaccia** **piacciano**
piangere to cry	piango	piangerò	**pianto**	piangevo	**piansi**	pianga
porre to put **supporre**	**pongo poniamo** **poni ponete** **pone pongono**	porrò	**posto**	ponevo	**posi**	**ponga**
potere to be able	**posso possiamo** **puoi potete** **può possono**	**potrò**	potuto	potevo	potei	**possa**
prendere to take	prendo	prenderò	**preso**	prendevo	**presi**	prenda
rimanere to remain	**rimango** rimaniamo rimani rimanete rimane **rimangono**	**rimarrò**	* **rimasto**	rimanevo	**rimasi**	**rimanga**
risolvere to resolve	risolvo	risolverò	**risolto**	risolvevo	**risolsi**	risolva
rispondere to reply	rispondo	risponderò	**risposto**	rispondevo	**risposi**	risponda
rompere to break	rompo	romperò	**rotto**	rompevo	**ruppi**	rompa

salire to go up	salgo sali sale	saliamo salite salgono	salirò	+ salito	salivo	salii	salga
sapere to know	so sai sa	sappiamo sapete sanno	saprò	saputo	sapevo	seppi	sappia
scegliere to choose	scelgo scegli sceglie	scegliamo scegliete scelgono	sceglierò	scelto	sceglievo	scelsi	scelga
scendere to go down	scendo		scenderò	+ sceso	scendevo	scesi	scenda
scrivere to write	scrivo		scriverò	scritto	scrivevo	scrissi	scriva
sedere to sit * sedersi	siedo siedi siede	sediamo sedete siedono	siederò	seduto	sedevo	sedei	sieda
spendere to spend	spendo		spenderò	speso	spendevo	spesi	spenda
spingere to push	spingo		spingerò	spinto	spingevo	spinsi	spinga
stare to stay to be	sto stai sta	stiamo state stanno	starò	* stato	stavo	stetti stemmo stesti steste stette stettero	stia
succedere to happen	succede		succederà	* successo	succedeva	successe	succeda
tenere to keep, hold mantenere	tengo tieni tiene	teniamo tenete tengono	terrò	tenuto	tenevo	tenni	tenga
uscire to go out riuscire	esco esci esce	usciamo uscite escono	uscirò	* uscito	uscivo	uscii	esca
vedere to see	vedo		vedrò	visto	vedevo	vidi	veda
venire to come avvenire	vengo vieni viene	veniamo venite vengono	verrò	* venuto	venivo	venni	venga
vincere to win	vinco		vincerò	vinto	vincevo	vinsi	vinca
vivere to live	vivo		vivrò	vissuto	vivevo	vissi	viva
volere to want	voglio vuoi vuole	vogliamo volete vogliono	vorrò	voluto	volevo	volli	voglia
volgere to turn	volgo		volgerò	volto	volgevo	volsi	volga

Istruzioni e parole utili

Abbina	(le domande con le risposte, i disegni alle espressioni)	Match the questions with the replies, the drawings to the expressions
Ascolta	(la conversazione e ripeti)	Listen to the conversation, and repeat
A turno	domandate e rispondete	Take it in turns to ask and reply to the questions
Cerca	… (sul dizionario)	Look for … (in the dictionary)
Che	(problema, tempo, lavoro) …?	What (problem, weather, work)…?
Che cosa	(fa, cerca, piace a X, è successo, ha dimenticato, ha fatto, ha visto) …?	What (is he/she doing/looking for, does X like, has happened, has he/she forgotten/done/seen) …?
Chi	(è, sono, parla, dice) …?	Who (is it, are they, is speaking, is saying) …?
Come	(si scrive …, com'è/come sono di carattere?)	How (do you spell …, what is he/she/are they like)?
Completa	(la tabella, la frase, la lettera, le frasi, i dettagli, le informazioni, con le parole dal riquadro/la forma corretta/appropriata di …)	Complete (the table/sentence/letter/sentences/details/information, with the words from the box/correct/appropriate form of …)
Copia	(la tabella, la frase, le frasi)	Copy (the table, the sentence/s)
Correggi	(le/queste affermazioni false)	Correct (the/these false statements)
Cosa	(pensi, gli/le piace)?	What (do you think, does he/she like)?
Cosa significa	(la parola …, lo slogan …)?	What does (the word …, the slogan …) mean?
Descrivi	(la scena, una persona, un incidente, il sistema)	Describe (the scene, a person, an accident, the system)
Di che cosa	(si tratta, tratta l'articolo)?	What is (it, the article) about?
Disegna	un poster/volantino con …	Design a poster, leaflet with …
Dove	(sono, lavora, si incontrano, devi andare se …)?	Where (are they, does he/she work, are they meeting, do you have to go if …)?
Dov'è	(andato/a …)?	Where is … (where has he/she gone)?
Fa'	(una lista/un riassunto)	Make (a list, a summary)
Guarda/Guardate	(la foto(grafia), la cartina)	Look at (the photo, the map)
Immagina	(delle conversazioni; che …)	Imagine (some dialogues; that …)
In che giorno	(fanno la partita, c'è il mercato)?	Which day (is the match, is there a market)?
Indica	(nelle caselle se le affermazioni sono vere, false o non sono indicate)	Show (in the boxes if the statements are true, false or not indicated)
Inserisci	(la forma corretta del verbo tra parentesi)	Insert (the correct form of the verb in brackets)
Intervista	(x compagni di classe)	Interview x members of the class
Inventate	(dei dialoghi)	Invent (some dialogues)
Leggi / Leggete	(questa/e e-mail, questo invito, quest'informazione/queste informazioni, questo dialogo, i cartelli, l'articolo, la lettera, la cartolina)	Read (this/these e-mail(s), this invitation, this/these piece(s) of information, this dialogue, the signs, the article, the letter, the postcard)
Metti	(l'articolo/la lettera giusta accanto al numero)	Put (the right article, the right letter next to the number)
Metti in ordine	(i disegni, le frasi, questo dialogo)	Put (the pictures, sentences, dialogue) in order
Mostra	(delle foto a …)	Show (the photos to …)
Nota	(le espressioni)	Note down (the expressions)
Perché	(è …, sono …)?	Why (is it …, are they …)?
Prendi	(nota di…, degli appunti)	Take (note of …, notes)
Prepara	un depliant, un poster, le domande	Prepare a leaflet, a poster, the questions
Quale	(frase corrisponde meglio a …)? Qual è …?	Which (sentence goes best with …)? Which is …?

Quali	(delle seguenti affermazioni sono positive o negative?)	Which (of the following statements are positive or negative?)
Quando	(arriva, parte, era …)?	When (does it arrive, leave, was it/he/she …)?
Quanto	(costa, ha pagato)? Quanti/e?	How much (is it, has he/she paid)? How many?
Racconta	(cosa è successo)	Say (what has happened)
Riscrivi	(l'esercizio, queste frasi)	Rewrite (the exercise, these sentences)
Rispondi	(alla domanda/alle domande)	Reply (to the question/s)
Scegli	(la risposta giusta, la forma corretta (di) …, la parola adatta per completare le frasi)	Choose (the right answer, the correct part (of) …, the right word to complete the sentences)
Scrivi	(un'e-mail, la lettera giusta nella casella)	Write (an e-mail, the correct letter in the box)
Secondo	(…, me, te, l'articolo)	According to (…, me, you, the article)
Segna	(una casella, con una X, con il numero indicato)	Mark (a box, with an X, with the number indicated)
Sostituisci	(i disegni con le parole appropriate, le parole sottolineate/in neretto con …)	Replace (the pictures with the appropriate words, the words underlined/in bold with …)
Sottolinea	(una parola, una frase)	Underline (a word, a phrase/sentence)
Spiega	(perché …)	Explain (why …)
Tocca	a te/a voi	It's your turn
Traduci	(queste frasi in inglese)	Translate (these sentences into English)
Trova	(la parola che manca/le parole che mancano)	Find (the missing word(s),)
Usa	(la tabella, le parole, le espressioni)	Use (the table, the words, the expressions)

Numbers I numeri

0 zero	15 quindici	30 trenta
1 uno	16 sedici	40 quaranta
2 due	17 diciassette	50 cinquanta
3 tre	18 diciotto	60 sessanta
4 quattro	19 diciannove	70 settanta
5 cinque	20 venti	80 ottanta
6 sei	21 ventuno	90 novanta
7 sette	22 ventidue	100 cento
8 otto	23 ventitré	101 centouno
9 nove	24 ventiquattro	200 duecento
10 dieci	25 venticinque	300 trecento
11 undici	26 ventisei	1000 mille
12 dodici	27 ventisette	2000 duemila
13 tredici	28 ventotto	1,000,000 un milione
14 quattordici	29 ventinove	

1st primo	*6th* sesto	*11th* undicesimo
2nd secondo	*7th* settimo	*20th* ventesimo
3rd terzo	*8th* ottavo	*30th* trentesimo
4th quarto	*9th* nono	*40th* quarantesimo
5th quinto	*10th* decimo	*50th* cinquantesimo

Days I giorni

lunedì
martedì
mercoledì
giovedì
venerdì
sabato
domenica

Months I mesi

gennaio	luglio
febbraio	agosto
marzo	settembre
aprile	ottobre
maggio	novembre
giugno	dicembre

Seasons Le stagioni

l'estate (f) / in/d'estate	*(in) summer*
l'autunno (m) / in autunno	*(in) autumn*
l'inverno (m) / in inverno	*(in) winter*
la primavera / in primavera	*(in) spring*

Colours I colori

arancione *orange*	giallo *yellow*	marrone (inv) *brown*
azzurro *blue*	grigio *grey*	blu (inv) *blue*
bianco/a/hi/he *white*	celeste *blue*	rosa (inv) *pink*
biondo *blonde*	nero *black*	viola (inv) *violet*
bruno *brown*	rosso *red*	chiaro *light (of colour)*
castano *chestnut-brown*	verde *green*	scuro *dark (of colour)*

Glossario

A

a bordo on board
a buon mercato cheap
a destra to the right
a disposizione available
a due passi a stone's throw away
a piedi on foot
a presto see you soon
a sinistra to the left
a tempo pieno full time
a volte sometimes
abbaiare to bark
abbastanza quite, enough
l' abbigliamento clothing
l' abitante (m/f) inhabitant
abitare to live
l' abito suit, dress
accadere to happen
accanto a next to
accendere to switch on
accettare to accept
accomodarsi to take a seat
accompagnare to accompany
l' aceto vinegar
l' acqua (non) potabile (non) drinkable water
l' acqua (minerale) (mineral water)
acquistare to buy
ad un tratto suddenly
adeguato suitable
adesso now
l' adolescente (m/f) adolescent
l' adulto adult
l' aereo aeroplane
l' aerobica aerobics
l' aeroporto airport
affascinante fascinating
affittare to rent, hire
l' affitto rent
l' afflizione (f) trouble, problem
affollato crowded
afoso close (weather)
l' agenzia di viaggi travel agency
l' aglio garlic
l' agnello lamb
l' agricoltura agriculture
ai primi di at the beginning of
aiutare to help
l' aiuto help
l' albergo hotel
l' albicocca apricot
gli alcolici (pl.) alcoholic drink
alcolico alcoholic
l' alcolico/a alcoholic
l' alcolismo alcoholism
alcolizzato alcoholic
l' alcool/alcol (inv) (m) alcohol

alla fine (di) at the end (of)
alla griglia grilled
all'aperto in the open air
allegare to enclose
allegro happy
l' allenamento exercise, training
allo stesso tempo at the same time
l' alloggio accommodation
allora then, well then
almeno at least
l' alpinismo mountaineering
alt! stop!
alto tall, high
altro other
l' altro ieri day before yesterday
l' alunno/a pupil
alzarsi to get up
amare to love
amaro bitter
l' ambiente (m) environment
ambizioso ambitious
l' ambulanza ambulance
amichevole friendly
l' amicizia friendship
l' amico/a friend
ammalarsi to become ill
ammalato ill
amministrare to administrate
l' amore (m) love
ampio wide
l' ananas (inv) (m) pineapple
anche also
anche se even if
ancora still
andare to go
andare a cavallo to ride a horse
andare a dormire to go to sleep
andare a letto to go to bed
andare a trovare to go and see (someone)
andare d'accordo (con) to get on (with someone)
andare di moda to be in fashion
l' anello (di fidanzamento/matrimonio) (engagement/wedding) ring
l' angolo corner
l' animale (domestico) (m) animal (pet)
l' anno (scolastico) (school) year
annoiarsi to be bored
l' annuncio announcement
l' anoressia anorexia
ansioso anxious
antico old
l' antipasto starter
antipatico unpleasant
anziano old, elderly
aperto open
apparecchiare to lay (table)
l' appartamento flat

appena hardly, barely
appositamente on purpose
apprezzare to appreciate
l' appuntamento appointment
appunto precisely
aprire to open
l' arancia orange
l' aranciata orangeade
l' archivio filing cabinet
l' argento silver
l' aria (condizionata) air (conditioning)
l' armadio cupboard, wardrobe
arrabbiarsi to get annoyed
arrabbiato angry
l' arredamento furnishing
arrivare to arrive
arrivederci good-bye
l' arrivo arrival
l' arrosto roast
l' arte (f) Art
l' artista (m/f) artist
l' ascensore (m) lift
l' asciugamano towel
asciutto dry
ascoltare to listen (to)
aspettare to wait (for)
l' aspetto look
l' aspirapolvere (inv) (m) vacuum, hoover
l' aspirina aspirin
assaggiare to taste
l' assegno cheque
assente absent
assumere to employ
l' astuccio pencil case
l' atletica leggera athletics
l' attaccapanni hook, peg
attenzione! careful!
attivo active
l' attore (m) actor
attraversare to cross
l' attrezzatura equipment
l' attrezzo apparatus
l' attualità current affairs
augurare to wish
auguri! best wishes!
l' aula classroom
l' autista (m/f) driver
l' autobus (inv) (m) bus
l' autonoleggio car hire
l' autore (m) author
l' autostrada motorway
avanti forward, go
avere bisogno (di) to need
l' avorio ivory
avvenire to happen
l' avventura adventure
l' avvocato lawyer
l' azienda business

B

il **babbo** dad, daddy
baciare to kiss
il **bacio** kiss
badare a to look after (baby)
i **baffi** moustache
il **bagaglio** luggage, baggage
bagnato wet
il **bagno** bath, bathroom
il **balcone** balcony
ballare to dance
il **ballo** dance
il/la **bambino/a** baby, child
la **banana** banana
la **banca** bank
il **banco** desk in school
il **bancomat** cashpoint, cash card
la **bandiera** flag
il **bar (inv)** bar
il **barattolo** jar
la **barba** beard
la **barca (a vela)** (sailing) boat
il **basilico** basil
basso short, small, low
basta enough
il **battello** boat
la **batteria** drums
il **battesimo** baptism, christening
il **battistero** bell tower
il/la **belga** Belgian
il **Belgio** Belgium
bello beautiful
ben cotto well cooked
il **beneficio** benefit
benvenuto/a! Welcome!
la **benzina (senza piombo)** (lead-free) petrol
bere to drink
la **bevanda** drink
la **bibita** drink
la **biblioteca** library
il **bicchiere** glass
la **bicicletta** bicycle
il **bidello** caretaker
il **bidone** bin
la **biglietteria** ticket office
il **bigliettino** small card
il **biglietto** banknote
il **biglietto (di andata, di andata e ritorno)** (single, return) ticket
il **biglietto intero/ridotto** full/reduced price ticket
il **binario** platform, rail
biodegradabile biodegradable
la **biologia** Biology
la **birra** beer
il **biscotto** biscuit

bisogna it is necessary
la **bistecca** steak
il **blocchetto di biglietti** block of tickets
la **bocca** mouth
bocciare to fail (exam)
bollente boiling
bollito boiled
bolognese from Bologna
la **borsa** bag, handbag
la **borsa di studio** grant
il **bosco** wood
la **bottiglia** bottle
il **braccialetto** small bracelet
il **braccio (le braccia)** arm(s)
bravo good
breve brief
il **brodo** soup
brutto ugly
la **buca delle lettere** letter box
bucarsi to inject (heroin)
la **buccia** peel
il **bullismo** bullying
buono good
il **burro** butter
bussare to knock
la **busta** envelope
buttare to throw

C

la **cabina telefonica** telephone box
il **caffè (inv)** coffee
il **calciatore** footballer
il **calcio** football
la **calcolatrice** calculator
caldo warm
il **calendario** calendar
calmo calm
calvo bald
la **calza** sock, stocking
i **calzini** socks
cambiare to change, exchange
cambiarsi to get changed
il **cambio** change, exchange
la **camera (da letto)** bedroom
il/la **cameriere/a** waiter/waitress
la **camicia/camicetta** shirt/blouse
il **camion (inv)** lorry
il/la **camionista** lorry driver
camminare to walk
la **campagna** countryside
il **campanello** doorbell
il **campeggio** campsite
il **campo** field, pitch
il **campo da tennis** tennis court
il **campo sportivo** sports field
il **canale** canal
il **canarino** canary
il **cane** dog

il **canile** kennels
il/la **cantante** singer
cantare to sing
la **canzone** song
la **capacità** ability, capability
i **capelli** hair
capire to understand
la **capitale** capital city
il **capo** boss, head (of firm)
il **cappello** hat
il **cappotto** coat
la **caramella** sweet
il **carattere** character
il **carciofo** artichoke
carino lovely, nice, pretty
la **carne** meat
caro dear, expensive
la **carota** carrot
la **carriera** career
la **carrozzella** pram
la **carta (igienica)** (toilet) paper
la **carta di credito** credit card
la **carta d'identità** identity card
la **carta stradale** road map
la **carta telefonica** phone card
il **cartello** placard, sign
la **cartoleria** stationer's
la **cartolina** postcard
il **cartone animato** cartoon
la **casa (a schiera)** (terraced) house
la **casalinga** housewife
il **casco** helmet
la **cassa** cash desk
il **cassetto** drawer
la **cassiera** cashier
il **castello** castle
la **catenina** small necklace
la **cattedrale** cathedral
cattivo bad, naughty
il **cavallo** horse
la **caviglia** ankle
il **cavolfiore** cauliflower
celebre famous
celibe single (unmarried)
il **cellulare** mobile (phone)
la **cena** dinner
cenare to have dinner
il **centro** centre (of town)
il **centro commerciale** shopping centre
il **centro sportivo** sports centre
cercare to look for
il **cereale** cereal
il **cerotto** plaster, elastoplast
il **cervello** brain
certamente certainly
il **cespuglio** bush
il **cesto** basket
il **cetriolo** cucumber
la **chat** chatroom

chattare to chat (online)
che who, which, that
Che (cosa)? What?
Chi? chi Who?, the person who
chiacchierare to chatter
il/la chiacchierone/a chatterbox
chiamare to call
chiamarsi to be called
chiaro light (of colour)
la chiave key
chiedere to ask (for)
la chiesa church
il chilo (grammo) kilogram, kilo
il chilometro kilometre
la chimica Chemistry
la chitarra guitar
il/la chitarrista guitarist
chiudere to close
chiuso closed
ciao hello, bye bye
il cibo food
il ciclismo cycling
il cielo sky, heaven
la ciliegia cherry
il cinema (inv) cinema
la (cin) gomma chewing gum
la cintura (di sicurezza) (safety) belt
la cioccolata chocolate (drink)
il cioccolatino chocolate (sweet)
il cioccolato chocolate
cioè that is, i.e.
la cipolla onion
circa about
la città town, city
la cittadina small town
la classe (school) class
classico classical
il/la cliente client
il clima climate
la coda queue
il codice postale postcode
il/la coetaneo/a peer
il cognome surname
la coincidenza connection (train)
coinvolgere to involve
la prima colazione breakfast
la collana necklace
i collant (inv) tights
il collegio college, boarding school
collezionare to collect
la collezione collection
la collina hill
collinoso hilly
il collo neck
il colloquio (job) interview
il colore colour
colpa mia my fault
il colpo di telefono phone call
il coltello knife

Come? come How?, like
come se as if
cominciare to start
la commedia play (theatre)
commerciale commercial
il/la commerciante shopkeeper
il/la commesso/a shop assistant
comodo comfortable
il/la compagno/a companion
i compiti homework
il compleanno birthday
complicato complicated
comprare to buy
comprensibile understandable
compreso including
la compressa pill, tablet
il computer (inv) computer
comunicare to communicate
comunque however
con with
il concerto concert
la confezione packaging
il conflitto conflict
il congelatore freezer
il coniglio rabbit
conoscere to know (place/person)
la consegna delivery
consigliare to advise
il consiglio advice
la contabilità accounting
i contanti cash
contattare to contact
il contenitore container
contento happy
continuare (a) to continue
il conto bill
il contorno side dish
contribuire to contribute
contro against
controllare to check
convalidare to validate
coperto covered, overcast
il cornetto croissant, cornet
il coro choir
il corpo body
correre to run
corretto correct
il corridoio corridor, hallway
la corsa race
il corso course
corto short
Cosa? What?
la costa coast
costare to cost
costoso costly
la cotoletta cutlet, chop
il cotone cotton
cotto cooked
la cravatta tie

credere to believe
la crema (solare) (sun) cream
la crescita growth
il criceto hamster
crudo raw
il cucchiaino teaspoon
il cucchiaio spoon
la cucina kitchen, cuisine
la cucina (elettrica) (electric) cooker
cucinare to cook
il/la cugino/a cousin
cuocere to cook
il cuoco cook
il cuoio leather
il cuore heart
il cuscino pillow

D

da qualche parte somewhere
da quanto tempo? how long?
da un lato/una parte on the one hand
d'accordo agreed
dall'altra parte on the other hand
danneggiare to damage
dappertutto everywhere
dare to give
dare da mangiare to feed
dare su to overlook
dare un esame to sit an exam
la data (di nascita) date (of birth)
il datore di lavoro employer
davanti a in front of
davvero really
debole weak, light (wind)
decidere to decide
degustare to taste
delizioso delicious
la delusione disappointment
il denaro money
il dente tooth
il dentifricio toothpaste
il/la dentista dentist
dentro inside
il deposito bagagli left luggage
descrivere to describe
la descrizione description
desiderare to want, wish for
il detersivo washing powder
detestare to hate
il dettaglio detail
di colpo suddenly
di forma shaped
di fronte a opposite
di quando in quando from time to time
di solito usually
di sopra upstairs
di sotto downstairs

di tanto in tanto every now and then
il **dialetto** dialect
la **dieta** diet
dietro behind
differente different
la **differenza** difference
difficile difficult
la **dimensione** dimension
dimenticare to forget
i **dintorni** surrounding areas
il/la **dipendente** employee
il **diploma** diploma
dire to say
il/la **direttore/rice** manager
il/la **dirigente** executive
dirigere to manage
diritto/dritto straight ahead
la **discesa** slope (down)
il **dischetto** floppy disc
la **disco(teca)** disco(theque)
disegnare to draw
il **disegno** Art, design
disfare le valigie to unpack
disoccupato unemployed
disordinato messy
dispiacere to displease
disponibile available
disporre di to have at one's disposal
la **distanza** distance
distruggere to destroy
il **dito (le dita)** finger(s)
la **ditta** firm
il **divano** sofa
diventare to become
diverso different
divertente amusing
il **divertimento** entertainment
divertirsi to enjoy yourself
la **divisa** uniform
il/la **divo/a del cinema** film star
divorziare to divorce
il **dizionario** dictionary
la **doccia** shower
il **documentario** documentary
il **documento** document
la **dogana** customs
il **dolce** sweet
il **dolore** pain
la **domanda** question
domandare to ask (for)
domani tomorrow
la **donna** woman
il **dono** gift
dopo after
dopodomani day after tomorrow
doppio double
dormire to sleep
dotato di equipped with
il/la **dottore/ssa** doctor

dove, dov'è? where, where is?
dovere to have to
una **dozzina** a dozen
la **droga** drug, drugs
il **dubbio** doubt
dubitare to doubt
dunque therefore
il **duomo** cathedral
durante during
durare to last
duro hard

E

e così via and so on
eccellente excellent
ecco here is/are
l' **ecologia** ecology
ecologico ecological
l' **economia** Economics
economico economical
l' **edicola** newsstand
l' **edificio** building
Edimburgo Edinburgh
l' **educazione (f) fisica** PE
elegante elegant
l' **elenco telefonico** telephone directory
elettrico electric, electrical
gli **elettrodomestici** household appliances
l' **e-mail (f)** e-mail (message)
l' **enciclopedia** encyclopaedia
entrare to enter
l' **entrata** entrance
entro by, within
l' **equitazione (f)** horse riding
l' **erba** grass
l' **eroina** heroine
l' **errore (m)** error
l' **esame (m)** exam
esatto exact
l' **esempio** example
l' **esperto (grafico)** (graphics) expert
esportare to export
l' **esportazione (f)** export
l' **espresso** espresso coffee, express train
essere commosso to be moved
essere in forma to be fit
essere promosso to pass (exam)
essere stufo (di) to be fed up
l' **est (m)** east
l' **estero** abroad
estivo summer (adj)
l' **età (inv) (f)** age
l' **etto** 100 grams
l' **euro** euro
l' **evasione (f)** escape
l' **extracomunitario** non EC immigrant

F

la **fabbrica** factory
la **faccia** face
facile easy
il **fagiolino** bean
falso false
la **fame** hunger
la **famiglia** family
famoso famous
fantastico fantastic
fare to do, make
fare aerobica to do aerobics
fare bel/brutto tempo to be nice/bad weather
fare caldo/freddo to be hot/cold
fare collezione di to collect
fare footing to go jogging
fare fresco to be cool
fare ginnastica to do gymnastics
fare i letti to make the beds
fare i piatti to do the dishes
fare il bagno to have a bath, swim
fare la coda/fila to queue
fare la doccia to shower
fare la spesa to shop
fare le valigie to pack
fare un giro to go on a tour
fare un gol to score a goal
fare una foto to take a photo
fare una gita to go on a trip
fare una passeggiata to go for a walk
fare una telefonata to make a telephone call
fare il volontariato to do voluntary work
la **farina** flour
la **farmacia** pharmacy
il/la **farmacista** pharmacist
il **farmaco (scaduto)** drug, (out of date)
la **fatica** hard work
faticoso tiring
la **fattoria** farm
favorito favourite
il **fax** fax
il **fazzoletto** handkerchief
la **febbre** fever
la **fede** faith, wedding ring
il **fegato** liver
felice happy
le **ferie** holidays
ferito injured
la **fermata (dell'autobus)** bus stop
il **ferro** iron
la **festa** party, festival, celebration
festeggiare to celebrate
la **fetta** slice
fidanzarsi to get engaged

il/la **fidanzato/a** fiancé/e
fidanzato/a engaged
la **fiera** fair
il/la **figlio/a** son/daughter
il **film** film
finalmente finally
la **fine** end
il **fine settimana** weekend
la **finestra** window
finire to finish
fino a until, up to
fino da since
il **finocchio** fennel
il **fioraio** flower shop
il **fiore** flower
la **firma** signature
firmare to sign
la **fisica** Physics
il **fiume** river
la **foglia** leaf
il **foglio** sheet (of paper)
la **folla** crowd
la **fontana** fountain
la **forchetta** fork
la **foresta** forest
il **formaggio** cheese
formare to train
la **formazione** training
il **fornaio** baker
forse perhaps
forte strong
la **foto(grafia)** photo(graph)
fra between, within
fra poco shortly
il **fracasso** fracas, din, crash
la **fragola** strawberry
il **francobollo** stamp
la **frase** sentence
il **fratello** brother
freddo cold
frequentare to attend
il **frigorifero** fridge
la **frittata** omelette
fritto fried
la **frutta** fruit
il **fruttivendolo** greengrocer's
fumare to smoke
il **fumatore** smoker
i **fumetti** comic strips
il **fumo** smoke
il **fungo** mushroom
funzionare to work
il **fuoco d'artificio** firework
fuori (di) outside (of)
il **futuro** future

G

la **gabbia** cage

il **gabinetto** toilet
la **galleria d'arte** art gallery
la **gamba** leg
il **gambero** prawn
la **gara** competition
il **garage** garage
i **gas di scarico** exhaust fumes
il **gatto** cat
gelare to freeze
la **gelateria** ice cream shop
il **gelato** ice cream
il **gelo** frost
il/la **gemello/a** twin
generalmente generally
il **genitore** parent
la **gente** people
gentile kind
la **geografia** Geography
il **gesso** chalk
gettare to throw
il **ghiaccio** ice
già already
la **giacca** jacket
il **giardino** garden
Ginevra Geneva
la **ginnastica** gymnastics
il **ginocchio (le ginocchia)** knee(s)
giocare a (carte) to play (cards)
il **giocatore** player
il **giocattolo** toy
il **gioco** game
la **gioielleria** jeweller's shop
il **giornale** newspaper
il/la **giornalista** journalist
il **giorno dopo** next day
il **giorno feriale** working day
il **giorno festivo** holiday
il/la **giovane** young person
giovane young
il **giro** tour
la **gita** trip
giù ... (per) down ... (via)
giusto correct
la **gola** throat
la **gomma** rubber
la **gonna** skirt
il **gradino** step
il **grado** degree
il **grammo** gram
la **Gran Bretagna** Great Britain
grande big, large, tall, great
il **grande magazzino** department store
grasso fat
gratis/gratuito free
grazie thank you
il **greco** Greek
grosso big, large
il **gruppo** group
guadagnare to earn

il **guanto** glove
guardare to look at, watch
guasto broken
la **guerra** war
la **guida** guide
guidare to drive
gustare to taste
il **gusto** taste
gustoso tasty

I

l' **idea** idea
identificare to identify
l' **identificazione (f)** identification
ieri yesterday
ieri l'altro day before yesterday
illustrato illustrated
l' **imballo** packaging
imbarcarsi to board, embark
immaginare to imagine
imparare to learn
l' **impermeabile (m)** raincoat
impiegare to employ
l' **impiegato/a** employee
l' **impiego** job
importante important
importare to import
l' **importazione (f)** import
impossibile impossible
l' **impresa** firm
improvvisamente suddenly
in bocca al lupo! Good Luck!
in cambio di in exchange for
in cima a at the top of
in fondo a at the bottom of
in mezzo a in the middle of
in orario on time
in pensione retired
in periferia in the suburbs
in qualche posto somewhere
in qualsiasi luogo anywhere
in ritardo late
in seguito a following
l' **inalatore (m)** inhaler
incartare to wrap up
l' **incidente (m)** accident
incluso including
incontrarsi to meet
l' **incontro** meeting
incoraggiare to encourage
l' **incrocio** crossroads
indietro (di) late, behind (time)
l' **indigestione (f)** indigestion
indipendente independent
l' **indirizzo** address
l' **individuo** individual
l' **indomani (m)** next day
indovinare to guess

l' **industria** industry
infelice unhappy
inferiore lower, smaller
l' **infermiere/a (m/f)** nurse
l' **influenza** flu
l' **informatica** ICT
l' **informazione (f)** information
l' **ingegnere (m)** engineer
l' **ingresso** entrance (hall)
iniziare to start
l' **inizio** beginning
innamorarsi (di) to fall in love
innanzitutto first of all
inoltre besides, moreover
l' **inquinamento** pollution
inquinare to pollute
l' **insalata** salad
l' **insegnante (m/f)** teacher
insegnare to teach
inseguire to follow
insieme together
intelligente intelligent
l' **interprete (m/f)** interpreter
interessante interesting
interessarsi a to be interested in
internazionale international
interno inside, interior
l' **interrogazione (f)** oral exam
l' **intervallo** interval
intorno a around
inutile useless
invernale winter (adj)
invitare to invite
l' **invito** invitation
l' **ipermercato** hypermarket
iscriversi a to enrol at
l' **isola (pedonale)** island (pedestrian area)

L

là, lì there
il **laboratorio (linguistico)** (language) laboratory
laggiù down there
il **lago** lake
la **lampada** lamp
il **lampo** lightning
il **lampone** raspberry
la **lana** wool
largo (x) metri (x) metres wide
le **lasagne (f pl)** lasagne
lasciare to leave behind
il **latino** Latin
il **lato (negativo/positivo)** (negative/positive) side
il **latte** milk
la **lattina** can
la **lattuga** lettuce

la **laurea** degree
la **lavagna** blackboard
la **lavagna luminosa** OHP
il **lavandino** washbasin
lavare (i piatti) to wash (dishes)
lavarsi to get washed
la **lavatrice** washing machine
lavorare to work
il **lavoro** work
la **legge** law
leggere to read
leggero light
il **legno** wood
lentamente slowly
le **lenti a contatto** contact lenses
lento slow
il **lenzuolo** sheet
la **lettera (raccomandata)** (registered) letter
la **letteratura** literature
il **letto** bed
il **lettore CD** reader, CD player
la **lettura** reading
la **lezione** lesson
libero free, vacant
la **libreria** bookshop
il **libro (di testo)** (text)book
lieto happy
la **limonata** lemonade
il **limone** lemon
la **linea** line, route
la **lingua** language
la **lira (sterlina)** pound
liscio straight (hair)
la **lista** list
litigare to argue
il **litro** litre
locale local
il **locale notturno** night club
Londra London
lontano (da) far (from)
la **luce** light
la **luna di miele** honeymoon
lungo long
il **luogo (di nascita)** place (of birth)

M

la **macchina** car
la **macchina fotografica** camera
il **macellaio** butcher
la **macelleria** butcher's
la **madre** mother
la **madre lingua** mother tongue
la **madrina** godmother
il/la **maestro/a** teacher (primary)
la **maglia** jumper
la **maglietta** t-shirt
il **maglione** thick jumper

magro thin
il **maiale** pork
il **mal di mare** seasickness
malato ill
male badly, ill
la **mamma** mum, mummy
mandare to send
mangiare to eat
la **Manica** Channel
la **mano** hand
la **mansarda** attic
mantenere to maintain
mantenersi in forma to keep fit
il **manzo** beef
la **mappa** map
il **marciapiede** pavement
il **mare** sea
la **marea** tide, crowd (people)
il **marito** husband
la **marmellata** jam
la **marmitta catalitica** catalytic converter
il **marmo** marble
la **maschera** mask
massimo maximum, greatest
masticare to chew
la **matematica** mathematics
la **materia** subject
la **matita** pencil
il **matrimonio** wedding
la **mattina** morning
il **meccanico** mechanic
la **medicina** medicine
il **medico** doctor
medio average
meglio better
la **mela** apple
la **melanzana** aubergine
il **melone** melon
il **membro** member
meno less
la **mensa** canteen
la **mensola** shelf
mentre while
il **menù** menu
meraviglioso marvellous
il **mercato** market
la **merenda** afternoon snack
meridionale southern
mescolare to mix
il **mese** month
il **messaggio** message
la **metà** half
il **metallo** metal
il **metro** metre
la **metro(politana)** underground, metro
metterci to take (of time)
mettere to put
la **mezza pensione** half board
mezzanotte midnight

i **mezzi pubblici** public transport
il **mezzo di trasporto** means of transport
mezzogiorno midday
mi dispiace I am sorry
miagolare to miaow
migliorare to improve
migliore better
minacciare to threaten
la **minestra** soup
minimo minimum
il **minuto** minute
misto mixed
la **misura** measure
misurare to measure
il **mobile** piece of furniture
la **moda** fashion
moderno modern
modesto modest
la **moglie** wife
il **momento** moment
il **mondo** world
la **moneta** coin
la **montagna** mountain
montagnoso mountainous
il **monumento** monument
morire to die
morto dead
mosso stormy (sea)
mostrare to show
la **moto(cicletta)** motorbike
il **motore** engine
il **motorino** moped
il **municipio** town hall
il **muro** wall
il **museo** museum
la **musica** music
le **mutande** underpants, panties

N

nascere to be born
nascondersi to hide
il **naso** nose
nato born
la **natura** nature
la **nave** ship
navigare in rete to surf the net
la **nazionalità (inv)** nationality
neanche, nemmeno not even
la **nebbia** fog
necessario necessary
il/la **negoziante** shopkeeper
il **negozio** shop
il **negozio di alimentari** general store
il **negozio di calzature** shoe shop
nel frattempo in the meantime
nervoso nervous
nessuno nobody
la **neve** snow

nevicare to snow
nient'altro nothing else
niente nothing
il/la **nipote** nephew/niece, grandson/granddaughter
nocivo harmful
la **noia** boredom
noioso boring
noleggiare to hire
il **nome** name
il/la **nonno/a** grandfather/mother
nonostante in spite of, even though
il **nord** North
normale normal
il **notaio** lawyer
la **notizia** news
la **notte** night
la **novità** news
le **nozze** wedding
nubile unmarried (lady)
il **numero (di telefono)** (phone) number
il **numero sbagliato** wrong number
nuotare to swim
il **nuoto** swimming
nuovo new
di nuovo again
la **nuvola** cloud
nuvoloso cloudy

O

gli **occhiali (da sole)** glasses (sun)
l' **occhio** eye
occidentale western
occupato engaged, occupied
odiare to hate
l' **odore (m)** smell
oggi today
ogni (giorno) every (day)
ogni tanto every now and then
ognuno each one
l' **olio** oil
l' **oliva** olive
l' **ombra** shade
l' **ombrello** umbrella
l' **ombrellone (m)** parasol
ondulato wavy
l' **opera** work (of art)
l' **operaio/a** worker
oppure or
ora now
l' **ora** hour
l' **orario** timetable
ordinare to order
l' **orecchio (le orecchie)** ear(s)
orientale eastern
l' **oro** gold
l' **orologio** watch, clock

l' **ospedale (m)** hospital
l' **ospitalità (inv) (f)** hospitality
ospitare to host, put up
l' **ospite (m/f)** host/hostess, guest
l' **ostacolo** obstacle
l' **ostello della gioventù** youth hostel
ottimo best, excellent
l' **ovest (m)** west

P

il **pacchetto** packet
il **pacco** parcel
la **padella** pan
il **padre** father
il **padrino** godfather
il **padrone** boss
il **paesaggio** landscape, scenery
il **Paese** country
il **paese** village
la **paga** pay
pagare to pay
la **pagina** page
il **paio** pair
il **palazzo** building, palace
la **palestra** gym
la **palla** ball
la **palla di neve** snowball
la **pallacanestro** basketball
la **pallamano** handball
la **pallanuoto** water polo
la **pallavolo** volleyball
il **pallone** ball
la **pancetta** bacon
la **pancia** stomach
il **pane** bread
la **panetteria** baker's
il **panificio** bakery
il **panino** bread roll
la **paninoteca** sandwich bar
i **pantaloni** trousers
il **papà** dad, daddy
il **paraurti** car bumper
parcheggiare to park
il **parcheggio** car park
il **parco** park
parecchi/parecchie several
il/la **parente** relation
la **parete** wall
Parigi Paris
parlare to speak
il **parmigiano** Parmesan (cheese)
la **parola** word
il/la **parrucchiere/a** hairdresser
la **parte** part
partecipare to participate
la **partenza** departure
partire to leave
la **partita** game, match

il **passaggio pedonale** pedestrian crossing
il **passaporto** passport
passare to spend time
passare un esame to pass an exam
il **passatempo** hobby
il **passato** past
il **passeggero** passenger
passeggiare to go for a walk
la **pasta** pasta, pastry
la **pasticceria** cake shop
il **pasto** meal
la **patata** potato
le **patate fritte** chips
le **patatine** crisps
la **patente** driving licence
il **pattinaggio** skating
pattinare to skate
la **paura** fear
la **pelle** skin, leather
la **penna** pen
pensare to think
il **pensionato** pensioner
la **pensione (completa)** (full) board
la **pentola** pan
il **pepe** pepper
il **peperone** pepper
per for, in order to
per caso by chance
per cortesia/favore/piacere please
per fortuna fortunately
per non parlare di not to mention
la **pera** pear
perché because, why
il **percorso** route
perdere to lose
perfino even
il **pericolo** danger
pericoloso dangerous
la **periferia** outskirts, suburbs
però however
la **persona** person
il **personaggio** character (in book)
il **personale** personnel
pesante heavy
pesare to weigh
la **pesca** peach, fishing
pescare to fish
il **pesce (rosso)** (gold) fish
la **pescheria** fish shop
il **pettine** comb
il **pezzo** piece
il **piacere** pleasure
piacere (a) to please
piangere to cry
il **piano** floor, storey
il **pianoforte** piano
la **pianta/ina** (road) map
il **pianterreno** ground floor
il **piatto (del giorno)** dish (of the day)

la **piazza** square
piccante spicy
piccolo small
il **piede** foot
pieno (di vita) full (of life)
il **pigiama** pyjamas
pigro lazy
la **pila (scarica)** battery (flat)
la **pioggia** rain
piovere (a catinelle) to rain (cats and dogs)
piovigginare to drizzle
la **piscina** swimming pool
il **pisello** pea
la **pista** ski run
la **pista ciclabile** cycle route
il **pittore** painter
pittoresco picturesque
la **pittura** painting
pitturare to paint
più more
piuttosto rather
la **plastica** plastic
plastico plastic
un **po'** a little
poco little, not much
poi then
poiché since, as
politico political
la **polizia** police
il **poliziotto** policeman
il **pollo** chicken
la **poltrona** armchair
la **pomata** ointment
il **pomeriggio** afternoon
il **pomodoro** tomato
il **pompelmo** grapefruit
il **pompiere** fireman
il **ponte** bridge
la **porta** door
la **porta-finestra** French door
il **portafoglio** wallet
il **portamonete (inv)** purse
portare to carry, to wear
il **porto** port
possibile possible
la **possibilità** possibility
la **posta** post office
il **poster** poster
il **postino** postman
il **posto** place
potere to be able, can
pranzare to have lunch
il **pranzo** lunch
praticare to practise
il **prato** meadow
preciso precisely
preferire to prefer
preferito favourite

il **prefisso** prefix
prego you are welcome
il **premio** prize
prendere to take
prendere il sole to sunbathe
prendere un bel/brutto voto to get a good/bad mark
prenotare to book
la **prenotazione** booking
preoccuparsi to worry
preparare da mangiare to prepare food
i **preparativi** preparations
presentare to present, introduce
presente present, 'here'
il **presepio** crib
il/la **preside** head teacher
presto soon
il **prete** priest
le **previsioni del tempo** weather forecast
il **prezzo** price
prima before, formerly
prima di before
prima di tutto first of all
il **primo piatto** first course
privato private
il **problema** problem
il/la **professore/ssa** teacher
la **profumeria** perfumery
il **profumo** perfume, smell
il **progetto** project
il **programma** programme
promettere to promise
pronto ready, hallo (on phone)
il **pronto soccorso** first aid post
proporre to propose
proprio own, really
il **prosciutto** ham
prossimo next
proteggere to protect
la **protezione** protection
provare to try
provocare to provoke/cause
la **prugna** plum
la **pubblicità (inv)** advertisement
pubblico public
pulire to clean
il **pullman** bus, coach
il **pullover (inv)** pullover
il **punto (di vista)** point (of view)
purtroppo unfortunately

Q

qua, qui here
il **quaderno** exercise book
quadrato square
il **quadro** picture
qualche (volta) some (times)

qualcosa something
qualcuno someone
il/la quale which
qualificato qualified
la qualità (inv) quality
quando when
la quantità (inv) quantity
quanto/a/i/e? how much/many?
il quartiere district
un quarto a quarter
quasi almost
quello that
questo this
quindi therefore, so
quotidiano daily

R

raccogliere to pick, collect
il raccoglitore container
la raccolta collection
raccontare to tell
il racconto short story
la radio (inv) radio
il raduno gathering, meeting
il raffreddore cold
la ragazza girl
la ragazza alla pari au pair
il ragazzo boy
rallentare to slow down
rapido fast
il/la rappresentante sales rep
raramente rarely
rassomigliare (a) to resemble
il re king
la realtà reality
recentemente recently
recuperare to recover
il refettorio canteen
regalare to give as a present
il regalo present
la regina queen
la regione region
registrare to record, register
il registratore recorder
il Regno Unito United Kingdom
la regola rule
la religione religion
religioso religious
il reparto department
residenziale residential
restare to stay
il resto remainder, rest
rettangolare rectangular
i ricci curls (hair)
ricco rich
la ricetta recipe
ricevere to receive
il ricevimento reception

il ricevitore receiver
richiamare to call back
riciclabile recyclable
riciclare to recycle
ricordare to remember
il ricordo memory
la ricreazione break time
ridere to laugh
ridurre to reduce
i rifiuti rubbish
la riga line, row
rilassante relaxing
rileggere to re-read
rimanere to remain
ringraziare to thank
ripassare to revise
ripetere to repeat
riposarsi to rest
rischiare to risk
il rischio risk
il riso rice
risparmiare to save
rispettare to respect
rispondere to reply
la risposta reply
il ristorante restaurant
il risultato result
ritornare to return
il ritorno return
riuscire to succeed, manage
la rivista magazine
robusto strong, well-built
romantico romantic
rompere le scatole a qn. to get on someone's nerves
rompere to break
rotondo round
la roulotte (inv) caravan
il rovescio shower
rovinare to ruin
rubare to rob, steal
il rumore noise
rumoroso noisy
il ruolo role\

S

la sabbia sand
il sacchetto bag
la sala da pranzo dining room
la sala d'aspetto waiting room
la sala dei professori staff room
salato salted
la salumeria delicatessen
il sale salt
salire to go up
la salita slope (uphill), climb
il salotto living room
saltare to jump

il salto in alto high jump
salutare to greet
la salute health
salvaguardare to safeguard
salvarsi to escape
il sangue blood
sano healthy
sapere to know a fact, how to
sapere di taste, smell of
il sapone soap
il sapore taste
saporito tasty
il sasso stone
il satellite satellite
sbagliare to make a mistake
sbattere to beat
gli scacchi chess
la scala stairs
la scala mobile escalator
scaldare to warm up
lo scambio exchange
la scarpa shoe
gli scarponi da sci ski boots
la scatola box, tin
scegliere to choose
la scelta choice
scendere to go down
scherzare to joke
la schiena back
lo sci (nautico) water (skiing)
sciare to ski
la sciarpa scarf
scientifico scientific
la scienza science
le scienze naturali natural sciences
lo sciopero strike
lo sciroppo syrup
lo scivolo slide
scontento unhappy
lo sconto discount
scontrarsi con to collide with
lo scontrino receipt
sconvolgente upsetting
lo scopo purpose
scorso last
lo scotch sellotape
lo scrittore writer
scrivere to write
la scuola school
scuro dark (of colour)
scusare to excuse, forgive
se if
secco dry
il secolo century
sedersi to sit down
la sedia chair, seat
la sedia a sdraio sun lounger
il segnale signal
il/la segretario/a secretary

la **segreteria telefonica** answerphone
seguire to follow
selvaggio wild
il **semaforo** traffic lights
sembrare to seem
semplice simple
sempre always
senso unico one way
il **sentiero** path
il **sentimento** feeling
sentire to smell, to hear
sentirsi to feel
senza without
i **senzatetto (inv)** homeless
la **sera** evening
sereno fine (weather)
serio serious
il **servizio** service
il **servizio a domicilio** home delivery
la **seta** silk
la **sete** thirst
settentrionale northern
la **settimana** week
il **settore** sector
severo strict
la **sfilata** parade
la **sfortuna** bad luck
lo **sforzo** effort
lo **sgabuzzino** box room
lo **shampoo** shampoo
sia ... sia both ... and
sicuro (di sé) sure (of oneself)
la **sigaretta** cigarette
il **silenzio** silence
simile similar
simpatico nice, kind
sin da quando since
singolo single
la **sistemazione** accommodation
smettere (di) to stop
snello slim
socializzare to socialise
la **società** society
soddisfacente satisfying
la **soffitta** attic, loft
soffrire to suffer
il **soggiorno** living room, stay
la **sogliola** sole
il **sogno** dream
solamente only
i **soldi** money
il **sole** sun
sollevare to lift
solo only, alone
soltanto only
sopra above, on
soprattutto above all, especially
sordo deaf
la **sorella** sister

la **sorpresa** surprise
il **sorriso** smile
il **sorteggio** draw
la **sosta** stop, break
sottile thin
sotto under, below
i **sottotitoli** subtitles
il **sovraffollamento** over-population
sovraffollato over-populated
lo **spacciatore di droga** drug pusher
la **spalla** shoulder
sparecchiare to clear (table)
lo **spazio** space
spazioso spacious
lo **spazzolino da denti** toothbrush
lo **specchio** mirror
speciale special
lo/la **specialista** specialist
la **specialità** speciality
specificare to specify
spedire to send
spegnere to switch off
spendere to spend (money)
la **speranza** hope
sperare (di) to hope
la **spesa** shopping
spesso often
lo **spettacolo** performance
la **spiaggia** beach
gli **spiccioli** small change
spiegare to explain
la **spiegazione** explanation
gli **spinaci** spinach
lo **spinello** cannabis joint
spingere to push
spolverare to dust
sporcare to dirty
sporco dirty
lo **sport** sport
sportivo sporty
sposarsi to get married
sposato/a married
gli **sposi** bride and groom
la **spremuta** fresh fruit juice
lo **spumante** sparkling wine
lo **spuntino** snack
la **squadra** team
squillare to ring (phone)
lo **stadio** stadium
lo **stage aziendale** work placement
la **stagione** season
stamattina this morning
lo **stampante** printer
stampato printed
stanco tired
stanotte last night, tonight
la **stanza (da bagno)** (bath) room
stare (bene/male) to be (well/ill)
stasera this evening

la **stazione** station
la **stella** star
lo **stereo** stereo
stesso same
lo **stipendio** pay
stirare to iron
lo **stivale** boot
lo **stomaco** stomach
la **storia** History
storico historical
la **strada** street, road
lo **straniero** foreigner
straniero foreign
strano strange
la **strega** witch
stretto narrow
lo **strumento** instrument
lo/la **studente/ssa** student
studiare to study
lo **studio** study, studying
stupendo wonderful
stupido stupid
subito immediately
succedere to happen
il **succo di frutta** fruit juice
il **sud** south
suggerire to suggest
il **sugo** sauce
suonare to ring (bell); to play (instrument)
il **suono** sound
superiore greater, superior
il **supermercato** supermarket
il **supplemento** supplement
surfare to surf (the net)
lo **svantaggio** disadvantage
svegliarsi to wake up
la **svendita** sales
svolgersi to take place

T

il **tabaccaio** tobacconist
la **tabaccheria** tobacconist's shop
il **tacchino** turkey
tacere to be silent
la **taglia** size
tagliare to cut
il **tamponamento** collision
tanto so much
il **tappeto** carpet
tardi late
la **tartaruga** tortoise
la **tartina** canapé
la **tasca** pocket
il **tassì/taxi** taxi
la **tastiera** keyboard
il/la **tastierista** keyboard player
la **tavola** table

la **tavola calda** snack bar
il **tavolo** table
il **tavolo a vela** windsurf board
il **tavolo da disegno** drawing board
la **tazza** cup
il **tè (inv)** tea
il **teatro** theatre
tedesco German
il/la **tedesco/a** German (person)
il **tegame** pan
telefonare to telephone
il **telefonino** mobile (phone)
il **telefono** telephone
il **telegiornale** (TV) news
il **telegramma** telegram
la **telenovela** (TV) soap
il **teleromanzo** (TV) soap
la **televisione** television
il **televisore** television set
il **tema** topic, theme, essay
il **temperamento** temperament
la **temperatura** temperature
il **tempo** weather
il **tempo libero** free time
il **temporale** storm
la **tenda** tent, curtain
tenersi in forma to keep fit
il **tennis (inv)** tennis
il **teppismo** hooligansim
il/la **teppista** hooligan
la **terra** ground, earth
la **terrazza** terrace
la **tessera** pass, season ticket
la **testa** head
il **testimonio** witness
il **tetto** roof
il **tifoso** fan
il **timbro** official stamp
timido shy, timid
il **tipo** type, kind
tirare to pull
toccare to touch
la **toilette (inv)** toilet
il **tonno** tuna
tornare to return
la **torre (pendente)** (leaning) tower
la **torta** cake
la **tosse (da fumo)** (smoker's) cough
il/la **tossicodipendente** drug addict
totalmente totally
la **tovaglia** tablecloth
il **tovagliolo** table napkin
tra between, in, through
tra poco shortly
il **traduttore** translator
il/la **trafficante di droga** drug pusher
il **traffico** traffic
il **traghetto** ferry
il **tram (inv)** tram

tranquillo quiet
trascorrere to spend (time)
trasformarsi to be transformed
il **trasporto** transport
trattare to treat
la **trattoria** trattoria, small restaurant
la **traversata** crossing (sea)
il **treno** train
triangolare triangular
il **trimestre** term
triste sad
troppo too much
la **trota** trout
trovare to find
trovarsi to be situated
il **tuono** thunder
il/la **turista** tourist
turistico tourist
tutto all, everything

l' **uccello** bird
l' **ufficio informazioni** Information office
l' **ufficio oggetti smarriti** lost property office
l' **ufficio postale** post office
l' **ufficio turistico** tourist office
uguale (a) equal (to), same (as)
ultimo last
l' **umanità (f)** humanity
umido humid, damp
l' **uniforme (f)** uniform
l' **università (inv) (f)** university
l' **uomo, gli uomini (m pl)** man/men
l' **uovo (m) le uova (f pl)** egg(s)
l' **usanza** custom
uscire to go out
l' **uscita** exit
l' **utente (m/f)** user
utile useful
utilizzare to use
l' **uva (f)** grapes

la **vacanza** holiday
valido valid
la **valigia** suitcase
la **vaniglia** vanilla
il **vantaggio** advantage
vario various, varied
variopinto multicoloured
il **vaso** vase
vecchio old
vedere to see
vegetariano vegetarian
la **vela** sail
veloce fast, quick
il **venditore** salesman

veneziano Venetian
venire to come
il **vento** wind
veramente really
la **verdura** vegetable
verificare to check
la **verità (inv)** truth
vero true
verso towards
vestirsi to get dressed
il **vestito** dress, suit
il/la **veterinario/a** vet
la **vetrina** shop window
il **vetro** glass
la **vettura ristorante** restaurant car
la **via** street
viaggiare to travel
il **viaggiatore** traveller
il **viaggio** journey
il **viaggio di nozze** honeymoon
vicino a near
il **video (registratore)** video (recorder)
vietato forbidden, banned
il **vigile del fuoco** fireman
la **villa** villa, detatched house
il **villaggio** village
vincere to win
il **vincitore** winner
il **vino** wine
il/la **violinista** violinist
virtuale virtual
visitare to visit
la **vista (sul mare)** view (sea)
la **vita** life
il **vitello** veal
vivace lively
vivere to live
il **vocabolario** vocabulary
la **voce** voice
volare to fly
volentieri willingly
volere to want
volere bene (a qn) to love (someone)
il **volontario** volunteer
il **voto** mark
vuoto empty

lo **zaino** school bag
lo **zero** zero
lo/la **zio/zia** uncle/aunt
la **zona (pedonale)** (pedestrian) zone
lo **zoo** zoo
zuccherato sugared
lo **zucchero** sugar
lo **zucchino** courgette
la **zuppa** soup